같은 공간, 다른 시간

1960년대 한 법학도가 바라본 한국의 참모습

나남
nanam

나남신서 1808

같은 공간, 다른 시간
1960년대 한 법학도가 바라본 한국의 참모습

2015년 5월 29일 발행
2015년 12월 5일 2쇄

지은이_ 金重洵
발행자_ 趙相浩
발행처_ (주) 나남
주소_ 413-120 경기도 파주시 회동길 193
전화_ (031) 955-4601 (代)
FAX_ (031) 955-4555
등록_ 제 1-71호(1979.5.12)
홈페이지_ http://www.nanam.net
전자우편_ post@nanam.net

ISBN 978-89-300-8808-4
ISBN 978-89-300-8655-4 (세트)

나남신서 1808

같은 공간, 다른 시간

1960년대 한 법학도가 바라본 한국의 참모습

김중순 지음

나남
nanam

故 함병춘 선생님의 영전에 바칩니다.

머리말

《같은 공간, 다른 시간: 1960년대 한 법학도가 바라본 한국의 참모습》
은 1963년 10월 15일부터 1965년 6월까지 내가 고^故 함병춘^{咸秉春} 교수
님이 주재한 〈한국 사람들의 법의식에 관한 연구〉의 연구원으로 그
연구의 현지조사를 위해 제주도에서 시작하여 소양강에 이르기까지
전국 자연부락 5백여 마을을 다닌 경험을 기록한 것이다. 거의 1년 반
에 걸쳐 이 마을 저 동리를 다니느라고 내가 돌고 돈 여정을 합하면 좀
과장하여 3만 리는 족히 되는 거리였다.

 이 연구를 위한 본조사를 시작하기 전인 1963년 말 무렵부터 예비조
사_{pretest}를 위해 함 선생님과 내가 표본지역인 이리 (지금의 익산) 만경면
에 방문하였다. 그 후, 본조사에서는 당시 연세대 법학과의 강사이던
양승두 선배가 일부 지역의 면접을 나와 함께 했고, 대학원을 다니면
서 유학을 준비하던 전병재 선배가 여러 지역을 나와 동행했지만, 당
시 유일한 총각이라는 이유로 혼자서 전 여정을 '완주'^{完走}했다. 서울지
역은 이화여대에서 사회학을 전공한 연혜정 연구원이 맡았다.

 함께 조사에 참여했던 분들의 이름이 이 책의 곳곳에서 간헐적으로
언급되기도 했지만, 이 책은 나 자신이 보고, 겪고, 느낀 1960년대 초

반의 한국에 관한 기술記述이기 때문에, 다른 참여자들의 경험이나 견해를 대변하지는 않았다. 그렇다고 하더라도, 26세의 미숙한 나이에 쓴 기록을 희수稀壽가 지나서 다시 보니 면괴한 점이 눈에 띄어 그때에 쓴 원문을 전면적으로 수정하고 싶은 충동이 없지 않았다.

그러나 출판사 편집진은 과거 기록과 현격히 다른 현재의 변화상에 대한 설명은 덧붙여도 무방하지만, 원문은 되도록 변형하거나 훼손하지 않는 것이 좋겠다는 의견을 피력했다.

출판사의 권유처럼, 윤문潤文한다는 구실로 초고를 대대적으로 수정하지 말라는 부탁을 받은 것은 이번이 처음은 아니다. 1970년대 초반에 내가 미국 남부에서 흑인, 백인, 그리고 미국 원주민 인디언인 촉토Choctaw 부족에 관한 현지조사를 수행한 결과를 바탕으로 저술한 《미국 남부에서의 한 동양 인류학자》*An Asian Anthropologist in the South : Field Experiences with Blacks, Indians, and Whites* 라는 책의 원고를 테네시대학 출판부에 제출했을 때도 마찬가지였다.

내가 초고를 보낸 출판부가 위촉한 원고 감수위원인 한 학자가 편집장에게 다음과 같은 '반협박'을 덧붙였다.

"이 책은 종전에 대부분의 서구 출신 인류학자들이 비서구 사회를 연구한 후 자국으로 돌아가서 자기네들의 서구 언어로 책을 출판하던 관행과는 달리, 비서구 출신의 한 인류학자가 서구사회를 연구하고 난 후 서구사람들이 읽을 수 있도록 서구 언어로 쓴 인류학 역사상 유일한 책이니, 이 책의 저자가 표현하는 영어 서술방식이 서구사람들의 표현방법과는 다소 다르더라도, 편집진이 이 책 원고를 '윤문'한다는 구실로 문장을 바꾸지 마십시오. 그리고 만일 이런 이유로 테네시대학 출판부가 이 원고를 출판하지 않는다고 (평가자에게) 통보해 주면, 내가 속한 대학 출판부에서 출판하도록 추천하겠습니다."

그 감수위원이 속한 대학 출판부는 미국 여러 대학 출판부 중에서도 가장 명망 있는 출판부 중 하나였다.

나는 그 평가 글을 읽고 난 후, 내심 내가 원고를 제출한 대학 출판부에서 출판불가 판정을 받길 바랐지만, 오히려 그곳에서는 내 책을 출판하기로 신속히 결정했다. 그리고 책이 출간된 후에 그 감수위원의 판단이 옳았음이 밝혀졌다.

책의 서술이 (영어가 모국어가 아닌 외국인이 썼기 때문에) 오히려 간결하고 신선하다는 서평이 쏟아진 것이다. 그 책이 미국에서 처음 내 본전문서적이자 처녀작이었지만, 나의 저서들 중에서 가장 많이 판매된 책이 되었고 몇 차례 중판을 내었으며, 출판 후 거의 40여 년이 지난지금도 유통되고 있다.

이《같은 공간, 다른 시간》도 1977년의 처녀작과 같은 경우일지도 모른다. 이번 경우에도 나는 출판사 편집진의 판단이 옳다고 믿는다.

한반도를 돌고 돈
3만 리 국토 대장정

그렇다면 이제 이 책의 모티프가 된 법의식 조사에 대해 좀더 이야기해야겠다. 이 법의식 조사의 대상이 된 사람들, 즉 표본집단은 1963년 10월 15일을 기준으로, 그날 실시된 대통령선거의 선거인 명부에 등록된 20세 이상의 국민을 모집단으로 하여 추출하였다.

추출 방식은 무작위 추출random sample이 아니라 표본을 도시와 농촌, 그리고 다시 도시를 소도시, 중도시, 대도시 등으로 분류하고 각 집단에서 할당된 수만큼 표본을 추출하는 방식으로 전문용어로는 '층화추출 표본'stratified random sample 방식이었다.

　방법론을 쉬운 말로 설명해 보자. 이 연구의 모집단의 수는 모두 1,298만 명이었는데, 그중에서 표본으로 1,301명을 추출하기 위해 층화추출 표본방식을 사용했다. 구체적으로 표본들을 인구분포의 비례에 따라 도시와 농촌으로 배분하고, 도시는 다시 대도시, 중도시, 소도시로 세분하였다. 그리고 그중에서 동洞을 무작위로 추출하고, 표본으로 추출된 동의 유권자 명단에서 배정된 수에 해당하는 표본을 임의로 추출하였다. 이렇게 하여 전체 표본 수 1,301명을 확정했다.

　전국을 모집단으로 하고 보니, 비록 표본으로 추출된 동의 수는 한정되어 있더라도 표본지역을 찾아가는 여정은 생각보다 훨씬 길었고, 연구경비도 예산을 초과했다. 예를 들면, 제주도의 면접이 끝나고 배편으로 목포에 가서 호남지역을 조사하는 것이 거리나 시간상으로, 그리고 경비도 절감이 될 것이었지만, 제주도의 기상악화로 당분간 배편이 여의치 않아 비행기로 부산을 가서, 부산에서 다시 서울을 경유하여 호남선으로 목포를 가는 경우가 많았다. 날씨가 좋아질 때까지 마냥 머물러 있을 수 없었기 때문이다.

　또한, 하동군 청암면의 두 동리에서의 면접 때에는 한 동리를 가기 위해서 버스가 갈 수 있는 곳까지 40여 리를 가고, 거기서 다시 20여 리 산길을 도보로 큰 재를 넘어가야만 했다. 그런데 그곳으로 가는 버스는 저녁 7시에 단 한 대, 그곳을 나오는 버스는 이른 아침에 단 한 대밖에 없었다. 저녁에 도착하여 밤중에 면접을 끝내고 다음날 새벽같이 버스를 타는 것은 무리였기에, 부득이 하루를 지리산 속에서 보내야 했던 적도 있었다.

그리고 그 시절에는 도로 사정이 좋지 않아 차가 다닐 수 있는 다리가 없어서 다른 지역을 경유해 우회해야 하는 경우가 많았고, 질러가는 고속도로 같은 것이 없을 때였다. 대부분의 경우에는 빙 둘러서 목적지에 들어가고 다시 돌아 나와야 하는 일이 반복되었기 때문에 내가 감히 내 여정의 전장을 3만 리라고 하는 것도 큰 과장이 아닌 것이다.

이 조사에서 시골의 오지, 벽지 마을들이 많이 포함된 이유는, 이 조사를 하던 1960년대 초만 해도, 대다수의 한국 사람들은 농촌에 거주했다. 그 당시 도시와 농촌에 거주한 사람들의 구성비율을 보면, 농촌인구가 70%였고, 도시인구가 30%에 불과했다. 인구에 비례하여 표본을 추출하는 층화표본법을 적용했으니 도시보다는 농촌지역에 할당된 표본 수가 많았다.

그러나 그로부터 반세기가 지난 2012년의 인구분포 통계를 보면, 형세가 역전되어 도시사람의 수가 90%이고, 농촌사람의 수는 단지 10%에 지나지 않는다. 만일 1963~1965년도 연구의 표본을 지금의 인구 비례대로 추출했다면, 내 여정은 대도시를 중심으로 했을 것이고, 시골마을에서의 면접은 극히 제한될 수밖에 없었을 것이니, 한국순례의 길은 짧고 신속했을 것이다.

실로 1970년대부터 대도시와 산업공단은 농촌인구를 흡수하는 '블랙홀'black hole 이었다. 하기야 당시의 서울 인구가 겨우 3백만 명 정도에 불과했으니 말이다. 리처드 스티어스Richard Steers와 그의 동료들이 지적한 것처럼, 미국이 농촌중심의 농경사회에서 도시중심의 산업사회로 탈바꿈하는 데 1백 년이 걸렸고, 일본이 같은 과정을 밟는 데 70년이나 걸린 것을 감안하면, 우리 농경사회가 채 30년도 되지 않아서 산업사회로 변화한 것은 참으로 놀랄 만한 사실이다.

'돈키호테' 학생대표와
'학' 교수님의 운명적 만남

함병춘 선생님과 나의 만남은 노사연의 〈만남〉 노랫말처럼 "우연이 아니야"라는 말로 요약될 수 있다. 내가 우리 국토를 누빈 여행담을 털어놓기 전에, 우선 모두冒頭에서 이 연구를 주재하신 함 선생님에 대한 간략한 소개부터 해야겠다.

함병춘 선생님께서는 부통령을 역임하신 고故 함태영(1872~1964) 목사님의 막내아드님으로 태어나서(1932), 경기중을 졸업하고, 공군장교를 거쳐서 미국 노스웨스턴대Northwestern University에서 경제학을 공부한 후, 하버드대Harvard University 법학전문대학원에서 법학박사JD(1959)를 취득하셨다. 1959년에 귀국하여 연세대 정법대학 법학과에서 강의하시다가, 다시 1966년부터 1968년까지 예일대Yale University에서도 법학연구를 하셨다.

1968년 귀국하신 후 연세대에서 교수로 재직하던 중에 관계官界로 나가게 되어 여러 주요 관직을 두루 거치셨다. 고 박정희 대통령의 정치담당 특별보좌관(1970~1973), 주미 한국대사(1973~1977), 외무부 본부대사(1977~1979), 대통령 외교담당 특별보좌관(1979), 외무부 본부대사(1980~1981) 등을 역임하신 것이다. 1981년에 잠시 연세대로 복귀했다가, 1982년부터 전두환 대통령의 대통령비서실장으로 봉직했는데 1983년 10월 9일에 대통령을 수행하여 버마를 방문하던 중 북한의 '아웅산 테러'에 안타깝게도 52세를 일기로 순국하셨다.

비록 52년이라는 짧은 생을 사셨지만, 함 선생님께서 이룩하신 업적이 지대하고, 관여하신 분야가 방대하다 보니, 선생님에 대한 기억

함병춘 선생님을 대통령 정치담당
특별보좌관 및 주미 한국대사로
발탁한 박정희 대통령과 함께.
출처: 함재봉 아산정책연구원장

과 평가는 제각기 다를 것이다. 선생님을 관료로, 행정가로, 외교관
으로 기억하는 이들도 있고, 당대 한국의 최고 지성인으로, 법학자
로, 경제학자로, 법사회학자로, 법인류학자로 기억하는 이들도 있지
만, 나 같은 문하생은 훌륭한 스승님으로 기억하고 있다.

　선생님의 학문적 업적에 관해서는 내가 2014년 연세대 법학연구원
에서 발간한 〈법학연구〉 *Yonsei Law Review* (24권 2호, 1~20쪽)에서 요약, 정
리하였다.

　함 선생님께서 연세대에 부임하셨을 때, 연세대 구성원 중에서 백
낙준 총장님을 제외하고는 내가 제일 먼저 선생님을 만나 뵙게 되었
다. 그 이유는, 당시 연세대 정법대학 법학과 교수 및 학생으로 구성
된 법학회에서 내가 학생을 대표하는 실무위원장을 맡고 있었는데 백
총장님께서 나를 불러 함 선생님을 환영하는 자리를 마련하라고 지시

하셨기 때문이다.

총장님의 호출로 불려간 나는 1학년 때 '송충이' 사건(당시 법학과가 있던 광복관 옆 야산에 송충이가 창궐하여 전교생이 토요일마다 모여 송충이 퇴치 운동을 벌였다. 그런데 그때 정법대학 1학년 학생대표이던 내가 학생들을 '선동' 하여 '진관사'로 소풍 간 것이 최현배 부총장에게 알려져 퇴학처분을 당할 위기에 처했었다)으로 혼이 난 터라, 이번에는 무슨 죄목으로 총장님에게까지 불려가는 것인가 하고 긴장했었다.

그러나 백 총장님께서는, 내가 우려한 바와는 달리 웃으시면서(나는 그때 그 어른이 웃으시는 것을 처음 보았다) 말씀하셨다.

"내가 이번 법학과에 하버드대 법대 출신의 유능한 젊은 교수님 한 분을 영입했는데, 지금은 '강사'라는 직함으로 모셔왔지만, 전임교수 이상으로 너희들을 잘 지도해 주실 것이니, 네가 법학과 학생대표로서 그분에게 연락하여 환영모임이라도 했으면 좋겠다."

백 총장님이 주신 함 선생님의 전화번호와 주소를 보니 돈암동 어디였는데, 이 댁이 함 선생님의 처가라고 들었다. 당시에는 일반 가정 집에 전화가 있는 경우가 드물었기 때문에 함 선생님의 처가는 지체 높은 집안이거나 부잣집임에 틀림없다고 생각했다.

백 총장님의 말씀을 따라 나는 법학과의 교수님들과 학생 간부들과 함께 종로의 어느 제과점에서 함 교수님을 환영하는 모임을 가졌고, 거기서 당시 27세였던 젊은 함 선생님을 처음 만났다. 그리고 지금 돌이켜 보니 그날의 만남은 평생 사제지간의 연을 맺는 운명적인 순간이었다.

환영회를 개최한 인연으로 나는 선생님께서 가르치시는 영미법英美法 과 법철학 과목 등을 듣게 되었다. 두 과목이 다 고등고시(당시는 사법고

1959년 가을 종로의 한 제과점에서 함 선생님(왼쪽에서 3번째)을
환영하는 모임에서 인사말을 하는 저자(왼쪽)와 참석자들. 출처: 김중순

시라는 말을 쓰지 않았다) 과목이 아니어서 고시준비생들은 선생님의 강
의를 듣지 않았다. 또, 미국에서 공부하시고 막 귀국한 분이라서 영어
를 많이 쓰실 것이라는 선입견과 두려움 때문에, 대부분의 학생들은
함 선생님이 강의하시는 과목 수강을 주저했다.

　게다가, 선생님의 외모가 사모님의 표현대로 '학'鶴처럼 고고하게 보
이셔서, 대하기 어려운 분이 아닐까 하여 수강을 기피하는 학생들도
많았다. 하지만 나는 고시준비생도 아니었고, 놀기 좋아하던 학생이
었기 때문에 이 기회에 선생님께 영어라도 제대로 배워 보고 싶어서 그
분이 강의하시는 과목을 모두 택했다.

대학원 진학과 법의식 조사를
통해 들어선 학문의 길

졸업 시즌이 가까워지자 졸업 예정자들과 교수님들이 자리를 함께하는 '사은회'가 열렸다. 그 모임에서 함 선생님께서는 내 자리로 오시더니, "근래에 자네가 〈연세춘추〉(연세대 학생신문)에 쓴 수필을 읽었는데, 졸업 후의 계획은 무엇인가?"라고 물으셨다. 아마도 선생님께서는 내 글을 읽고 나의 진로에 관심을 갖게 되신 듯했다.

내가 "모기와 하루살이의 대화"라는 제목으로 기고한 글의 내용은 이렇다. 모기가 하루살이와 하루를 잘 놀다가 헤어질 무렵 "내일 또 만나자"라고 했다. 하루만 사는 하루살이는 '내일'이라는 것이 없는 줄로만 알고 살았는데, 모기의 말을 통해 비로소 '내일'이라는 것을 알게 되었고 그때부터 죽는 순간까지 번민했다는 이야기다.

이 글은 풍자적 이야기 같지만, 실은 내 자신에 관한 이야기이기도 했다. 대학 4년을 놀기만 했고, 법학을 전공했으면서도 고등고시 한 번 응시해 본 일도 없는 내가 막상 졸업을 맞이하면서 하루살이 같은 번민을 하게 된 것을 솔직하게 표현한 것이었다.

그 수필 이외에도 나는 당시 〈연세춘추〉를 편집하던 친구들과 주간이던 최기준 선생의 배려로 〈연세춘추〉에 글을 자주 기고했다. 내가 글을 잘 써서도 아니고, 글을 쓰기를 좋아해서 쓴 것도 아니었다. 몇 푼 주는 원고료가 내 버스요금을 마련하는 원천이었기 때문이다.

그런 것도 모르시고 함 선생님께서는 내가 쓴 글을 모두 읽으신 것 같았다. 그리고 나에게 대학원 진학을 종용하셨다.

"내 판단에 너는 글 쓰는 재주가 있는 것 같은데, 글쓰기를 좋아하

고, 또 쓸 수 있다는 것은 학자가 될 잠재적 요소를 갖추고 있다는 것
이니, 대학원에 진학해서 학문을 해 보는 것이 어떠냐?"

진로에 대해 막막해하던 나는 선생님의 권유대로 대학원에 진학했
다. 그런데 책임감이 강하셨던 선생님은 당신의 말씀을 따라 대학원에
진학한 나를 늘 신경 써 주셨다. 당시 연세대 정법대학은 정치외교학
과, 행정학과, 법학과 등의 세 학과가 있었는데, 세 학과를 통틀어서
유급조교는 오로지 나뿐이었다. 조교가 해야 할 궂은일은 많았고, 조
교 수당은 버스비도 충당되지 않을 정도로 어려운 시절이었다.

선생님은 외부 연구비 지원을 받기 위해 노력하셨고, 마침내 사회
조사방법론을 사용해 한국 국민들이 현존하는 법률조항들에 대해 어
떻게 생각하는지 조사하는 연구계획서를 마련하셨다. 문헌에만 의존
하는 편한 연구armchair가 아니고 발로 현장을 뛰어다니는 현실 참여적
연구를 해 보자는 것이었다.

그때만 해도, 법률연구에 행태학적 사회조사 연구방법을 시도해 보
지 않은 때였다. 선생님께서는 이 새로운 연구에 도전해 보자고 하시
면서 아시아재단Asia Foundation에 연구비를 신청하기로 하셨다.

꿈의 터전,
연세대 사회과학연구소의 추억

한국 국민들의 법의식 조사를 좀더 조직적이고 효과적으로 진행하기
위해서 선생님은 1963년 가을 정법대학 교수님들의 동의를 얻어, 정
법대학 부설 '사회과학연구소'Social Science Research Institute를 설립하셨다.
그리고 이 연구소 이름으로 아시아재단에 연구비를 신청했다.

사회과학연구소를 설립할 당시만 해도 신생 연구소라서 연구실적이 전무했고, 외부의 연구비를 수주한 실적도 없었다. 대학 차원에서뿐만 아니라 단과대학 차원에서의 보조도 없어서 연구소는 설립되었지만, 사무실 한 칸도 없었다. 우선 공문서 등에 쓸 연구소 도장이 필요하여 도장을 새긴 후, 그 도장은 내 책가방 속에 넣고 다니면서 '이동식' 업무를 보았다.

아시아재단의 연구비를 수령한 후에야 비로소 용재기념관(이전에 도서관으로 쓰던 건물을 1957년에 백낙준 총장님의 호를 따서 '용재기념관'이라 명명하였다) 3층에 연구실 하나를 얻었고, 서랍도 없는 긴 탁자형 테이블 두 개와 의자 몇 개로 연구소 문을 열었다.

연구소 운영과 법의식 조사단의 구성을 위해 법학과의 강사이던 양승두 선배를 영입했고, 외국유학을 준비하던 전병재 선배, 그리고 사회학적 여론조사 경험이 있는 이화여대 사회학과 출신 연혜정 씨, 그리고 잔심부름과 전화를 받을 여자 사무원 한 명을 두었다. 아직 모든 것이 완벽히 갖춰진 단계는 아니었지만 학교에서 별도의 연구실을 배정해 준 것에 크게 감격했다.

여기에 토를 단다면, 처음 내 책가방 속에 연구소 직인을 넣고 다니던 때로부터 꼭 반세기가 지난 후, 처음에는 그렇게 초라하게 시작한 연세대 사회과학연구소가 지금은 연구원들에게 병역특혜까지 주는 큰 연구소로 발전했다는 말을 들었다. 초창기 열악했던 환경과 옛 선생님과 동료에 대한 회포를 떠올리니 만감이 교차했다.

그런데 요즘에 연세대에서 캠퍼스 정리계획의 일환으로 용재기념관을 허물고 새 건물을 짓는다는 소식이 들려서 학교에 가 보았다.

법의식 조사의 요람이던 연세대 구 도서관(용재기념관)이 철거되는 모습(왼쪽).
철거되는 건물을 아쉬워하는 학생들의 '리본걸기 운동'에 나도 동참했다(오른쪽). 출처: 김중순

옛 건물은 이미 철거 전 단계로 푸른 천에 덮여 있고, 용재기념관을
기리는 까마득한 후배들이 "용재관을 기억하며 리본을 겁시다"라는
캐치프레이즈 아래 리본걸기 운동을 하고 있었다.

　나도 동참하는 뜻에서 리본을 걸어 두고 왔다. 이제 옛 용재기념관
은 나처럼 그 건물에 대한 사연이 많은 연세인들의 기억 속에만 남아
있을 뿐이다.

기록물이 원고로
변신하기까지

후에 내가 미국 유학을 가서 사회학과 인류학을 공부한 이후에야 안 사실이지만, 인류학자들은 자신의 머릿속에 남아 있는 기억도 기록이라고 생각하며, 그런 머릿속 기록을 '헤드노트'head-note라고 부른다. 그러나 사람의 기억력에는 한계가 있고, 나이 들고, 또 시간이 지나면 잊어버리게 되는 것이 어쩔 수 없는 자연현상인지도 모른다.

그래서 사람들은 이러한 한계를 극복하고자 자신이 현장에서 보고 듣고 느끼고 생각한 것을 글로 적는데 이러한 문서상의 기록을 인류학자들은 '필드노트'field-note라고 한다. 인류학자들이 묘사하는 문화에 관한 기술의 대부분은 이 필드노트에서 온다고 해도 과언이 아니다. 어떻든 과거에 일어난 일들을 떠올리고 새로운 시각에서 생각해 보는 '재생'再生 내지 '재구성' 활동은 헤드노트와 필드노트의 도움을 받아야만 가능한 것이다.

그러나 1963년에서부터 1965년까지의 내 경험을 적어 둔 것은 인류학적 방법론을 염두에 둔 것은 아니었다. 내가 한국에서 대학교육을 받는 동안 인류학이란 학문에 대해 들어본 적도 없었으니 말이다. 어떤 사람은 후에 내가 인류학을 공부할 기회가 생길 것이라는 이른바 '기시감'旣視感 혹은 '데자뷰'déjà-vu였는지도 모른다고 한다.

그러나 내가 전국 각지에 면접 다니면서 일어난 경험을 기록해 두게 된 동기는, 훗날의 거창한 목적을 위해서가 아니라, 이방異方에서 느끼는 지루함을 벗어나기 위한 것이었다. 하루의 면접이 끝나고 숙소인 여관방으로 돌아오면, 시골 여관에서는 별로 할 일이 없었고, 무료하기 짝이 없을 때가 많았다. 그래서 무료함을 달랠 겸해서 그날 일어났던 크고 작은 일들과 면접한 사람들과의 대화 등을 소책자 형태의 질문지 여백에 낙서하듯이 기록해 두었던 것이다.

옛날이건 지금이건 간에, 사람은 누구나 무료하면 뭔가를 그리거나 쓰는 버릇이 있는 듯하다. 옛날, 아주 먼 옛날인 선사시대先史時代에도, 그림에 소질이 있는 천부적인 '예술가'들은 여백만 보면 그림을 그렸다. 넓은 벽면을 보면 거기에 그림을 그려서 암벽화를 남겼다. 도자기 공예가가 도자기의 넓은 표면을 그냥 두기가 안타까워서 도자기 겉면에 그림을 그린 것도 같은 맥락에서 볼 수 있다.

그렇게 무심코 표현한 예술적 감정이 도자기 표면에 나타난 것을 보고 고고학자들은 그 시대의 예술과 문화를 이해하는 데 더 없이 귀중한 자료로 활용한다. 마찬가지로 무료함을 달랠 겸해서 써 둔 이른바 내 '필드노트'가 지금의 나에게는 소중한 자료가 된 셈이다.

처음의 기록은 속기short-hand 형태로 되어 있어서, 나만이 해독할 수 있을 정도로 원시적인 기록이었다. 그러다 이 기록을 '방송용'으로 정리할 기회가 생겼다.

그 당시 나와 고등학교와 대학을 같이 다닌 친구 정진철이 MBC 라디오의 프로듀서로 있었는데, 그와 만나서 거의 1년 반을 내가 서울에서 자취를 감춘 사연을 설명해 주었다. 그런데 내가 그간 면접하면서 일어난 일들을 이야기하는 중에, 그 친구는 직업의식이 발동했던 모양이다. 그는 나에게 자신이 담당하는 낮 1시에 생방송되는 주부 프로그램에 출연하여 하루에 한 15분씩 몇 차례 방송을 해 보지 않겠느냐는 것이었다.

아무리 내가 "뱃심 좋게 살던 때"라고 하더라도, 아무 준비 없이 라디오 생방송에 등장하여 임기응변으로 말할 자신이 없었다. 그래서 그때부터 연구소에 가서 그곳에 쌓아 둔 질문지에서 내가 쓴 부분을 옮겨 적고, 내 개인적인 노트에 적어 둔 것과 기억 속의 '헤드노트'를 모두 통합하여 방송용 원고를 정리하였다.

크리스찬 톰센Christian Thomsen, 1788~1865이라는 덴마크의 부호富豪는 많은 고고학적 유물을 모아 놓고 보니, 그 많은 유물들을 어떤 기준에 따라 분류할 필요성이 생겨 결국은 돌로 만든 '석기', 청동으로 만든 '청동기', 그리고 쇠로 만든 '철기' 등으로 나누었다고 한다. 그리고 그에 따라 고고학적 시대를 '석기 시대', '청동기 시대', 그리고 '철기 시대'로 구분하는 묘리를 찾았다고 한다. 톰슨의 일화처럼 나도 내 원고를 구분하는 나만의 방법을 터득하게 되었다.

이렇게 정성껏 정리한 원고를 토대로 해서인지 첫 데뷔 방송의 반응은 좋았다. 청취자들의 반응도 좋았지만, 함 선생님과 사모님이 참 재미있게 들었다고 격려해 주신 것이 큰 힘이 되었다. 내가 그간 고생스럽게 다닌 것을 선생님이 모르시는 바는 아니었지만, 혹 걱정하실까 봐 말씀드리지 않았던 부분까지 알게 되신 것이다.

선생님은 기왕에 원고로 정리한 것이니, 출판을 했으면 좋겠다고 하셨고, 이 말씀에 나는 이 원고를 책으로 내 보겠다는 용기를 갖게 된 것이다. 15분짜리 코너를 위한 방송 원고는 책으로 편집하면 한 절section로 쓰기에 알맞은 분량이니 이들을 모으면 책 한 권도 가능할 것 같았다.

그러나 당시의 내 처지가 박사과정을 공부하는 일개 대학원생이었으니, 어느 '강심장'을 가진 출판사 사장이 내 책을 출판하는 도박을 감행하겠는가? 하지만 내 주위의 사람들은 그 원고가 출판할 가치가 있다고 믿고 도와주려고 했다. 경제기획원 종합기획국에서 한국경제 발전 초창기의 기획예산을 담당하던 형님이 친구이자 한동리에서 자란 내게는 아주머니뻘 되는 분이 어느 출판사에서 일하고 있는데, 그 분을 찾아가서 말해 보라고 해서 그분을 만나게 되었다.

　　그 아주머니는 나보다는 우리 형님을 믿고 나를 자신이 일하는 출판사의 사장님을 소개해 주기로 한 것 같았다. 나는 원고를 들고 그 아주머니를 따라 서대문 어느 다방에서 기다렸지만, 그 아주머니는 사장을 모셔 온 것이 아니고, 사장의 딸을 데리고 왔다. 그런데 그녀를 만난 이후부터 무슨 이유에서였던지 나는 책 출판보다는 우선 그녀와 결혼해야겠다고 생각했다.

　　이리하여 나는 1965년 3월에 피앙세를 만났고, 늦어도 9월 초에는 입학이 허가된 미국 대학으로 떠나야 했기 때문에 책 출판보다는 결혼이 급선무였다. 책을 출판하지는 못했지만, 함 선생님이 주재한 법의식 조사에 연구원의 한 사람으로 참여한 것이 계기가 되어 미국 유학을 갈 기회가 생겼고, 이 연구에 참여한 경험을 기록한 원고가 인연이 되어 결혼도 할 수 있게 되었다.

　　무엇보다도, 지난 43년간 '교수'라는 일 외에는 다른 업을 모르는 일업일생一業一生의 삶을 살 수 있게 되었다. 이에 관한 이야기는 이 책 '후기'에서 좀더 자세히 설명하기로 하고 여기서는 어떻게 이 원고가 반세기 동안 보존되었는가에 대해서 언급하기로 하겠다.

반세기 동안 원고가
보존되기까지

미국으로 떠나면서 나는 출판하지 못한 원고의 존재에 대해 까마득히 잊게 되었다. 그런데, 신기하게도 손으로 쓴 200자 원고지 948매 분량인 이 원고는 내가 미국에서 36년간 사는 동안에 우리 아버님, 어머님, 그리고 형님까지도 작고하신 그 와중에도, 계속 보존되어 있었다.

큰형수님이 경상북도 봉화군에 소재한 내 생가의 다락방에 간직해 두셨던 것이다. 지금은 그분마저 고인이 되셨지만, 내 원고는 그 오랜 기간 동안 소실되지 않고 남아 있었다. 전체 원고 중에서 두 장이 분실된 것 이외에는 군데군데 좀이 좀 편 것 외에는 잘 보존되어 있었다.

그러나 재질이 좋지 않은 원고지를 사용했기 때문에 잘못 만지면 종이가 낡아 바스러질 형편이라 매우 조심스러웠다. 더 이상 손상이 가지 않게 하기 위해 그 원고 뭉치를 미국으로 가져가서 '워드프로세서'를 이용해 파일로 만들고 디스켓에 저장해 지금까지 보관하게 되었다. 그러나 아쉽게도 2001년 영구 귀국할 때 이삿짐이 많아 가난한 시절 모은 책들과 이 낡은 원고는 가져오기가 여의치 않았다. 그래서 태우고 왔는데 그 일이 아직도 둘째아이를 테네시 주 내슈빌Nashville에 그냥 살게 두고 온 것만큼이나 섭섭하다.

과거에(1993~1994) 풀브라이트 선임연구원Fulbright Senior Scholar for Research and Lecture 겸 연세대 초빙교수로 한국에 왔을 때, 연세대 인문과학연구소 교수들은 내가 쓴 당시의 글을 읽어 보고, 그 기록을 1960년대 우리말 연구에 필요한 '말뭉치'용으로 쓸 수 있도록 연세대에서 발행하는 〈인문학지〉에 발표하면 어떻겠는가 하고 권하기도 했다. 그러나

24

이 책의 원고가 36년간 보관되었던 경상북도 봉화군 봉화읍 해저리(바라미) 490번지 소재 저자의 생가. 지금은 큰형님의 호를 딴 '토향고택'土香古宅으로 알려져 있다. 출처: 김중순

그때는 초빙교수로 한국에 잠시 머물러 있는 처지라서 책으로 정리할 마음의 여유가 없었다.

　미국으로 돌아간 후에는 내가 학문적으로 가장 왕성하게 활동하던 시기여서 엄청나게 바쁜 나날을 보냈다. 테네시대학에서 석좌교수(나의 영문 공식직함은 University Faculty Scholar and Professor of Anthropology였다)로 임명되었고, 기업인류학 분야의 주 저서를 여러 권 출판했고, 미국에 직접 투자한 (주)풍산 미주 현지법인 PMX, Inc. 의 회장 고문역과 테네시 주정부 경제개발부Tennessee State's Department of Economic and Community Development 자문역을 하느라고 수필이나 수상록 등의 글이나 책을 쓸 마음의 여유가 없었다.

반세기 묵은 옛 원고가
나남출판에서 책으로 태어나기까지

2001년 학교법인 고려중앙학원 이사장이자 동아일보사 명예회장이던 고故 화정 김병관, 내 중앙고 선배가 한국 고등교육 역사상 처음 시도해 보는 '온라인'on line대학인 현 고려사이버대의 전신 한국디지털대를 설립하면서 나에게 총장직을 맡아 달라고 권유했다.

나는 매우 가치 있는 일이라고 여겨 만 36년간의 미국 생활을 청산하고 한국으로 돌아와 한국 교육역사상 처음 시도해 보는 온라인대학 운영을 맡았다. 대학운영과 더불어 학회활동도 활발히 했던 나는 오랜 시간 잠들었던 옛 원고를 다시 사람들에게 선보일 기회를 가졌다.

2009년 6월 12일, 한국법사회학회 춘계학술대회에서 "한국 법의식 조사에 대한 회고: Head-note와 Field-note ― 1963년 한국 법의식 조사에 대한 회고"라는 논문을 발표했는데 이 역시 옛 원고의 다른 버전이었던 것이다. 그때 그 학회에 참석한 사람들은 그 발표를 듣고 원고를 정리하여 출판하라고 권유하기도 했다. 또 어느 출판인은 흥미를 느끼며 출판하자고 계약서까지 보내왔다.

그러나 원고 개요를 출판사에 제출하고 출판사에서 검토 후 흥미가 있으면 원고를 제출하라고 하여, 그 후에 평가위원들의 평가를 거쳐 출판하는 미국 출판사의 출판관행에 익숙했던 나는 그런 즉석제의에는 응하지 않았다.

이를 안타깝게 여긴 한국법사회학회의 임원인 연세대 법학전문대학원의 김정오 교수는 이 원고는 꼭 책으로 출판되어야 한다고 주장했으며, 출판되지 않을 때를 대비해 임시로 내 옛 원고를 복사하여 다른 회원들에게 돌려주기까지 하는 열성을 보였다.

그러고 나서도 나는 신생 온라인대학을 운영한다고 바쁘게 살면서 이 원고의 출판을 미루어왔다. 그러던 중 2013년 11월 22일, 함 선생님이 '버마'에서 순국하신 지 30주년 되는 날을 기하여 선생님의 삶과 업적을 기리는 학술모임을 가졌다.

그 모임에서 나는 "함 선생님의 삶과 학문"이라는 주제로 기조강연을 했다. 그때 법의식 조사 때에 겪은 내 경험을 이야기하자, 참석자들은 또 한 번 내가 한 이야기 내용을 출판하라고 권했다. 그간 내 간추린 경험담을 간헐적으로 학교 홈페이지에 연재했을 때도 독자들은 책으로 출판했으면 좋겠다는 말을 하곤 했다.

이처럼 주변의 권유에도 흔들리지 않던 내가 드디어 이 원고를 책으로 출판해 보아야겠다고 결심한 것은 나남의 조상호 발행인을 만나게 되면서부터다. 우연한 기회에, 고려대 미디어학부 김승현 교수가 나를 방문했을 때, 내가 이 원고에 대한 이야기를 했다. 그랬더니 김 교수가 자신의 생각으로는 나남출판사 발행인 조상호 박사가 이 원고에 대해 관심이 있을 것 같다고 했다.

내가 김 교수에게 조 발행인에게 이야기해 보라고 한 지 1주일이 채 되지 않아서, 김 교수와 조 박사가 함께 나를 방문하겠다고 전해왔다.

2014년 9월 29일 조 발행인이 친히 내 사무실로 찾아왔기에, 그간 내가 학교 홈페이지에 연재한 것을 있는 그대로 전해 주었다. 조 발행인이 그 원고를 가져간 지 꼭 1주일이 되는 10월 6일, 나남의 고승철 사장 겸 주필이 조 발행인이 가져간 그야말로 '초벌 원고'를 말끔히 정리한 '가편집본'假編輯本으로 만들어 왔다. 그리고 편집부 이자영 과장을 실무자로 지정해 주었다. 출판사에서는 이미 편집을 위한 스탠바이를 끝낸 셈이었다.

내가 게으름을 피울 수 없게 됐다. 나는 서둘러 원고 첨삭과 수정 작업에 돌입했다. 출판사에 보냈던 원고는 분량을 줄이려고 '칼럼' 부분을 많이 생략했었는데 이를 복원시켰다. 편집부에서 원고를 재검토하는 수고를 해야 하니 미안하기 그지없는 일이기도 했다. 어떻든, 이런 나남출판의 신속한 업무처리 과정을 보고 나서, 비로소 나남이 양서를 많이 출판하고, 요즈음 같은 인쇄매체의 불황 속에서도 한국 출판계를 선도하는 것은 우연한 일이 아니라는 생각이 들었다.

꼭 반세기나 묵은 숙제를 이제야 끝낼 수 있겠구나 생각하니 후련한 마음이 들지만, 한편으로는 유명을 달리하셔서 내 경험담을 다시 읽으실 수 없게 되신 함병춘 선생님을 생각하면 애석하기 그지없다.

책 출판을 위해 원고를 정리하면서 유감스럽게 생각한 점은, 이 원고와 함께 그때에 찍어 둔 사진이 많지 않다는 것이었다. 사진이 좀더 있었다면 그때의 일들을 더 생생하게 전달할 수 있었을 것인데 하는 아쉬움이 남는다. 영상인류학자visual anthropologist들은 어떤 경우에는 수천 단어를 동원한 묘사보다 단 한 장의 사진이 더 효과적이라고 한다. 그 말이 맞는 것 같다.

요즈음 한국사람, 특히 젊은 사람들은 휴대전화에 장착된 카메라 덕분에 누구나, 언제나, 어디서나 필요한 사진을 즉석에서 촬영할 수 있다. 그러나 내가 현지조사를 다니던 1960년 초만 해도 카메라는 특수한 직업에 속하는 전문가나, 아니면 생활에 여유가 있는 사람들의 '준準사치품'에 속했다. 나는 카메라를 소유할 만한 여유도 없었고, 이 연구 프로젝트가 카메라를 살 정도로 재정적 여유가 있는 프로젝트도 아니었다.

그럼에도 불구하고 이 책에서 내가 보관했던 몇 장의 사진을 첨부했는데, 이는 남이 찍어 주거나 후에 얻은 것이다. 반세기 전 사진들이라서 선명하지 못하지만 '스토리'를 담고 있기에 소중하다.

또한 이 책에는 내가 소장한 사진 외에도 여러 지인과 기관의 사진이 실렸다. 오랫동안 소중하게 간직한 귀한 사진을 이 책을 위해 쓸 수 있도록 허락해 준 국가기록원과 여러 박물관, 역사관, 신문사, 한국관광공사, 한국산업공단, 그리고 여러 시청 및 구청 등의 배려에 감사드린다. 그리고 개인적으로 소장한 사진을 이 책에 쓸 수 있도록 기꺼이 허락을 해 주신 강병수 사진작가님과 아산정책연구원 함재봉 원장님을 비롯한 여러분들에게도 심심한 감사의 말씀을 드린다. 각 사진마다 그 사진을 소장한 개인과 기관 이름을 밝혔다.

그간 이 원고가 세상에 빛을 보길 바랐던 모든 분들에게 감사드리고, 실제로 이 원고가 책이 되도록 도와준 나남출판사 편집부 관계자들에게 감사드린다.

그동안 고생을 잘 참아 준 집사람에게도 이 기회를 통해서 감사함을 전한다. 우리 집사람은 이 원고가 인연이 되어 나와 결혼한 후, 36년간 객지생활을 하느라 많은 외로움을 참고 견디어야 했으며, 가계의 어려움도 겪어야만 했다. 다행히 종윤, 호윤 두 아이도 잘 자랐고, 그 아이들이 결혼한 두 며느리 가영, 낸시Nancy, 그리고 그 두 가정에서 태어난 원준, 석준, 영준, 재준, 미나도 미국과 한국 두 나라의 문화를 잘 익히면서 사는 것을 지켜보면 큰 보람을 느낀다.

책 쓰는 일을 한두 번 해 본 것도 아니면서도, 새 책을 시작할 때면 주위 사람들을 성가시게 하는 버릇을 아직도 고치지 못했다. 이번에도 고려사이버대 행정지원실 직원분들의 많은 도움을 받았다. 엄혜선 팀장도 수시로 내가 요구하는 자료를 모으는데 이제는 지칠 만도 할 것 같다. 구지혜 그리고 이상의 선생의 도움도 컸다. 그들의 도움에 감사할 뿐이다.

1963년부터 거의 1년 반 동안 내 면접을 위해 도와주신 분들에 대한 고마운 마음은 반세기가 지난 지금 더욱 절실하게 느낀다. 이 책에는 수많은 분들의 이름과 지명 등이 포함되어 있지만, 내가 속한 인류학 분야의 윤리강령에 따라 실명實名이나 실제 지명을 밝히는 것이 무방할 때를 제외하고는 실명을 사용하지 않았다.

그리고 내가 방문한 여러 지명도 면面까지는 실명을 밝혔지만, 동洞 혹은 리里의 실명은 밝히지 않았다. 동리의 실명을 밝혀도 무방하겠지만, 내 의지와는 다르게 와전되거나 부당하게 인용될 소지가 없도록 하기 위해서 한 결정이다.

무엇보다도, 반세기 전에 행한 조사였지만 아직까지도 이 조사와 내가 겪은 경험에 관심을 가진 모든 분들에게 감사함을 전한다.

2015년 북촌로에서
해저海底 김중순金重洵

나남신서 1808

같은 공간, 다른 시간

1960년대 한 법학도가 바라본 한국의 참모습

차 례

관동 편

하늘과 맞닿은 천년 숲의 신비

제주도 편

역사의 파고를 넘어 더 넓은 세계로

'늘 봄' 같은 제주와의 첫 만남

다도해를 품은
아름다운 아열대 섬으로

난생처음 비행기로 날아 보는 기대감에 걸맞지 않게 내가 타고 갈 비행기는 초라하기 그지없었다. 국영 항공사가 운영하는 낡은 비행기. 게다가 비가 오는 날에 저공비행을 한 탓인지 빗물이 비행기 안으로 스며들어 왔다. 기내에서 우산을 쓰게 생겼다. 이 허술한 비행기가 부산까지 날아간 것만 해도 용했다. 그러나 부산 수영비행장에 착륙한 이후에는 제주도로 비행할 생각을 하지 않고 있었다.

그때의 비행기는 요즈음 우리가 보는 대한항공KAL이 아니고, 1948년에 대한국민항공사KNA였으며, 1962년에는 대한항공Korean Airline으로 이름은 바꾸었지만, 여전히 국영 항공사였다. 1969년에서 한진상사가 이를 인수하여 지금의 민간항공회사인 대한항공이 된 것이다.

수영비행장에서 기다리는 동안 '에스파냐'의 옛 지방인 '카스티야'를 포르투갈어로 읽은 것에서 유래한 '카스텔라'라는 일종의 고급 빵을 한

옛 부산 수영비행장 모습(위쪽). 출처: 국가기록원(관리번호: CET0031348)
1964년에 비행한 옛 제주행 비행기와 같은 기종 (아래쪽).
출처: 국가기록원(관리번호 CET0094272)

조각 주면서 요기를 하라고 했다. 카스텔라는 요즈음에는 흔한 간식이 되었으나, 그 당시에는 맹장수술이라도 해야 얻어먹을 정도의 고급 서양 빵이었으니, 불평 말고 황송하게 생각하라는 태도였다. 비행기를 정비한다는 명목으로 마냥 지체를 했다.

어떤 익살맞은 승객은 우리가 탄 비행기를 '삼신'三神이라고 했다. 서서 쉬는 데는 '귀신'이며, 비행하는 데는 '병신'이고, 탄 사람은 '망신'이라는 것이었다. 비행기는 두 시간이 지나서야 겨우 제주도를 향해 이륙하였다.

비가 오는 날씨였지만, 7천 피트 정도의 저공비행을 한 탓에 난생처음 다도해多島海를 하늘 위에서 내려다볼 수가 있었다. 철렁대는 물의 떼水群, 바다 위에 화사한 얼굴을 드러낸 섬의 무리…. 사람들은 이 신비로운 풍경을 다도해라고 불렀다.

어촌을 이고 사는 큰 섬도 있고, 빈 몸으로 혼자 사는 작은 섬도 많았다. 산을 가진 것도 있고, 질편하기만 한 섬도 적지 않았다. 외모를 흉하다고 볼 양이면 그대로의 자태가 싫지는 않았다. 조물주의 솜씨라도 놀라울 지경이었다. 어느 성형외과 의사가 왔다손 쳐도 이 다도해를 수술해 볼 엄두를 못 낼 것 같았다. 어느 하나 버릴 것이 없고, 어느 하나 바꾸어 놓을 것이 없이 있는 그대로 아름다웠다.

7천 피트 상공에서 보기가 아깝고 가까이 다가앉아 주옥같은 대화를 나누고 싶었다. 가끔 보이는 섬의 초가지붕 아래에는 알뜰한 다도해의 서정을 지닌 마음씨 고운 소녀가 해풍이 밀고 간 언저리에 서서 소라의 그리움을 그리고 있지 않을까. 반도에서 분가하여 딴살림을 하는 다도해에는 어디에든 육지와 다른 한 폭의 그림 같은 정경이 숨어 있을 것만 같았다.

기창機窓 너머 안개로 '커튼'을 두른 검은 산이 가까스로 보였다. 다도해를 지난 지 한참을 지났으니 제주도에 가깝게 왔을 것이고, 멀리서 보이는 그 산이 바로 한라산임에 틀림없었다. 한라산 정상에서 공을 차면 바다에 떨어지지 않겠느냐며 걱정하던 '국민학교'(당시는 초등학교를 그렇게 불렀다) 지리地理시간 기억이 떠올랐다.

여다도女多島 라지만
첫눈에는 남자

비행기가 착륙준비를 위해서 하강하기 시작했다. 드디어 제주에 첫발을 딛게 된 것이다. 제주는 옛날부터 여자女, 바람風, 돌石이 많다고 '삼다도'三多島라고 일컬어왔기에, 확률로 보아 기상에서 처음 보이는 지상의 사람은 여자이려니 생각했지만 착륙 전에 본 사람은, 여자가 아니고 밭에서 서성대는 남자였다. 그간 남자가 많이 태어나서 제주도의 성별분포에 변화를 가져온 것은 아닐까?

그러나 실제로 인구통계를 보면 여자가 절대적으로 많은 것도 아니다. 남자인구가 전체 제주인구의 49.58%이고, 여자는 전체 인구의 50.42%라니 남녀비율은 거의 같은 셈이다. 그럼에도 불구하고 여자 수가 남자 수보다 월등하게 많게 보이는 이유는 소라와 전복을 채취하는 해녀들의 활동에서 보듯이, 제주도에서는 여자의 활동이 두드러지기 때문이라는 것이 그곳의 민속학자인 김영돈 씨의 해석이었다.

비행장 입구에 대기한 버스는 소형이었다. 원래 섬 자체가 면적이 좁으니 버스만이 큰 공간을 차지하기가 민망스럽기도 하겠다. 그러나 크지 않는 내 체구에도 발이 앞 의자에 닿아서 불편했다. 1월이라서 서울 기온은 상당히 낮았지만, 제주도의 날씨는 현저하게 차이가 있었다. 입은 지 7년째 되는 내 오버코트가 무겁게 느껴진 적이 한 번도 없었는데, 제주도에서만은 무겁게 느꼈다. 날씨가 푸근하고 온화하다는 증거이리라.

신문에서 기삿거리가 없을 때면 자주 등장하는 제주도 홍보기사가 떠올랐다. 사진까지 곁들여가며 상춘常春의 나라라고 관광객을 선동하더니 정말 제주는 '늘 봄'인가 보다.

나보다는 나이가 두 살 위였지만, 어쩌다 나와 대학동기가 됐고, 그 후 고향인 제주도로 돌아가서 그곳의 명문고인 오현고에서 교편을 잡고 있던 한韓 선생이 나를 안내했다.

제주시 중심가는 아스팔트로 포장되어 있었고, '서시오!', '가시오!'의 표지판도 육지와 다름없었다. 큰길 포장도로에는 보행자의 횡단표지가 페인트로 칠해져 있었다. 그러나 행인은 이런 표지를 아랑곳하지 않았다. 적당히 건너가면 되는 것 같았다. 이러한 무단횡단이, 그것도 '교통순경'(그 당시에는 '경찰'보다 '순경'이라는 호칭을 더 많이 사용했다) 면전에서 버젓이 일어나고 있었다. 서울에서는 무단횡단에 대한 단속이 삼엄하여 늘 조심해야 했던 나는 제주 보행자들이 부러웠다.

"제주도에서는 보행자 위반에 대한 단속이 없나요?"

한 선생에게 물어보니 그의 대답은 의외였다.

"누가 누구를 잡겠어요?"

좁은 지역이라서 모두가 서로 잘 아는 사이라서 관민官民 모두가 한 가족 같다는 것이었다.

한 선생의 말에 따르면, 그 당시만 해도 지방자치제도가 시행되지 않았던 때라서 모든 공무원은 임명제였다고 했다. 그런데 고급관료도

새끼줄로 '요망하게' 묶은 제주 전통집의 지붕. 출처: 김중순

제주도로의 부임을 좌천시하던 풍습이 남아 있어 자기가 근무하는 동안 큰 인심 잃지 않고 어물어물 무사히 지나가려는 상급관료의 무사주의가 하급관료에까지 영향을 준 것이라고 부연설명을 했다.

　그러나 시내 중심가를 벗어나서, 우리가 머물 숙소인 외곽으로 들어서자 옹색하게 느껴졌던 버스는 더 불편하게 느껴졌다. 비포장도로의 박힌 돌을 밟으면 버스는 제멋대로 길 위에서 뜀뛰기를 했다. '여다'女多라는 말에는 회의적이어도 '석다'石多라는 말은 틀림없는 것 같았다.

　'여다'라는 제주에서 여자를 처음 본 것은 다방이었다. 숙소에 여장을 푼 후 한 선생과 정담을 나눌 수 있는 곳이라고는 다방밖에 없었기 때문이었다. 제주시에서 제일 좋다는 다방으로 안내되었다. 규모나 꾸밈새가 서울의 여느 곳과 비교해도 손색이 없었다.

　차이가 있다면 그 제주 다방 '소리통'(당시에는 '라우드 스피커'를 '소리통'이라고 표현하기도 했다)에서 흘러나오는 노래가 '왜곡'倭曲(당시에는 일본 노래를 '왜곡'이라고 불렀다) 인 점이었다.

그 당시 제주 근해에는 일본 경비정의 출몰이 잦았고, 심지어는 육안으로 보이는 곳까지 접근하는 경우도 있었다고 했다. 영해를 침범하는 이들 경비정에 대해서는 '격침'이라도 해야 한다고 열을 올리는 한 선생이었지만, 그 다방에서 흘러나오는 일본 노래에 대해서는 별다른 말이 없었다.

일본 대중문화의 유입은 제주도가 먼저 시작했고, 가장 관대했는지도 모르겠다. 또 제주도 사람 중에는 친척이 일본에 거주하는 사람들이 많다고 했다.

내 생각으로는 한 선생을 비롯한 제주의 젊은 사람들은 관념적인 대일對日 감정보다는 이해관계에 더 민감한 것 같아 보였다. 충돌하는 이익 면에서는 강한 증오의 염이 발동하는 모양이며, 흘러나오는 왜색음률에는 민감하게 반응하는 것 같지 않아 보였다. 그러나 그 다방에 앉은 40, 50대 사람들은 어떻게 생각하는지 궁금했다. 지난날 식민통치의 잔학상은 이미 잊은 것일까? 아니면, 막연하게나마 일본에 대한 그 어떤 향수 같은 것을 느끼고 있는 것일까?

그 일본음악의 선율을 '예술'이라고 관용한 채 그냥 넘기고 있다면, 제주시의 젊은이들은 너무나 성숙한 세계인들처럼 느껴졌다.

한 음식점에 들렀을 때다. 낮에는 대중식사를 팔고 밤에는 요정으로 변신하는 곳이었다. 대낮에 찾은 우리 일행은 그곳 아가씨들의 시선을 끌었다. 솥뚜껑에 밀가루를 바른 듯한 어색한 화장솜씨도 볼 수 있었다. 한복을 입은 곱상한 아가씨의 고향을 물어보았다. '탐라' 아가씨면 이야기라도 붙여 보았을 터인데 경상도 아가씨라는 것이었다.

안주인의 말에 의하면, "꼬리치마 뒤폭을 겨드랑이에 끼고 걷는 여인을 보면, 그 여인의 고향은 서울 아니면 경상도"라는 것이었다. 고향 식별법도 가지가지였다. 주인의 말에 의하면, 제주도에서는 요정에서 일하는 것을 금기시해서 제주도 여자들은 굶어 죽을 지경이 될지언정 요정의 접대부나 선술집의 '작부' 노릇은 안 한다는 것이다.

한 선생은 나에게 제주 토산물을 먹어 보라고 권했고, 나 자신도 되도록이면 제주 토산물을 접해 보고 싶었다. 주문을 받아 소고기를 가져다준 식당 주인은 내가 고기를 한 점 맛보자 어떠냐고 물었다. 솔직히 말해 좀 질긴 것 같다고 했더니, 한 선생은 진짜 제주산이라고 했다. 부산이나 목포에서 수입한 고기는 연한 편이나, 제주산 소고기가 좀 질긴 까닭은, 제주 소들은 생식을 하기 때문이라고 했다. 그때만 해도 제주산 '흑돼지'에 대해서 알지 못했을 때였다.

제주도에는 물이 귀하다고 들은 일은 있지만, 제주시만은 예외인 것 같았다. 겨울이지만 비교적 따뜻한 날씨 때문에 수도관을 얕게 묻어도 얼지 않아서 제주시만은 급수사정이 육지의 어느 곳에 비해도 손색이 없다고 했다.

아름다운 풍광과 늘 봄 같은 날씨, 너그러운 인심, 그리고 편리한 주거환경을 가진 제주는 살 만한 곳임에 틀림없는 것 같았다.

조천면 W리의
메밀묵 '스테이크'

운명이라는 짐을 진
제주 여인들

제주도에 도착한 다음날부터 일을 시작해야만 했다. 일주도로를 따라 버스 편으로 조천면 W리로 갔다. 제주도의 특징인 듯이 이곳에서도 바다가 보이고 한라산이 보였다. 제주시에서 떨어진 곳이고 보니 본격적인 제주 구경을 하는 셈이고, 제주의 참모습을 볼 수 있으리라는 기대에 설렜다. 말하자면, 제주도의 속살을 보게 된 것이다.

흙 한 점 묻히지 않고, 한줌의 시멘트 가루도 쓰지 않은 채 돌만으로 쌓아 올린 돌담이며, 밭 경계, 울타리 등 육지에서 보지 못했던 제주도의 진면목을 발견할 수 있었다. 몇만 리 이역으로 보내기 위해 탄탄하게 포장하듯이 엮어 놓은 지붕 위의 새끼줄들. 제주도 사람들의 표현대로 '요망지다'.

팔순(八旬) 할머니가 나뭇짐을 이고 지고 지나가고, 구덕(바구니를 뜻하는 제주방언)과 허벅(물동이를 의미하는 제주방언)을 지고 가는 아낙네의

구덕과 허벅을 지고 물을 기르는 조천면 여인들. 출처: 강병수

행렬도 눈에 띄었다.

제주여인들은 여섯 살 때부터 구덕과 허벅을 지는 경우도 많다는 이야기를 듣고, 그녀들의 강인함에 다시 한 번 놀랐다. 엿장수를 하다가도 제주여인과 결혼하면 엿목판일랑 바다에 던지고 놀음판 뒷전에 다닐 수 있다는 농담이, 여인들이 나뭇짐 지는 기세로 보아 거짓말이 아닌 것 같다.

확실히 제주도 여인들은 부지런하고 날랬다. 제주도 아가씨를 놓고는 '바스트'가 얼마니 '히프'가 어떠니 하는 말을 써가며 미인을 고르지 않는다고 했다. 여섯 살 때부터 구덕과 허벅을 졌을 터이니 그동안 그 등으로 져 날랐을 '물값'으로 따져서 그 여인의 가치와 호칭이 정해진다는 농담 같은 이야기를 들었다. '탐라 미인대회'가 있다면 한번 구경하고 싶은 마음이 들었다.

또 하나 신기한 것은 제주 아이들의 생활력이었다. 먹을 것이나 달라고 졸라댈 법한 나이의 꼬마 초동이, 막대기 하나로 수십 마리의 양떼를 인솔하였다. 그는 등에 나뭇짐까지 지고 있었다. 나는 빈손으로 길을 걷는 것이 나이에 어울리지 않는 것 같아 왠지 민망스러웠다.

구순의 제주 할망에게
느낀 언어의 장벽

W리로 가기 위해 한라산 쪽을 향해 올라가는 길만 두 시간. 겨우 W리에 닿았다. 우리의 조사는 아무 사람이나 만나 질의하면 되는 것이 아니라, 만나야 하는 사람이 정해져 있었다. 표본으로 추출된 지역에서 선거유권자 명부를 놓고 그 명단에서 임의로 추출한 후, 그 당사자와 면접을 해야만 했다. W리의 표본은 구순九旬의 할머니였다.

법의식 조사에 대한 장황한 설명을 늘어놓아도 그 할머니는 별로 반응이 없었다. 나의 계속되는 질문에 마지못해 짜증스러운 자세로 "마시마시"라는 말만 되풀이했다. 혹 내가 일본말을 알아들을지 모른다는 생각에서인지 할머니는 제주도 방언에다 일본말까지 섞어 썼지만 나는 도무지 이해할 수가 없었다.

한나라 사람들끼리 하는 말이 피차간에 통하지 않는다니 딱한 일이었다. 한나라 안에서 공문서까지도 몇 개 나라 말을 같이 쓰는 남의 나라 일이 참 어려울 것이라는 생각이 들었다.

마침 방학 중인 그곳의 고등학생을 안내 겸 통역으로 대동하는 것이 좋겠다는 오현고 한 선생의 추천이 그렇게 고마울 수 없었다. 마침 내 동행한 고등학생이 대화에 참여하자 그제야 그 할머니는 "…마시… 그랬우랑" 하면서 유창한 제주말로 그 학생에게 설명했다. 그 학생의 '통역'에 의하면, 그 할머니는 태어나서부터 그때까지 제주시 구경조차 한 일이 없는 W리 고수파固守派로, 육지에서 온 나의 말을 이해하지 못했었다는 것이었다.

고등학생의 유창한 통역이 진행되자 그제야 할머니는 이해가 가는 듯이 깊이 파진 주름살 사이로 미소를 지었다. 한 나라 사람들끼리 서로 말이 통하지 않을 수도 있음을 처음으로 느꼈다.

내가 제주방언에 익숙했다면 그 할머니의 마음의 벽을 허물고 좀더 친해졌으리라는 아쉬움이 남는다. 종종 재일교포 선수단이 모국을 방문했을 때, 모국어를 한마디도 못하는 것을 본 기억이 떠올랐다. 한국말을 모르면서 어떻게 모국을 이해하고 모국을 사랑할 수 있으며, 정을 주고받는 방법을 배우고 갈까 하는 안타까운 마음이 들었었다.

어떤 의미에서는 언어는 피보다 더 진한 것 같기도 하다. 이 법의식 조사에서도 제주도만은 제주방언에 능통한 제주 출신을 면접자로 쓰지 못한 것이 안타까웠다. 지역마다 방언이 다른 점을 감안했어야 하는 전국적 법의식 조사에서도 불구하고, 이런 전국 규모의 연구가 처음이라 미처 생각하지 못한 것이 어쩌면 조사방법론상에서도 문제가 제기될 수 있을 것만 같았다.

우여곡절 끝에 인터뷰가 끝나고 나서 할머니에게 학교에서 마련한 선물인 학교소속을 새긴 수건을 드렸다.

"이건 인정으로 생각하고 써 주십시오!"

할머니는 통역을 맡은 학생에게 무언가를 열심히 설명했다. 그 학생의 통역에 의하면 이런 내용이었다.

"질문하는 것에 대답해 주는 것은 돈이 들지 않으니 해 줄 수 있었지만, 수건은 돈이 없어 사 줄 수 없으니 다른 곳에 가서 팔아라."

통역이 선물이라는 말을 제대로 전하지 못한 것인지는 알 수 없었지만, 그 당시 상이군경에 대한 원호대책이 전무하던 때라서, 그들이 물건을 들고 다니며 '강매'하는 것을 접해 본 경험이 있는 듯했다. 그런 폐단이 낙도인 제주에서도, 그리고 산협인 W리까지도 있었던 모양이었다.

그림의 떡,
메밀묵과 물 한 잔

다른 표본을 찾아 옮겨간 집에서는 간장을 담그기 위해 메주를 만드느라고 분주했다. 삶은 콩을 찧어서 효소가 발효하도록 뜨게 하는, 한국 시골의 익숙한 풍경이겠지 생각했다. 그러나 그 집의 방법은 내가 우리 시골집에서 보던 것과는 달랐다. 메주용 콩을 방앗간이나 절구에 찧지 않고 발로 밟고 있었다. 맨발로 삶은 콩을 열심히 밟고 있었다.

그 광경을 보고 나서는 그런 메주로 만들었을 된장이나 간장을 먹을 마음이 내키지 않았다. 물이 귀한 곳이니 얼마 만에 발을 씻는지도 알 길이 없으니 말이다.

이 집의 표본은 구순 할머니와 달리 통역 없이도 의사소통하는 데 아무런 불편이 없었다. 제주방언의 농도는 연령에 따라 커다란 차이가 있음을 보여주는 사례였다. 수건 선물을 주었을 때, 주인은 회사回謝하는 뜻에서 '독새끼'(달걀의 제주도 방언)를 다시 나에게 선물로 주었다.

오가는 정이라고나 할까? 아름다운 풍속이었다.

아낙네들이 메주콩을 밟는 사이, '구덕'에 아기를 넣고 흔들고 앉은 바깥주인이 메밀묵을 열심히 뒤적이며 바싹 굽는 것을 보니 군침이 돌았다. 그러나 맛을 보여줄 자세가 아니었다. 돈으로 사자고 말하기 어려웠던 것은, 안내하던 고등학생이 제주도에서는 그런 것을 파는 것을 싫어한다고 귀띔해 주었기 때문이다.

무엇보다도 오래도록 말을 많이 한 탓에 목이 말랐지만, 물을 좀 달라고 할 엄두가 나지 않았다. 가냘픈 여자의 등에 물지게를 얹고 물을 날라 왔을 것을 생각하니 참을 수밖에 없었다. 갈증을 참는 것도 어려운 일 중의 하나라는 것을 배웠다.

섬이니까 평탄한 길만 걸어 다닐 줄 알았던 나는 의외로 제주에서 높은 산길을 수십 리나 걸어야 했다. 제주의 길은 반등산길이어서 쉽지 않았다. 그러나 무엇보다도 제주도의 인터뷰에서 가장 난처했던 문제는 우리 연구가 법의식에 관한 연구였기 때문에, 질의서 항목 중에는 "어떤 사람이 북한에서 간첩이 되어 돌아왔을 때"라든가, "당신이 밤에 잠을 자고 있을 때, 경찰이 와서 당신을 연행한다면"과 같은 질문이 있었다는 것이다.

이런 질문은 제주사람들의 심기를 불편하게 했다. 1948년 4월 3일에 일어났던 제주양민 학살사건을 연상시키는 것이어서 많은 면접 대상자들은 대답하기 싫어했다.

사실 1990년대에 문민정부가 들어서기까지 '4·3 사건'은 공식적으로 논의하거나 거론할 수 없는 금기사항이었다. 그 참혹한 사건은 오랫동안 숨겨졌다가 근래에 그 진상이 세상에 알려지기 시작했다.

만일 그때 4·3 사건이 군정당국과 극우 반공주의자들, 그리고 무능하고 무감각한 정부관리들이 제주도 사람들에게 저지른 사건의 배경과 잔학상, 그리고 잔인한 보복을 알았다면, 적어도 제주도에서만은 우리의 질의서에서 제주사람들의 심기를 불편하게 하는 그런 '우문'愚問은 포함하지 않았을 것이다. 지금 생각하면, 나나 우리 연구소의 무지로 인해 그런 질문을 제주도 사람들에게 한 것이 부끄럽기 짝이 없다.

여기에 최근 다시 제주도를 방문한 이야기를 덧붙여 보겠다. 2014년 10월 17일, 내가 근무하는 고려사이버대와 일본 관서지방의 유수한 사학이며 오사카시 근교에 위치한 킨키대近畿大가 '온라인대학 교육'과 '바른 한국어'(영문 애칭으로는 'Quick Korean') 프로젝트에 대한 상호협약식을 갖게 되어 오사카 시에 갔을 때이다.

나를 안내하던 안내원이 오사카 한인촌에는 제주도 출신의 한인교포가 많다고 하여 안내원을 따라 한인촌을 방문했다. 그래도 나는 그들에게 누가 제주출신이냐고 물어볼 용기가 나지 않았다. 4·3 사건 당시 상당수의 피해자들이 일본으로 밀항했다는 말을 들었기 때문이었다.

어떻든지 간에 제주사람들의 강인함은 잘 알려진 사실이지만, 그에 못지않게 제주사람들이 겪어야 했던 역사적 수난도 강인함에 정비례해서 컸던 것 같다.

북제주군에서 만난
영리한 돼지

해우소에서 만난
영리한 흑돼지

나는 여행을 할 때마다 두 가지 생리적 현상에 시달린다. 하나는, 잠자리를 옮기면, 적어도 이틀은 지나야 새로운 잠자리에 익숙해져서 잠을 잘 수 있는 것이고, 다른 하나는, 늘 먹던 음식과 음료수를 바꾸면 쉽게 배탈이 나는 증상이다. 나는 이러한 징크스를 제주도에서도 겪었다.

'여관'에서 잠을 설친 것도 그러했지만, 음식이 바뀌었기 때문에 배탈이 났다. 인터뷰는 끝났지만, 내가 머무는 여관까지 가는 제주시행 버스를 타려면 아직도 상당한 거리를 걸어가야 하는데 당장 화장실을 쓰지 않고는 길에서 실수하게 생겼다. 급한 김에 염치 불구하고 어느 집에 들러서 화장실을 쓸 수 있도록 해 달라고 사정해서 허락을 받았다. 우리 속담에 "화장실 갈 때 바쁘다"라는 말을 실감하게 되었다.

남의 화장실을 쓰는 것도 불편하고 불안했지만, 그보다는 그 화장실 밑에 있는 짐승을 보고 놀랐다. 옛말을 빌리자면, '촉수促壽'를 한 셈이다. 촉수라는 말은 옛날에 경상도에서 많이 쓰던 말로 목숨을 단축할 정도로 놀랐다는 감수減壽와 같은 뜻을 가진 말이다. 급한 볼일을 보려는 참에 변소 밑에서 한 짐승이 어슬렁거리고 있어서 살펴보니 검은색 돼지였다.

그 돼지는 등에 붙은 것을 털면서 눈을 부릅뜨고 내가 쭈그리고 앉은 바로 밑까지 와서 내 '용무'를 기다리고 있었다. 그리고 '목표물'이 내려오자 얼굴에 하나도 묻히지 않고 잘도 받아먹었다. 그러나 나는 불안하기 그지없었다. 당장 뛰어올라 올 것 같은 불안감에 급한 볼일만 대충 볼 수밖에 없었다.

그러나 휴지 소리가 나자, 그 소리를 들은 돼지는 그 자리에서 물러났다. 더 이상 나올 것이 없다는 신호로 알았나 보다.

영리하기 그지없었다. 중동사람들과 유태인들이 돼지고기를 금기시하는 것은 돼지가 '스캐빈저'scavenger이기 때문이다. 스캐빈저란 먹을 것을 찾아서 쓰레기 더미를 뒤지는 동물이나 사람을 뜻하는데, 돼지가 다른 동물의 배설물까지 먹어서 붙여진 별명이다.

하지만 돼지는 영리한 동물임에 틀림없다. 누가 돼지를 미련한 동물이라고 할 수 있겠는가? 그저 돼지는 사람보다 식성食性이 더 좋을 뿐이지 않은가?

삶의 바다를 헤엄치는
여인들의 풍경

내가 면접하기 위해 떠나던 아침에는 해녀의 잠망질이 한창이었는데, 면접을 끝내고 돌아올 때 보니 저녁노을이 깔린 동편 제주 앞바다에서 해녀들의 잠망질도 끝난 듯했다.

어떤 이가 말하기를 남들이 보기에는 구경거리일지 몰라도 "살지 못해 바다로 뛰어 들어가, 죽지 못해 다시 나오는 것이 '비바리'('해녀'의 제주방언)의 하소연'"이라고 했다. 염분에 절여진 얼룩진 반점의 피부는 보는 이의 가슴을 쓰라리게 했다. 아무리 짓궂은 '난봉꾼'이라고 하더라도 해녀의 벗은 몸을 보고 감히 농을 치지 못하리라.

나지막한 일주도로행 버스 위에는 부족한 섬 자원이나마 활용하여 악착같이 살아 보겠다는 호배추 장수의 배추 짐이 조금 과장하면 한라산만큼이나 높게 보였다. 배추 장수의 통 치맛자락이 과한 짐 때문에 자꾸만 고무신 굽에 밟혔다.

서귀포 연가

수줍은 여인 같은
미항, 서귀포

북제주의 면접 조사를 마치고, 연연한 연인戀人의 이름보다 더 감미甘味롭게 들리는 미항美港 서귀포를 향해 합승合乘에 몸을 실었다. 합승은 당시에 유행하던 버스와 택시의 중간 형태로, 버스보다는 작았지만 택시보다는 승객을 여러 명 더 태울 수 있었다. 여럿이 함께 같은 방향을 가는 준準택시의 일종이었으나 정해진 코스만을 정기적으로 운행했다.

당시 서귀포는 지금과 비교할 수 없을 정도로 관광지로서 개발되지 않았다. 그래도 관광객 수는 제주 어느 명소보다 많아서 제주에서 서귀포로 가는 합승은 늘 붐볐다. 그때의 서귀포는 그곳이 좋아 찾아드는 나그네들에게 소박한 모습을 그대로 보여주던 수줍은 '포구'浦口였다.

나는 서귀포를 한 번도 가 본 적이 없으면서도, 서귀포라는 이름에 반해서, 그 이름만 들어도 연인의 이름을 듣는 것처럼 가슴이 설레곤

1960년대 초의 서귀포항 전경. 출처: 강병수

했다. 고교시절에는 당시 유명가수 송민도 씨가 6·25 전쟁으로 지친 민초들을 달래 주었던 노래 〈서귀포 사랑〉(1956)을 애창하기도 했다. 이렇게 늘 동경하던 서귀포에 직접 간다는 것은 가슴 설레는 일이었다.

예전에는 북제주인 제주시에서 서귀포를 가려면 한라산 마루를 넘어가는 지름길이 없어서 일주도로를 따라 반 바퀴 돌아서 가는 수밖에 없었다.

한라산 중턱을 가로지르는 지름길이 공식적으로 개통된 때는 내가 한국을 떠나고 4년 후인 1969년이며, 제2의 횡단도로가 생긴 것도 1973년이다. 하지만 내가 서귀포를 찾았던 1964년 초에도 횡단도로는 부분적으로 개통되어 '합승'으로 서귀포로 갈 수 있었다.

내가 탄 합승은 한라산 중턱을 지나고도 부족한지 자꾸만 더 산으로 올라갔다. 길 폭이 넓은 것은 아니었지만, 부분적으로 포장되어

최근의 서귀포와 중문관광단지 전경. 출처: 〈제주일보〉

있어서 합승을 운전하는 운전수가 흥이 나는 대로 질주했다.

삼성혈을 지나서 본격적으로 한라산으로 들어갔지만, 방향은 남향이니 남행하는 듯했다. 아침 햇살이 비좁은 섬나라를 골고루 비춰 주었지만, 한라산은 그 위용을 드러내기를 꺼리고 있었다. 남한에서는 제일 높은 체구를 지녔기에 그 체모를 지키는 모양이었다.

내가 탄 합승은 고산식물대를 지나고, 관목의 틈바구니를 지나 한대식물이 서식하는 곳까지 쉬지 않고 달려갔다.

아직은 미완성인 횡단도로를 완공하기 위한 건설부(국토의 체계적 개발과 보존, 교통물류체계 구축 등을 관장하던 중앙행정기관으로, 현재의 '국토교통부'에 해당된다) 소속의 기계들이 도로주변에 즐비하게 놓여 있었다.

표고버섯 재배농장을 지나고 교량건설을 위해 번호를 매겨 놓은 다리를 건너자 한라산의 뒷면이 보이기 시작했다. 푸르른 상록의 녹지

대가 눈앞에 전개됐다. 본토와는 다른 제주도의 특징을 가장 잘 보여
주는 곳은 바로 남제주의 서귀포항이리라.

우리나라에서는 유일하게 귤을 재배하는 지역답게 귤밭이 푸르고,
간단한 옷차림으로도 서울에서 방한복을 입은 것 못지않게 포근했다.

서귀포의 인접지인 중문 일대의 16.45㎢의 지역이 국제위락관광
지로 조성된 것이 1971년이니, 내가 찾았던 그때의 서귀포는 작고 아
름다운 한가한 어항漁港에 불과했다. 관광지로서의 시설이나 선전도
없었으며, 조용한 여관들이 대부분이었다.

바닷바람이 만든
여인들의 나이테

서귀포의 일정이 끝났지만, 횡단도로로 제주시에 갈 수 없었다. 남제
주의 한 마을인 D리에서 면접할 표본들을 만나야 했기 때문이다. 일
주도로행 버스를 타는 수밖에 없었다.

중문에 내려서 D리를 찾아가야 했지만, 차 안에는 D리를 아는 사람
이 없었다. 중학생으로 보이는 여학생이 길을 안내해 준다고 해서 그
학생을 따라갔지만, D리로 가는 길은 너무나 멀고 험한 자갈길이었
다. 그 여학생도 D리로 가는 길을 잘 모르는지 가는 길을 헤매는 것 같
았다. 하지만 그 덕에 지름길을 알았더라면 보지 못했을 남제주의 '속
살'을 골고루 볼 수가 있었다.

지금 돌이켜 보면, 지름길을 몰라 돌고 돈 것이 내 인생 역정인지
모르겠다. 나는 미국에서 박사학위를 받고도 한국에서는 일자리는 고

사하고 들어앉을 방 한 칸을 마련할 능력이 없어서 36년간 미국 대학에서 미국 대학생들을 가르치는 이국생활을 했다. 그러나 한편으로는 한국에서 쉽게 자리 잡을 수 있는 지름길을 알았더라면 가 보지 못하고 경험하지 못했을 세상의 이곳저곳을 볼 수 있었다.

그때도 지름길을 몰라 돌아다니다 D리에는 예정시간보다 늦게 도착했기 때문에 우리 연구의 표본으로 뽑힌 해녀들은 이미 바다로 일을 나간 후였다. 굴레 없는 말들이 풀을 뜯는 광경을 보면서 해녀 아주머니들이 바다에서 돌아오기를 기다리는 나의 하루는 나른한 오후만큼이나 지루했다. 잔디 위에 주저앉아 여러 통의 엽서를 써 보았지만, 시간은 멎은 것같이 흐르지 않았다. 유행가 노랫말처럼 '고장 난 벽시계'는 아닐까?

일주도로로 가는 마지막 버스를 놓치지 않을까 걱정하느라고 남태평양으로 이어지는 드넓은 바다를 바라보면서 호연지기浩然之氣를 생각할 여유도 갖지 못했다.

D리는 농어촌을 겸한 40여 호의 가구가 모여 사는 마을. 옹기종기 붙은 집이 정답고, 돌을 모은 담들은 제주도식 돌담 그대로였다. 젊은 아낙네들은 해녀로 바다에 갔고, 할머니 할아버지들만이 집에 남아 있었다.

역시 연만한 분들은 W리 할머니처럼 통역이 필요할 정도였다. 어떤 할머니는 내가 이야기하면 웃기만 했다. 한 나라 사람들끼리 의사소통이 잘 되지 않으니 웃음이 나오는 것도 무리는 아닌 것 같았다. 어쩌다 표준어 대화가 되고 말이 통하는 경우는 국민학교 교육이라도 받은 젊은 세대였다. 역시 교육의 중요함을 뼈저리게 느꼈다.

제주도에서 언어 외에도 나를 놀라게 한 것은 나이였다. 나는 어느 날 우연히 나보다 훨씬 연상으로 보이는 어느 아주머니에게 나이를 물어본 다음 놀라지 않을 수 없었다.

"아주머니 연세가 … ?"

"나이 마시 스물일곱 마시…"

나와 비슷한 나이의 아주머니다. 그러나 겉보기에는 나보다 10년은 더 위인 것 같았다. 바다와 섬은 여인을 조로하게 하나 보다. 하기야 내 나이에도 아이가 몇씩이나 있으니까.

게다가 풍요치 못한 섬 땅, 비좁은 농토, 거센 바다를 무대로 하는 생활에 얼마나 이맛살을 구겼겠는가. 아직은 앳된 얼굴일 나이에 주름이 있었다. 창백한 안색에 해풍이 스치고 가서 억울하게 겉보기에 나이를 먹어가고 있었다. 도회인의 탈을 쓴 채 주름살 없는 내 이마가 어쩐지 면괴했다.

인터뷰할 표본들을 기다리느라 시간을 보낸 나는 일주도로로 제주시까지 갈 수 없어서 모슬포까지만 가는 막차를 탔다. 모슬포에 다가가면서 왼편 길에 흡사 고대의 유물인 양 돌담 집의 엉성한 잔해만 남아 있는 곳이 있었는데 한때 존재했던 육군훈련소 흔적이라고 했다.

시장기를 면하려고 모슬포의 한 음식점에 들러서 음식 값을 보고 놀랐다. 서울 음식 값이나 다르지 않았다. 제주출신인 음식점 주인은 훈련소가 있을 당시 외지사람들이 와서 그 좋던 모슬포의 인심이 '몹쓸포'가 됐다는 농담 반 진담 반의 변을 늘어놓았다.

식사 후, 여관으로 가면서 제주산 귤 맛을 볼 셈으로 귤 값을 물어보았는데 서울이나 다름없어서 또 한 번 놀랐다. 가게 주인의 말에 의하면 귤은 원래 남제주, 특히 서귀포 쪽에서만 나지만, 육지에서 온

상인들이 귤이 채 익기도 전에 '밭뙈기'로 선매해 가기 때문에 대부분의 제주 귤은 육지로 가고, 제주에서 판매되는 귤은 일반 가정에서 한두 그루 심은 귤나무에서 딴 것이어서 귀하고 값도 비싸다고 했다.

특산물은 원래 원산지에서 구하기 힘들고, 값도 싸지 않다는 사실은 우리 고향의 송이버섯을 통해 알고 있었다. 내 고향 봉화는 송이 산지로 유명한데, 송이 철이면 질 좋은 송이는 서울이나 도쿄의 고급 식당으로 다 가고, 부서진 것이나 끝물만 봉화에서 구할 수 있으며, 값도 서울에서와 다르지 않다.

이런 사실들을 익히 알고 있었지만, 서귀포에서 맛본 귤은 달게만 느껴지지 않았다.

한라산을 싸고도는
동고同高의 문화

등고선에 따라 나뉘는
제주의 문화

제주도에 머문 기간이 길지는 않았어도 제주의 발전상 분포는 일정한 '패턴'이 있음을 파악할 수 있었다. 제주도에서 한라산 정상을 중심으로 해안선까지 동심원을 그려간다면, 해안선과 제일 가까운 고도에 위치한 곳이 문화의 혜택을 가장 많이 누리는 것 같았으며, 한라산 정상을 향해 고도를 따라 높이 올라가면 갈수록 문화의 혜택에서 멀어지는 것 같이 보였다.

제주시와 동고선상에 있는 서귀포, 모슬포 등은 근대화되어 있었다. 제주시에는 수세식 화장실을 갖춘 관광호텔이 있는 데 비해 그보다 상위고도 선상에 있는 여러 동리에서는 돼지가 있는 재래식 화장실이 일반적이었다. 고도가 높은 지역에서는 무속사상을 열심히 믿는 마을이 있는가 하면, 고도가 낮은 지역에서는 현대식 규모를 갖춘 교회가 건재했다.

넓은 지역이라면 모르겠지만, 만 하루면 전 지역을 한 바퀴 돌 수 있는 좁디좁은 제주도의 지역사회 안에서 생기는 격차이니 문제가 될 수 있을 것이다. 지역의 고저에 따라 상이한 문화가 존재하니 말이다.

1960년대 초부터 시작하여 한국의 경제개발에 발맞추어 제주도를 개발하려는 의욕도 강렬했지만, 동고선의 고선高線지대에서는 아직도 옛 풍습을 개선하기에 인색한 완고함이 남아 있는 것 같았다.

서울 유학파인 제주의 젊은 지식층이 YMCA를 중심으로 청년클럽을 형성하여 여러 가지 문제에 솔선하며 제주도 개발을 위해 그들의 재능과 능력을 아끼지 않고 있었지만, 등고선에 따라 상이한 문화의 분포를 골고루 평준화시키는 것이 제주의 미래를 위해 시급한 과제로 보였다.

4·3 사건이 남긴 상처, '뭍사람 공포증'

제주사람들이 자신들의 문화를 고수하고 변화의 조류를 타는 것을 조심스러워 하는 이유는 '4·3 사건'의 영향으로 육지사람들에 대한 신임도가 낮기 때문이라고 했다. 육지출신으로 어느 고등학교에 교편을 잡은 한 남성은 혼기가 지났지만 제주 여성과의 '로맨스'는 결실을 보지 못하고 있다고 하소연했다. 육지에서 온 사람들에게 딸을 맡기지 못하겠다고 장인이 될 분이 고집을 부린다는 것이었다.

1964년에 내가 제주도에 갔을 때만 해도 제주시를 비롯한 대부분의 제주지역 학교는 다른 지역의 학교보다 점심시간이 길었다. 죽이나 보잘 것 없는 음식을 차마 학교에 싸 들고 오기 거북해하는 학생들이 많아서, 각자 집에 가서 점심을 먹고 오도록 편의를 제공한 것이라고 들었다. 소풍을 가도 대부분의 학생들이 점심을 굶고 있어야 했기 때문에 소풍을 가지 않는 학교도 많다고 했다. 이처럼 곤궁한 살림이고 보니, 근면하지 않을 수 없지만 인심이 후덕하기를 바라기는 어렵다고 했다.

한때 모 대학교의 이른바 '계몽반'이 왔다가 3일 만에 다시 돌아가 버린 적이 있는데 그 이유는 제주사람들을 계몽하려는 애초의 계획을 이루지 못하고 오히려 그들이 계몽 당했기 때문이라고 한다. 육지의 잣대로 섬사람들을 가르치려 했으니 결과가 좋을 수 없었다.

육지에 대해서는 육지에 익숙한 사람들이 더 잘 알고, 섬에 대해서는 섬에 사는 사람들이 더 잘 아는 것이 자명한 이치이다. 또한 육지 사람들의 몸가짐으로는 이 근면한 섬사람들의 손발 놀림을 따라갈 수 없었을 것이다.

마찬가지로 제주도를 개화하고 개발하는 문제도 제주에 연고가 있어서 지역사회의 실정을 잘 아는 사람만이 해결할 수 있을 것이다. 제주출신의 역량과 제주출신의 식견이 아니고서는 등고선 위치에 따라 상이하게 형성된 문화와 그로 인한 지역 내 문제들을 해결하기 힘들어 보였다.

폭풍주의보 속에서 만난
탐라 아가씨

항공사에서 만난
제주의 인텔리 아가씨

"앙 - 앙 - 앙 -"하는 소리에 잠을 깬 것은 새벽 3시. 송아지가 어미소를 찾으며 부르는 소리 같았다.

"무슨 소리죠?"

동행한 양승두 선배가 잠에서 깨어 무슨 소리인지 궁금해 했다. 밖의 날씨는 음산했다. 번개가 번뜩이고 천둥이 치며, 비는 주룩주룩 소리를 내면서 쏟아졌다. 알고 보니 짙은 농무와 강풍 때문에 등댓불을 비추는 것이 소용이 없어 소리를 내는 것이라고 했다.

선편을 이용하여 목포에 상륙하려던 계획을 다시 수정하게 생겼다. 언제쯤 폭풍경보가 해제될 것인지 알아보려고 '관상대'(요즈음 말로는 기상청)에 몇 차례 전화통화를 시도했지만, 나처럼 급한 일이 있는 사람들이 많은지 도무지 통화할 기회가 닿지 않았다.

간신히 틈을 얻어 말을 붙인 관상대의 대답은 신통치 않았다. 폭풍주의보가 2~3일 내로는 해제될 희망이 없으려니와 배편은 모두 금족령이 내려졌다는 것이다. 낙도에 오도 가도 못하고 갇힌 신세가 됐다.

제주도에서의 면접이 모두 끝났는데 폭풍우가 해제될 때까지 하늘만 쳐다보면서 기다리기도 힘든 일이지만, 그보다는 하루에 천 원 가까이 드는 경비가 걱정스러웠다. 항공편을 이용해서라도 제주도를 떠나는 것이 오히려 경제적이라는 생각이 들어 다시 관상대에 문의전화를 했다.

"이런 기상 상태에서도 항공기는 뜰 수 있나요?"

관상대에서는 항공기가 뜰 수 있다고 했지만, 항공회사에 연락했더니 항공권은 이미 3일 후 것까지 매진됐다는 것이었다.

"좀 봐주세요!"

평생 해 보지 않던 아양을 떨어 봤으나 전화 받는 여직원의 대답은 시종 싸늘하고 사무적이었다. '손톱조차 들어가지 않을 정도'로 빡빡했다. 지긋지긋하도록 졸라대어 보았지만, 통 반응이 없었다.

그러나 이 프로젝트를 시작한 이래 통계적으로 나타난 일이지만, 무슨 부탁이나 심지어 길을 묻는 일까지도, 내가 남자이기 때문인지는 몰라도 남자보다는 여자 쪽에 부탁하면 성사되는 확률이 더 높았다. 이번에도 상대가 여자 직원이라 끝까지 졸라대 보기로 했다. 작심하고 졸라대려는데, 그만 그 여직원은 내 전화를 톡 끊어 버렸다.

나는 포기하지 않고 선물 공세를 할 요량으로 '캐러멜' 4통 위에 양승두 선배의 명함을 얹어 들고 항공사 사무실로 직접 찾아갔다. 그때 나는 조교의 처지라 명함이 없어서 연세대 법학과 시간강사였던 양 선배의 명함을 얹었던 것이다.

혹시 좀 빈약한 것이라 장난으로 생각할까 걱정스럽기도 했다. 무엇보다 그런 것을 들고 모르는 사람을 찾아가는 것이 더 어색했다. 그냥 돌아갈까 하고 주저하다가 용기를 내어 비닐우산을 들고 문을 연후 항공사 사무실로 들어섰다.

그러나 걱정과 달리 그 여직원의 말소리는 무척 상냥했고 유창한 표준어를 사용했다. 도대체 어디 출신의 '아가씨'인지 궁금증이 발동했다.

"저 연세대에서 온 김 아무개입니다."

너무나 세련된 여직원의 외양과 태도에 놀란 나는 얼떨결에 인사했지만, 캐러멜 통 위에 얹어 준 명함은 양승두라고 쓰어 있었으니 문제였다. "양 아무개입니다"라고 했어야 했는데 별안간 하는 인사라 내 본명을 말하게 되어 탄로 나고 말았다. 총각이기 때문에 처녀 앞에서 당황해서 그런지도 모르겠다.

어떻든지 간에 사람은 무의식중에는 진실을 말하는 모양이다. 순경이 불심검문不審檢問할 때, 이름이 적힌 신분증을 받아 들고서도 "성함이 무엇이지요?" 하고 묻는 이유도, 그런 경우 심지어 피의자라도 무심코 자신의 본명을 말할 가능성이 높기 때문이라고 한다.

그러나 무엇보다도 다행인 것은 그 여직원은 내 성이 '양 씨'이건 '김가'이든지 간에 내 성에 대해 별로 관심이 없어 보였다는 것이다.

조심스럽게 캐러멜을 권하면서 통사정을 했다.

"조금 전에 전화로 성화를 부리시던 분이군요?"

미련하게 떼를 쓰는 것을 보고 이름을 듣지 않고도 누군지 짐작이 간다는 말투였다. 그러나 그 여직원이 "글쎄요"라는 표현을 쓰는 것으로 미루어 보아 다소 여지가 있고 희망이 보이는 것 같았다. 잠시 동안이지만, 너무나 졸라댔기 때문에 장기간 사귄 듯이 친해진 느낌도 들었다. 간간히 미소를 띠기까지 하던 그녀는 마음을 돌렸는지 잠깐만 기다리라고 한 후에, 예약한 손님들에게 일일이 확인 전화를 했다. 요행히 예약한 두 손님이 출발 일정이 늦어진다는 사실을 알게 됐다.

드디어 비행기 표를 살 수 있게 되었다고 생각하니 절해고도에서 구조된 듯한 안도감은 표현하기 어려웠다. 그 여직원이 마치 구원의 천사같이 보였다. 더구나 그녀의 정확한 표준어 구사 능력과 유창한 서울식 억양은 매력적이었다. 틀림없이 서울여자 같은데 무슨 사연으로 이 먼 섬까지 왔는지 궁금했다.

비행기 표를 구하지 못했다면 며칠 더 그곳에 머무르면서 그 여직원과 좀더 대화를 나눌 수 있지 않았을까 하는 엉뚱한 생각을 할 만큼 매력적이었다.

그때 마침 그 여직원에게 전화가 걸려왔다. 그처럼 유창하던 표준어와 서울식 억양은 싹 사라지고 제주방언을 사용했다. 도무지 그 여직원이 무슨 말을 하는지 영 알아들을 수 없었다. 며칠 동안 배워둔 "마시…", "그랬우꽝" 하는 말만 간신히 알아들을 수 있을 따름이었다. 아무리 제주에 와서 근무한 기간이 오래되었어도 그렇게 유창하게 제주방언을 할 수는 없으리라. 제주 출신임에 틀림없는 것 같았다.

수화기를 내려놓고서도 한결같이 웃음을 잃지 않았던 그녀는 두 장의 비행기 표를 우리에게 마련해 줄 수 있게 된 것을 우리만큼이나 좋아하는 착한 '아가씨'였다.

"원래 고향이 제주도세요?"

추리 결과가 맞는지 직접 확인하기 위해 신상정보까지 물었다. 그녀는 대답은 않고 웃기만 했다.

멋쩍기도 해서 화제를 바꾸어 보았다.

"비가 오니 참 짜증이 나는군요. 공연히 항공사에 근무하는 분들만 괴롭히고… ."

그러나 그 여인의 대답은 의외였다. 그녀의 설명에 의하면, 제주도에 좀더 살다 보면, 비가 오지 않으면 짜증이 난다는 것이었다. 이유인즉슨, 제주도 전체에는 특수한 암석층이 풍화작용을 거치면서 형성한 검은 흙이 깔려 있는데, 그 미세한 흙이 제주 특유의 바람에 날려 피부에 앉게 되면, 비누로도 말끔히 씻어내기 쉽지 않다는 것이었다. 그러므로 며칠 간 비가 오지 않아도 짜증이 난다고 했다.

백옥같이 흰 피부를 자랑해야 할 아가씨들이 비를 기다리는 것은 논리적으로도 충분히 이해가 됐다.

나는 비 이야기가 나온 김에 한 가지 더 묻기로 했다. 제주도에서 비오는 날 우산 구경을 해 보니 거리에 다니는 제주사람들은 거의 다 좋은 천으로 된 우산을 쓰고 나 같은 뜨내기 여행객만이 비닐우산을 쓰는 것 같은데 특별한 이유가 있는지 물었다.

그 여직원의 설명에 의하면, 제주사람들이 다 생활이 윤택하여 그런 것은 아니고, 제주에는 비가 자주 오기 때문에 집에 간장 준비하듯 우산은 꼭 준비해야 한다는 것이었다. 그런데 비닐우산이나 종이우산으로는 하루를 지탱하기 힘들기 때문에 좋은 천으로 만든 튼튼한 우산이 오히려 더 경제적이라고 했다. "제일 싼 것이 제일 비싸다"는 논리를 배운 셈이었다.

항공사 여직원의 설명은 친절하고도 논리적이었다. 현지 면접을 했던 어느 누구에게보다 그녀에게 제주 향토에 대해 많이 배운 것 같았다. 논리적 이유로 "꼭 표본으로 추출된 사람에게만 물어야 하는" 법의식 조사의 부조리를 실감했다. 제주도 사람들의 법의식을 그녀에게 물어보았더라면 좀더 내실 있는 귀한 정보를 얻었으리라.

제주의 과거와 미래, 4·3 기념비와 학교

아쉬운 마음도 있었지만 어쨌든 그 제주 아가씨 덕분에 제주도를 떠날 준비가 완료된 셈이었다. 말로만 듣던 삼다도에 직접 와 보니 바람과 돌과 여자만 많은 것이 아니라 마을마다 학교가 있는 것과, '4·3 사건' 등으로 인해 그에 희생된 사람들을 기리는 기념비가 많은 것도 인상적이었다. 단위면적으로 따져 보면 그런 유의 비석 수는 우리나라의 어느 고장과도 비교되지 않을 것 같았다.

제주도는 이제 전통적인 '삼다'三多에다 비석이 많은 것과 학교가 많은 특징을 합하여 '오다도'五多島라고 불러야 될 것 같았다. 반대로, 없는 것도 너무 많아서 그것으로 이름을 붙인다면 제주도는 '천다도'千多島나 '만다도'萬多島라고 해야 할 것이다.

비는 여전히 내리고 있었지만, 뜨내기의 정은 제주에 남겨 두고 가는 것 같았다. 폭풍해제는 기약이 없고, '으앙' 하는 등대소의 소리만은 한결 처량하게 온 섬을 뒤흔들고 있었다.

반세기 만에
다시 만난 제주

특별자치도로 변신한
제주의 상전벽해

'상전벽해'桑田碧海 — 뽕나무밭이 변하여 푸른 바다가 된다 — 라는 말
은 제주도의 변화를 두고 하는 말인지도 모른다. 하기야 변화한 것은
제주만은 아니었다. 1964년 겨울 내가 제주도로 가기 위해 부산 수영
비행장에 첫 방문을 한 이후, 37년이 지난 2001년에 부산을 방문했을
때, 사람들에게 부산의 수영비행장 터를 물어보았다.

그런데 젊은이들은 내 질문이 신기했는지 흡사 '화성'에서 온 사람
인 양 나를 쳐다보았다. 옛날 같으면, 이 사람 '간첩' 아닌가 하고 의심
할는지도 모를 일이었다.

좀 나이든 사람에게 물어보았더니, 그 사람의 대답은 옛 수영비행
장 자리는 지금은 '센텀시티'라는 복합산업단지로 바뀌었고, '테마파
크'로 쓰고 있다고 일러 주었다. 아무리 한국 사회가 변했고, 지상의
풍경landscape까지 변했더라도 이처럼 변할 수 있을까 하고 놀라지 않을
수 없었다. 그 테마파크의 위용에 다시 한 번 경탄했다.

부산 옛 수영비행장 자리에 들어선 '센텀시티' 전경. 출처: 해운대구청

1999년 10월 한국과 미국 동남부 7개주 경제인들이 두 나라간의 경제협력에 관해 협의하는 회의가 제주도에서 개최되었는데, 이때 내가 미국 동남부 7개주 경제협력단의 고문으로 남부 주지사들을 수행하여 제주도를 다시 찾게 되었다.

이때 만난 제주도의 몇몇 젊은이들에게 옛날 제주도의 영리한 돼지 이야기를 했더니, 그들은 나를 '태고 때'의 사람으로 여기는 것 같았다. 내 이야기를 들은 젊은 제주도 사람들은 예전과 달라진 제주의 상황을 설명해 주었다.

"옛날에는 제주도에 식량이 부족하고 생활이 궁핍하여 돼지에게 곡물을 줄 여유가 없어서 그 대안으로, 아무것이나 다 먹는 돼지에게 인분人糞을 사료 대신 준 일이 있었지만, 지금은 그 옛날 풍습은 나이 많은 사람들의 기억 속에만 남아 있습니다."

실로 제주 특유의 돼지 사육은 이젠 옛날이야기가 돼 있었다. 지금 제주도의 어떤 양돈장養豚場에는 돼지를 위해 '에어컨'도 설치되어 있으며, 사육장 안은 깨끗해서 사람이 거처해도 될 정도라고 했다. 그런 이유 때문에 제주산 흑돼지 고기는 한국 전역에 널리 보급되고, 인기도 대단한 모양이다.

나도 우리 학교(고려사이버대) 졸업생들의 제주지역 학생모임에 참석했다가, 제주 학생들에게 흑돼지 고기 대접을 받고 그 맛을 즐기다가 하마터면 서울행 비행기 시간을 놓칠 뻔한 경험이 있다.

그런 제주도의 변화에 대해서 정작 제주 본고장 사람들은 "바꽈진 게 어신다"(바뀐 게 없는데)라고 표현한다고 한다. 뭍에 사는 사람들은 제주도가 '특별자치도'로 바뀐 이후 제주도의 변화상에 대해 궁금한 것이 많아서 "특별자치도 되난 하영 좋아졌시냐?"(특별자치도가 된 후 많이 좋아지고 있느냐?)라고 묻지만, 제주도 본고장 사람들은 "게메, 난 하나도 못 느끼크라. 주소만 바꽈진 거 담다"(글쎄, 난 하나도 못 느끼겠어. 주소만 바뀐 거 같다)라고 대답한다(〈매일경제〉, 2006. 10. 20).

그러나 나 같은 외지사람이 느끼기에는 50여 년 만에 찾은 제주도는 너무 변해 있었다. 지각변동이 일어났다는 말이 맞을지도 모른다. 무엇보다도 제주도가 2006년 7월 1일 '특별자치도'로 된 후, 제주도에는 '군'郡이라는 이름이 없어졌고, '읍'邑이라는 행정단위도 사라졌으며, 55만 명의 제주도민 모두가 '도시'都市 사람이 됐다. 이제 제주도에는 '촌'村사람이 한 명도 없게 됐다.

또한 제주특별자치도법의 발효에 따라 외교, 국방, 사법을 제외한 여러 권한을 이양받아 지방자치단체가 스스로 정책을 만들고 집행할 수 있는 법적 토대가 마련됐다.

물 귀한 제주의 기적,
암반수 생수

무엇보다도 나를 놀라게 한 '상전벽해'는 식수원의 '기적'이다. 내가 1960년대 초에 제주에서 식수(食水)의 귀함과 갈증을 경험한 지 50여 년이 지났고, 미국 유학을 떠난 이후 귀국한 지도 6년이 지난 2006년 6월에 제주도에서 '식수'에 관한 혁명이 일어난 것을 알게 됐다.

내 마음속에 남아 있던 제주도는 '식수가 귀한 곳'이었다. 내가 면접했던 한 조천면 마을에서는 식수가 귀해서 아낙네들이 먼 곳에 있는 물을 '허벅'으로 지고 와야 했다. 이런 힘겨운 광경을 보았기 때문에 물 한 사발을 달라고 하기가 미안해서 참았다. 그 후 나는 '제주도' 하면 으레 식수가 귀한 곳으로만 알고 있었다.

제주에서 생수가 난다는 놀라운 사실을 알게 된 때는 2006년 6월이었다. 내가 근무하는 고려사이버대가 신교사를 지어 이사하면서 갈증이 나서 무심코 생수를 한 병 샀는데, 그 생수의 상표가 제주도의 별칭을 연상시켰던 것이다(독자들은 내가 무슨 생수를 말하는지 알겠지만, 그래도 책에서 어느 특정 생수를 언급하는 것은 그 생수를 선전한다는 오해를 불러일으킬 수 있으므로 그 상표의 실명(實名)을 여기서는 밝히지 않기로 하겠다).

혹시 제주산 식수가 아닌가 해서 물병에 붙어 있는 원산지를 찾아보았더니 공교롭게도 '제주특별자치도, 제주시 조천읍'이었다. 내가 50년 전 인터뷰하러 갔던 바로 그 '면'이 아닌가! 식수가 귀한 곳으로 알고 있던 그 면에서 생산한 생수가 전국 각지에 판매되고 있다는 사실이 믿어지지 않았다.

50년 전 식수가 귀함을 깨달았던 W리에서 멀지 않은 곳에 생수 생산공장이 있다는 것을 알게 된 후에 나는 그곳을 꼭 한 번 가 보고 싶었다. 내가 처음 인터뷰를 한 W리에서는 얼마나 가까운지 가늠하고, 생수 공장도 구경해 보고 싶었다.

그러다 2006년 11월 5일에 실제로 그곳에 방문할 기회가 생겼다. 철저한 보안문제 때문에 외부사람이 생산공장 내부는 볼 수 없었지만, '물 박물관'을 잠깐 둘러볼 수 있었다.

W리와의 거리는 찻길로 10여 ㎞였지만, 직선거리는 6~7㎞도 채 되지 않게 가까웠다. 서양사람들의 표현을 빌리자면, "돌을 던질 만큼 가까운 거리"within a stone's throw였다. 지하 460여m에 있는 암반에 찬 물이 음료로 정제되기까지는 18년이란 긴 세월이 걸린다니 놀라웠다. 게다가 우리나라뿐만 아니라 일본에까지 수출된다고 하니 얼마나 그 매장량이 많은 것일까 하고 또다시 놀랐다. 마시고 마셔도 계속 공급이 될까? 하기야 "물 쓰듯 한다"는 말도 있으니 말이다.

식수가 귀하던 조천읍에서 암반수를 외지에 공급하는 것을 보면서 모교인 연세대가 생각났다. 연세대는 농과대학도 없고, 축산학과도 없으며, 낙농酪農에 관해서는 배우고 가르친 일도 없는데, 농과대학이 있는 대학들도 하지 못하는 우유를 생산하고 판매해서 수익을 올리지 않는가?

천연수가 수많은 화산층을 통과하면서 생수로 태어나듯이, 제주도는 잡다한 외지의 문화와 접촉하면서도 그것을 제주의 문화 속에 여과濾過시켜 정화淨化한다.

제주도 사람들이 자신들의 '도'道를 스스로 '특별자치도'로 정하고,

반세기 만에 찾은 'W리'에서.
'W리'에서 'W 1길'로 바뀌어 있었다. 출처: 김중순

주저 없이 온 세상에 널리 개방할 수 있게 된 것은 제주사람들 특유의
강인함과 자신감 때문인지 모른다. 역사적으로 백 년이라는 긴 세월
동안 원나라의 지배하에 살면서도 원나라 문화에 동화되지 않고 제주
의 정체성을 유지할 수 있었던 이유를 알게 되었다.

이름도 풍경도
낯설어진 'W리'

내가 2001년 귀국한 후에 제주도를 몇 번 가 본 일은 있지만, 1964년
에 첫 면접을 한 조천면 W리(당시의 행정구역명)를 가 본 일은 없어서
늘 서운하게 생각했었다. 그러던 중 2014년 11월 초에 고려사이버대
교직원들의 워크숍workshop을 남제주 표선 소재 '해비치 호텔 리조트'에

서 갖게 되어 오랜만에 W리를 찾아갈 수 있었다.

물론 반세기는 강산이 몇 번 변할 만큼 긴 세월이지만, W리는 내 일생에 한 번도 가 본 적 없는 동리같이 변했고, 옛 기억을 더듬을 수조차 없었다. 길은 깨끗이 정리되어 W리로 가는 길은 포장도로가 되었으며 집들도 다 정돈이 되어 있어서 옛 W리의 모습은 간 곳이 없었다. 물 허벅으로 물을 길어 나르던 장면은 단지 내 기억 속이나 박물관에 전시된 사진 속에서만 있을 뿐이다.

옛날 'W리'라는 이름 대신에 현재 도로명 주소인 'W 1길'과 'W 2길'라고 분명히 쓰인 전선주와 도로표지판을 겸한 전선주 밑에서 'W'라는 이름을 영원히 기억하기 위해 사진 촬영을 했다.

슬픈 노래를 잊은
국제화의 허브, 서귀포

내가 서귀포를 처음 찾은 지 반세기가 지난 지금의 서귀포는 옛날의 서귀포가 아닌 것은 틀림없다. 사람들은 개발이 많이 되었다고 한다. 그러나 개발된 서귀포가 본고장 사람들에게 얼마나 큰 혜택을 주는지는 모를 일이다.

나도 근래 중문단지의 고급호텔에 묵어 본 일이 있다. 편리하고 호화스럽기까지 했다. 그러나 그 옛날처럼 소박하고 아담한 어항의 면모는 사라진 것 같이 느껴져서 안타까움도 없지 않았다.

송민도 씨의 노랫말에서 왜 그녀는 서귀포를 슬픔으로 표현했는지 모르겠다. 지금은 미국에 거주하는 송 씨가 2006년 10월 한국을 방문해 KBS의 〈가요무대〉에서 옛 노래를 부르는 장면을 보았다. 그녀가 서귀포를 다시 찾아가 본다면, 지금의 서귀포는 옛날의 서귀포처럼 슬픈 사연들을 지닌 곳만은 아니라고 생각할는지 모르겠다.

나는 지금까지 '추억'이라는 것은 과거에 관한 것일 뿐 현재와 미래와는 아무런 상관이 없는 것으로만 알고 있었다. 그러나 오랜 객지생활에서 귀국한 후에 "추억이란 영원히 과거에만 머무는 것이 아니고 되돌아오면 다시 현재로 살아난다"는 것을 알게 됐다.

그런 변화 때문에 내가 50년 전에 쓴 글을 지금 읽어 보면 거짓말을 쓴 것 같이 느껴진다. 그래서 내가 학교의 〈총장칼럼〉에서 연재할 때에도 웬만한 대목은 삭제했었다. 그 이유는, 지금 제주도는 내가 50년 전에 본 제주도가 아니기 때문이었다.

무엇보다도 다른 어느 지방과 같이 한국에 지방자치가 실시된 이래 제주에는 제주도를 스스로 다스려 갈 제주출신의 공무원들과 지도자들이 자신 있게 앞날을 설계, 운영하고 있다. 2014년 지방선거에서도 제주도의 도백道伯을 제주사람들의 직접투표에 의해 제주출신 인사로 선출했으니 말이다.

제주의 여러 변화 중에서 가장 뚜렷한 변화는 국제화의 열기라고 할 수 있다. 국제화를 주도하는 것은 국제학교뿐만이 아니라 눈에 띄게 많은 외국인 관광객, 특히 중국 관광객들이다. 그들은 단순히 제주도에 관광하러 오는 것이 아니고 집을 마련하고 그곳에서 거주하기 위해서 온다. 그들의 직접적 투자액도 날로 늘고 있다. 심지어 중국 사람들의 해외 직접투자 액수가 점차 증가하자 이를 우려하는 제주사람들의 목소리도 커져간다고 들었다.

또한 내가 상하이에서 관광안내원에게 들은 말에 따르면, 그곳에서는 자동차 운전면허를 취득하기 힘든데, 한국에서 면허증을 받으면 중국에서 중국 운전면허증으로 쉽게 갱신할 수 있기 때문에 제주도로 운전면허를 받으러 가는 중국인 방문객도 적지 않다고 했다. 제주도의 인기는 이웃나라에까지 미치는가 보다.

이제 제주도는 한국 어느 지역보다 앞서 국제화의 기치를 걸고 국제화에 성공한 특별자치도이다. 영어만을 사용하는 국제학교가 인기를 끌고 있고, 많은 중국 사람들은 해외 직접투자 대상으로 제주도를 택하고 있다. 제주는 지정학적으로도 거점도시로 거듭나고 있다. 거의 등거리에 국제적 대도시인 서울, 베이징, 상하이, 오사카 등을 두고 있으며, 항공기로는 두세 시간 안에 이들 도시들에 당도할 수 있다. 국제적 발진發進의 거점이 되고도 남는다.

한때는 우리 속담에 "말馬은 제주도로 보내고, 사람은 서울로 보낸다"는 말이 있었지만, 옛말이 되었다. 앞으로는 "자식에게 국제적 교육을 시키려면 제주도로 보내야 한다"는 말이 익숙하게 들릴 날이 곧 올지도 모른다.

서남부 편

자연과 사람을 감싸는 넉넉한 대지의 힘

목포의 속살까지

다시 아늑한
대지의 품으로

우여곡절 끝에 간신히 얻은 항공권을 소중히 지니고 제주공항을 나섰지만, 궂은 날씨로 인해 비행장은 스산하기만 했다. 비행기가 간신히 이륙한 이후에도 비바람과 짙은 안개 때문에 아무것도 보이지 않았고, 단지 고도 7천 피트 상공에 있다고 알려주는 기내 방송을 통해서만 비행기의 위치를 가늠할 수 있었다.

기체의 동요도 심했지만, 그보다는 비행기 천정에 빗물이 스며들어서 객실 안으로 들어왔다. 남의 나라에서 실컷 쓰던 낡은 비행기를 사서 들여온 때문이리라.

원래 제주시에서 배편으로 목포에 가기로 한 계획을 변경하여 항공편으로 부산까지 가고, 거기서 열차편으로 대전을 경유하여 목포까지 가기로 했다. 천신만고千辛萬苦 끝에 드디어 부산 수영비행장에 착륙하여 땅을 밟는 기분은 묘한 느낌이었다. 제주도에서는 발을 굴리면 땅이 꺼질 것만 같은 불안감이 있었지만, 육지인 부산 수영비행장의 땅을 밟자 든든하고 안정감이 있는 것 같이 느껴졌다.

혹시 내가 '도서공포증'島嶼恐怖症이 있는 것은 아닌지 의심해 보기도 했다. 어떻든지 간에 '뭍'에서만 느낄 수 있는 안정감이 좋았다. 육지 태생은 육지에서 살아야 하나 보다.

일정에 없는 부산에서 1박을 하고, 열차편으로 대전까지 가서 호남 선으로 목포로 갈 셈이었다. 그간 동행했던 양 선생님은 가족이 딸린 분이니 일단 서울 집에 갔다가 다시 목포에서 합류하기로 하고 서울로 간 후, 총각인 나만이 목포로 가기로 했다.

대전행 특급열차에 탔지만 내가 예약한 지정좌석에는 벌써 어떤 사람이 앉아 있었다. 그 손님의 좌석번호도 내 것과 같았다. 승무원도 난감해하는 모습이었는데, 아마도 컴퓨터가 등장하기 이전이므로 수동으로 업무를 하다 착오가 생긴 듯했다.

내가 당황한 장면을 보고도 승무원 보조원은 대수롭지 않은 일로 생각하고 그냥 지나치려고 했다. 그런 무책임한 모습에 화가 난 나는 "어떻게 된 것입니까?" 하고 따졌다.

그러자 그 보조원은 오히려, "어떻게 했으면 좋겠습니까?" 하고 물었다. 나는 그에게 "앉았으면 좋겠다"고 했다. 그녀는 몹시 불쾌한 표정으로 번호 중복은 자기 잘못이 아니라는 것이었다.

누가 착오를 했건 승객의 편의를 돕겠다고 마련한 자리가 승무원 보조원 자리인 것 같은데, '서비스 맨'(이 경우는 '서비스 우먼')으로서의 본무를 잊은 그녀의 언행이 불쾌했다. 하는 수 없이 다른 빈자리에 아무데나 앉아 보았지만, 다시 그 지정좌석 표를 가진 사람이 찾아왔다. 이리 밀리고 저리 쫓기다 보니 내 장기여행 '괴나리 봇짐'이 정말 거추장스럽게만 느껴졌다.

목포로 향하는
기차 안에서

그럭저럭 대전까지 왔다. 대전에서 목포로 가는 특급열차로 바꾸어 탔다. 지정좌석제인데 차를 바꾸어 탄 승객에게는 좌석지정이 없었다. 서울에서부터 미어지도록 꽉 찬 열차에 빈자리가 있을 리 없었다. 나 같이 동작이 느린 사람은 자리 찾는 것을 체념하고 식당 연결차의 대기석에 쭈그리고 앉는 수밖에 없었다.

좌석이 불편한 것은 문제가 아니었다. 나그네의 속은 왜 그리 채워도 채워도 늘 허전한 것이지… . 식욕이 한창 동할 때는 몇 그릇씩 해치우던 습성이 남아서 그런지 식당차에 신사 숙녀들이 들어가고 나갈 때마다 식당 문틈으로 번지는 고기냄새를 견딜 수가 없었다.

눈을 딱 감고 보지 않고 생각도 하지 않을 셈으로 '묵상기도'를 해봤지만, 코로 번져오는 음식냄새는 견디기 힘들었다.

이렇게 시장하지만 식당에 들어가기를 주저한 이유는 우리는 이미 제주도에서 써야 할 예산을 초과했을 뿐만 아니라, 부산을 거쳐 대전을 경유하여 목포로 가는 일정을 위한 예산이 없었기 때문이었다. 차라리 3등칸 한구석에 서 있는 편이 훨씬 마음이 편할 뻔했다.

혹시 빈 좌석이 있지 않을까 하고 승무원에게 물어보는 것이 나을 듯했다. 그렇다고 돈을 더 내라고 할 것도 아닐 터이니 "밑져야 본전"인 셈으로 치고 승무원에게 물어보았다.

"혹시… 빈 좌석이 있을까요? 여기는 드나드는 사람들 보기에도 좀 그렇고… ."

넥타이를 매고 정장까지 차려입은 신사의 체모를 지키느라 식당차의 고기냄새로 식욕이 생겨서 피하고 싶다는 말은 차마 할 수 없었다 (요즈음 대학원생들은 면접조사에도 간편한 옷차림을 하는 경우가 많지만, 그때는 대학원생들도 연구조사를 하러 다니는 경우에는 정장차림에 넥타이까지 갖추어야만 했다. 후에 이야기할 '에피소드'에서 당시 내 차림새를 보여주는 사진을 소개하기로 하겠다).

별 기대 없이 한 말이었는데 승무원의 대답은 의외였다. 자리가 있으니 자기를 따라오라는 것이었다. 식당칸을 지나고 2등칸으로 들어섰다. 그것도 노인의 옆이 아니라 대학생인 듯싶은 미모의 젊은 여자 옆자리의 빈 좌석을 지정해 주었다.

도대체 어찌된 일인가 하고 놀라웠다. 조용한 2등칸으로, 더더구나 젊고 아름다운 여자 옆자리로 안내해 주었으니 말이다. 경부선에서 승무원 보조원과 입씨름하던 것과는 도무지 비교가 되지 않는 일이었다. 한편으로는 과잉친절이기 때문에 이상한 마음도 들었다.

연세대 재학시절에 읽었던 영문과 오화섭 교수님이 쓰신 수필 중에 "친절에는 항상 이상이 있다"는 말이 있는데, 대부분의 경우에는 틀림없는 진실임을 실제로 느껴 본 적이 한두 번이 아니기 때문이었다.

옆 좌석에 앉은 여학생은 매우 깔끔했다. 너무 깔끔하게 보여서 여행 중에 말벗이 되기 위해 허튼 농담을 하지 못하게 생겼다. 그런데 이게 어찌된 일인가? 그 여학생이 동석한 지 30분 만에 먼저 내게 말을 걸어왔다.

"어디 가세요?"

"목포까지 갑니다."

그녀는 표준어를 쓰려고 노력했지만 투박한 경남 사투리의 억양이

짙게 느껴졌다.

"어디까지 가십니꺼?"

답례 겸 나도 경상도 태생임을 과시할 양으로 경상도 동북부의 사투리로 응수했다.

"고향이 경상도입니꺼?"

아가씨는 본격적으로 경상도말을 늘어놓았다. 동향의 정이 여정旅情과 어울려 옛날부터 친분이 있는 것처럼 소탈한 대화가 전개됐다.

"어디 계십니꺼?"

"Y대학에 있심더."

"몇 학년이신데예?"

"……"

학생증도 없고, 학년이 이미 학생 티를 잃었기에 약간 서운한 마음이 들었다.

"몇 학년이라고 딱하니 말하기가 거북해서 … "

"군인 때문에 늦으신 모양이지예?"

어물어물 대답할 수밖에 없었다. 여학생은 부산의 B대학에서 영문학을 공부한다고 자랑했다. '워즈워스'William Wordsworth의 시편이나 읽는 문학소녀 같았다. 몇 구절 인용도 해가면서 차창으로 전개되는 전원풍경에 찬사를 보냈다. 곱게만 자랐는지 농촌이 낭만으로 가득 찬 곳인 줄 아는 것 같았다. 아마도 농촌에서 보리쌀로만 끼니를 이어 본 경험도 없으리라.

광주 송정리에 기차가 닿고 난 후 그 여학생은 자신의 주소만을 남기고 광주로 가기 위해 기차에서 내렸다. 약간 섭섭하기도 했다. 차에서 내리면서 부산 일정 때는 꼭 찾아 달라는 말도 남겼다. 참 순진

한 여학생 같았다.

점점 목포가 가까워지고 있다는 차내 방송이 들렸다. 호남선따라 왼편으로 흐르는 영산강은 거울같이 맑고 비단처럼 곱다. 수면에 탄력이 내 체중을 지탱만 해 준다면 조용히 몸을 붙이고 누워 보고 싶을 정도로 고왔다. 흐르는지 쉬는지 그대로 그냥 잔잔하기만 했다.

이 연구의 책임 연구원이던 함병춘 선생님께서 미국 동부로 가서 공부하기 전에 미시시피 강Mississippi River에서 멀지 않은 일리노이Illinois 주에서 공부한 적이 있기 때문에 미주대륙을 세로 질러 흐르는 미시시피 강의 위용을 이야기해 주던 생각이 났다.

여기에 사족을 단다면, 사람은 한 치 앞에 닥칠 일을 모르고 산다는 말이 맞는 듯하다. 미시시피 강 이야기를 들을 때는 생각지도 못했는데 나는 어쩌다 미시시피 강에서 인접한 곳에서 만 30년이 넘도록 살았다. 나는 박사과정을 하던 중 운이 좋아 학위를 끝내기 1년 전에 테네시대학에 조교수로 부임했다.

테네시대학의 4개 캠퍼스 중에서 내가 있던 캠퍼스는 테네시주에 위치해 있었지만 그 지역은 일리노이주, 미주리Missouri주, 아칸소 Arkansas주와의 경계에서 멀지 않아 미시시피 강은 내가 살던 마을에서 48㎞밖에 떨어지지 않은 곳에 있었다. 차로 30분이면 가는 거리였다.

나는 마음이 울적할 때나, 한국에서 귀한 손님이 방문할 때면 늘 그들에게 미시시피 강을 구경시켜 주었다. 미시시피 강은 전장이 약 6,210㎞나 되고, 유역 면적도 324㎢이며, 미국의 50개 주 중 31개 주가 이 강과 닿아 있다. 마크 트웨인Mark Twain(본명은 Samuel Langhorne

Clements)이 1876년에 쓴 《톰 소여의 모험》*The Adventures of Tom Sawyer* 의 배경인 미시시피 강변은 낙조落照와 야생미野生美가 인상적인 우람한 강이다.

경기도 일산에 살 때 한강을 끼고 6년간 매일 출퇴근했던 나는 온통 시멘트로 치장한 한강 모습에 식상해서인지, 자연 그대로의 모습을 간직한 미시시피 강이 그리울 때가 많았다.

그러나 그 미시시피 강도 크나큰 미주에는 적합할지 모르지만, 우리의 산하에는 어울리지 않을 것 같다. 전장이 그렇게도 긴 그 강을 한국 어디에다 둘 것인지 걱정부터 먼저 된다. 우리의 산하에는 우리의 강 그대로가 적합하다.

그러기에 영산강이 그렇게나 곱게 보였는지도 모른다. 동리의 뒷산에는 대나무가 둘러 있어 남쪽나라의 분위기를 돋워 준다. 영산강을 보면서 시심詩心을 키우는데, 별안간 누가 부르는 소리에 놀랐다.

"선생님!"

조금 전에 배려하는 마음을 아끼지 않았던 승무원이었다.

"무척 감사했습니다. 덕분에 참 편하게 잘 왔습니다."

나는 감사 인사를 했다.

"젊으신 분이라서 젊으신 여성 옆자리를 드렸죠."

승무원의 공치사에 나는 다시 고마운 마음을 표현했다.

"뭐라고 감사해야 할지요… ."

그러자 오히려 승무원 쪽이 더 미안해하는 표정이었다. 세상에 이렇게 겸손한 사람도 있나 싶을 지경이었다. 그러나 곧 그 승무원은 본색을 드러냈다.

"돈을 주셔야겠는데요?"

나는 어안이 벙벙했다. 잠시 동안 뭐라고 말해야 할지 몰랐다.

"……."

"2등칸이거든요."

분명히 나는 2등 객실에 탔다. 내가 어쩔 줄 모르는 광경을 본 내 건 넛줄에 앉은 승객이 으레 그런 것이라는 표정을 지었다. 일종의 관행 같은 것이었는데 나만 몰랐던 것이다.

2등석을 탔고 '묘령의 여인' 옆에 앉는 호사를 했으니 그에 상응하는 대금을 지불하는 것은 당연한 일인지도 모른다. 그러나 처음부터 별 도의 요금을 더 지불해야만 된다는 말을 해 주었더라면 나는 굳이 2등 칸으로 가지 않았을 것이었다.

그때 우리 연구비는 아시아재단Asia Foundation에서 미화로 받았는데, 환율은 매일 내려가고 물가는 상승하는 바람에 연구비가 부족한 상황 이었다. 함 선생님이 미국에서 모은 레코드판을 음악감상실에 팔아서 부족한 연구비를 충당해야만 했던 처지였다. 그러니 내가 추가요금에 대해 알고 2등석을 탔다면 '소¹'도 웃을 일이었다.

나는 하는 수 없이 그 차액을 지불했지만, 영수증을 받지는 못했다. 식사비를 아껴야 2등을 탄 '죗값'을 치를 수 있을 것 같았다. 그러나 내 가 낸 돈이 국고國庫로 돌아갔는지 확인할 길은 없었다.

이 대목에서, 내가 동유럽의 해빙이 시작되기 전인 1989년 8월에 구舊 유고슬라비아Yugoslavia에서 겪은 비슷한 경험을 소개해 보기로 하 겠다. 지금은 크로아티아Croatia로 독립했지만, 그때만 해도 아직 유고 슬라비아 연방의 일부였던 자그레브Zagreb에서 열린 학술회의에 참석한 후, 스위스에 급한 일이 생겨 자그레브에서의 일정을 변경하기 위해서 항공사를 찾아갔다.

항공사 직원의 말로는 내가 원하는 3등석 자리는 없고, 단지 2등석 한 자리가 있다는 것이었다. 그때, 내 여비는 미국 국립과학원National Science Foundation이 부담했으므로, 규정상 내 신분으로는 2등석에 탑승할 수 없어서 그 차액을 내가 개인적으로 부담해야 한다고 했더니, 그 직원의 말로는 "돈을 더 낼 필요가 없다"는 것이었다.

내가 영어를 제대로 못했던지, 아니면 그 직원이 내 말을 제대로 알아듣지 못했을 수도 있으므로, 내 뒤에서 자기 순번을 기다리던 이스라엘 인류학자에게 내가 들은 것이 맞느냐고 물어보았다. 그도 나와 같이 이해했다고 했다. 사회주의 국가에서는 등수에 관계없이 그러는 것으로 생각했다. 나는 2등석으로 스위스의 취리히Zürich까지 비행한다는 기대가 컸다.

하지만 다음날, 자그레브 공항에서 비행기에 탑승하고 보니, 내 지정좌석에는 베오그라드Beograd (Belgrade)에서 오는 승객이 이미 탑승하고 있었으며, 그 승객의 좌석번호도 나와 같았다. 승무원에게 이야기했더니 3등칸에 빈 좌석이 하나 있으니 그곳에 가서 앉으라고 했다. 요금을 더 지불하지 않은 처지였으니 따질 수도 없었다.

그러나 기내 점심식사가 제공되었을 때 난감한 상황이 벌어졌다. 모든 3등칸 객실 승객들에게 점심식사가 제공되었지만, 나만 배제된 것이다. 승무원에게 물어보았더니 그의 대답이 걸작이었다.

"3등칸 승객 수만큼 점심이 준비되어 있는데 당신은 2등칸 승객이기 때문에 미안하지만 당신에게는 점심이 제공되지 않습니다."

나는 2등도 3등도 아닌 무등無等 신세가 된 셈이었다. 옆 좌석에 앉은 소년이 내 처지가 보기에 딱했던지 자기 식사에 따라 나오는 초콜 릿 봉지를 내게 건네주었다. 그것으로라도 '요기'療飢하라는 눈치였다.

다시 목포행 열차로 가자. 이런저런 생각을 하는 중에, 내가 탄 기 차는 종착역인 목포역에 도착했다. 이난영의 고향이자 그녀의 노랫말 을 통해 익숙해진 지명 때문인지, 목포는 젊은 내 마음을 설레게 하는 낭만의 항도港都임에 틀림없었다. 이 기회에 목포를 되도록이면 가까 이서, 그리고 그 속살까지 샅샅이 들여다보고 싶어졌다.

미련을 남긴 목포

바다의 정취를 풍기는
다방 '돌'에서

호남은 '통역'이 필요할 정도인 제주도와 달리 방언이 심하지 않다고
해도, 내가 그 지방의 문화에 생소하다는 이유로, 양 선생님이 수소문
하여 목포에서 우리 면접을 도와줄 K라는 목포 토박이 안내원을 한
사람 구했다.

  K양은 그곳 가톨릭 종합병원 방사선과에 근무하는 X-ray 기술자
technician였는데, 우리 조사에 흥미가 있어서 병원에 휴가를 얻어 우리
조사를 도와주겠다는 반 자원봉사자였다.

  K양은 처음 만난 사람 같지 않게 격의 없이 행동했고, 어색한 표정
도 없었다. 착한 마음과 고운 성격을 그대로는 보여주는 것 같았다.
자신의 고향을 찾아 준 타지사람에게 친절을 베풀 줄 아는 교양 있는
아가씨였다. 멋도 알고 분수도 아는 것 같았다. 그러나 바다가 일러
준 파도의 정열인지 처음 본 사람이면 짐작할 수 없을 만큼 정열로 가

득 차 있었다.

양 선생님은 기혼자라 처녀와의 잦은 회동을 부담스러워 해서 그 안내원과의 접속은 내가 주로 하게 됐다. 구체적인 안내 일정은 지정한 시간에 다방 '돌'이라는 곳에 가서 K양을 만나 논의하도록 되어 있었다. 흡사 '간첩'이 접선하는 '지령문'指令文 같있다.

다방 '돌'은 바다의 정취를 풍기도록 꾸며져 있었다. 돌로 벽을 싸 올려 자연과 같은 친밀감을 주었고, '벼 가마니'를 따서 그것으로 덮은 천정은 멋도 멋이려니와 방음효과가 탁월했다.

목포에서 생긴 다방이 아니라 목포를 위해 만들어진 공간 같았다. 다방이라기보다는 '음악실'이라는 표현이 어울릴 듯했다. 이 고즈넉한 다방 겸 음악실인 '돌'에서 유난히 피부가 흰 20대 초반의 K양과 목포 일정을 논의했다.

토박이 처녀가 전해준
목포의 낭만

K양의 목포 소개는 짭짤한 비린내가 나는 부둣가의 살벌한 풍경을 보는 것부터 시작해서, 왁자지껄하는 바닷사람들의 모임과 생선 배를 따는 것을 장기로 하는 익숙한 칼질 장면도 구경시켜 주는 것이었다.

알을 먹으면 죽는다는 무서운 고기 복어의 배를 따는 익숙한 손놀림은 볼만했다. 삼학도로 통하는 긴 방축은 구축한 지 얼마 되지 않아서 가끔 진흙이 신발 위로 넘쳐났다.

다시 유달산으로 발을 옮겼다. 유달산에는 형광등이 유난히 많았지만, 목포시가의 불빛을 보는 데는 지장이 없었다. 달도 구름 속으로 감추고 없다. 놀이터에 매인 그넷줄을 잡고 뛰어 봤다. 쇠줄이 차고 짚으로 엮은 그넷줄과는 감촉부터 달랐지만, 어릴 때 단오가 되면 동구에 매달 그넷줄을 만들기 위해 동네의 볏짚을 모으러 다니던 누님들의 심부름을 하던 옛날 생각이 났다.

"서울서 어떻게 그네 뛰는 것을 배웠어요?"

K양은 나를 도시 태생으로 오인한 모양이었다.

알고 보면 나야말로 한국에서 제일 오지 중의 오지인 '촌사람'인 것을 모르고 하는 말이었다. 나는 옛날, '솔거리'라고 하던 내가 살던 시골 동리의 동구洞口에서 소나무에 그넷줄을 드리우고, 창포에 머리 감고 긴 머리채에 '궁궁이'를 넣어 댕기를 드리고, 하늘 높이 오르던 처녀 때의 누님들이 생각났다.

어쩌다 고향을 잃고 서울의 도심에 살면서, "그넷줄에 비가 젖으면 풍년이 든다"는 전설까지 잊고 사는지 모르겠다.

어떻든 K양의 안내로 목포의 현지조사는 콧노래를 부르며 끝낼 수 있었다. 공상에 가까울 정도로 일이 낙관적으로 끝날 때 미국 남부사람들은 〈딕시랜드〉Dixieland라는 노래에서 유래한 '휘슬링 딕시'whistling Dixie라는 표현을 쓰는데, 내 목포의 조사야말로 이 표현을 쓰고 싶을 정도로 환상적이었다.

덤으로 얻은 것이, 후에 있을 구례 면접 때에 구례에 사는 K양의 언니와 그곳에서 교편을 잡고 있는 형부가 도움을 주겠다는 약속이었다. 다시 한 번 '휘슬링 딕시'를 부르게 될 것 같았다.

K양이 안내해 준 목포보다는 그녀가 묘사한 목포가 훨씬 더 정감이 갔다. 글쓰기를 좋아한다는 그녀는 자기가 근무하는 X-ray실의 필름

1960년대 초의 목포시와 삼학도. 출처: 목포 근대역사관

을 싸는 오렌지색 종이에 쓴 글을 내게 보여주기도 했다. 그 글이 내 필드노트에 남아 있어서 그 일부를 옮겨 본다.

유달산
이슬에 촉촉이 젖은 돌층계를 하나씩 딛고 오를 수 있는 새벽의 유달산은 신비로움이 깃들어 있어 좋고, 가로등 파르스름한 밤의 유달산 역시 한없는 낭만이 있어 더 없이 좋소.

목포 가시내들
고동색 피부를 갖고 기름기 바랜 머리털과 풍만한 유방을 가졌소. 갯내가 밴 얼굴엔 언제고 쾌활한 웃음이 머물고 있고, 때로는 담배연기에 젖어 있기도 하며, 또 때로는 우리 고장에서 생산되는 '술'에 취해 있기도 하오. … 그 후 몇몇은 고향을 뛰쳐나갔소. 그리고는 고향을 잊어가고 있는 것이오.

다방 돌

'베이지'와 '부라운(브라운) 계'의 '앙포르케'로 장식된 실내에 '배로
디'(베르디)의 '라 뜨라비에타'(라 트라비아타)가 흐르는 아늑한 찻집
이오. 마음 같아선 고향을 잊어가는 벗들을 끌어와 초록빛 의자의
구석자리에 앉아 진한 커피와, 좋은 음악과 오랫동안 못 느꼈던 체
온들을 맛보고 싶소. …

　벗들이 뿔뿔이 흩어져 버린 후 지금 나 혼자만이라도 내 고향을
영원히 지키고 싶어졌소. 유달산 기슭의 맑은 공기에 너무나 미련
이 큰 탓인 모양이오. 고향의 색깔이 퇴색해 버린 가슴을 안은 여러
벗들에게 유달산과 삼학도의 안부를 보내오.

목포에서 떠돌아다니던 나에게 목포의 정서를 강렬하게 깊이 심어
준 그 옛날의 K양은 아직도 초심대로 목포를 지키고 있을까? 그녀가
X-ray에 너무 오래 노출된 것이 언젠가 병을 일으킬지도 모른다고 걱
정하던 생각이 난다. 그때만 해도 X-ray에 노출된 것에 대한 염려를

지금같이 하지 않을 때여서인지 더욱 기억에 남는다.

그리고 그녀가 안내해 준 낭만적 항구도시 목포의 추억도 한 편의 영화처럼 선명히 남아 있다.

질곡의 세월을 넘어
꽃피는 구례로

내 남도의 조사일정은 행정구역으로 나누어서 지역별로 진행된 것이 아니고, 쉽게 여정旅程을 잡을 수만 있으면 행정구역상의 경계에 구애받지 않았다. 사람들과의 소통이나 관계 역시 행정구역과는 무관하게 이루어졌다.

내 조사일정을 보면 시간적으로나 공간적으로 하동군에 대한 조사를 끝낸 후에 북상하여 구례군 조사로 옮겨갔으므로 내 기행 이야기도 그런 순서대로 하는 것이 논리적일지 모른다. 그러나 목포의 K양이 자신의 언니와 형부를 소개해 주었다는 말을 했으니 시간적으로는 차이가 나더라도 글의 흐름상 하동 이야기를 하기 전에 구례 이야기부터 먼저 하기로 하겠다.

하동이나 구례가 행정구역상으로는 경상도와 전라도로 나누어져 있다손 치더라도 이 두 군은 지리산과 섬진강을 공유한다는 지리적, 문화적 유대감이 다른 어떤 공통점보다 더 강한 지역이다.

실로 전라남도에 속하는 구례와 경상남도에 속하는 하동은 행정구역상 전라남도와 경상남도로 확연히 구별되고, 두 도 사람들의 서로 다른 기질도 나타난다고 생각할지도 모른다. 하지만 조영남의 노랫말처럼 섬진강 줄기따라 아랫마을 하동사람과 윗마을 구례사람들이 어울리는 화개장터 사람들의 교류에는 두 도의 경계가 없다.

화개장터는 1988년 조영남이 부른 동명의 노래가 히트한 이후에 경상도와 전라도의 화합을 상징하는 공간으로 유명해졌지만, 내가 법의식 조사를 다니던 시절만 해도 잘 알려지지 않았던 곳이다. 나는 하동과 구례를 다니면서도 화개장터를 가 보지 못했다. 구례 하면 으레 화엄사만을 떠올리고 있을 때였다.

조용한 구례 여관과
총각의 과잉친절

구례는 지리산을 안고 있는 산골이었다. 섬진강을 지나 북상하여 실컷 왔지만 역시 지리산을 벗어나지 못하고 있었다. 노고단이 높게 있고 산속에 폭 빠진 분지 속에 놓인 구례읍은 여수·순천 반란사건과 공비共匪들의 북새통에 한없이 지쳤던 곳이기도 했다.

우선 머물 곳을 정하기로 했다. 여관을 잘못 들면 약주에 취한 사람이 떠들어대서 밤새도록 잠을 설칠 수 있으므로 믿을 수 있는 순경에게 물어보았다.

"제일 조용한 여관이 어느 여관이죠?"

대개의 경우 시골 여관의 방 사이에는 헐고 뜯기가 편하도록 미닫이문이 나 있고 가운데 전등도 하나를 매달아 두 방이 같이 쓰는 경우가 많았다. 이때까지 '조용한 여관'을 찾으면 남녀가 밀회하는 장소로 쓰이는 곳이 많았다. 그다음에는 "좋은 여관"이라고 해 보아도 여전히 마찬가지였다. 그런데도 순경의 임검臨檢은 면제되는 것 같았다.

구례 순경이 일러 준 C여관은 정말로 조용했다. 무서울 만큼 조용했다. 여관 전체를 통틀어 보아 투숙객이라고는 나 한 사람뿐이었다. 억지로 가장 귀한 손님이 된 셈이었다.

"아저씨 혼자 주무세요?"

심부름꾼인 이른바 '보이'boy 녀석은 방문턱이 닳도록 드나들었다.

"혼자 왔으니 혼자 자야지. 어떡해?"

"아이 참 아저씨도 … ."

도무지 통하지 않는 풋내기 손님이라 딱한 모양이었다.

"좋은 색시가 있당께요."

"왜 중매하려고?"

"고러고 말고제… ."

순경의 임검도 전혀 없다는 말로 유혹했다. 그 보이는 중개업을 하고 '팁'을 얻는 것 같았다. 아주 대답하기가 귀찮을 정도로 졸라댄다.

"자, 이거 적지만 받게!"

백 원 한 장을 던져 주니 보이는 어이가 없는 듯했다.

"참 아저씨도 요골로 우째… ."

나 같은 형편에 백 원이나 되는 팁은 상당한 것으로 생각하고 방에 불이나 잘 지펴 주길 바라는 뜻에서 준 것인데, 그 보이는 그 돈을 내 '외도' 비용으로 생각했나 보다.

"이까짓 백 원으로 어떻게 … 아무리 시골이라도 … ."

총각의 오해를 풀기 위해 나는 몇 마디 당부를 했다.

"색시는 필요 없는 사람이니 내가 여기 있는 동안 방이나 따뜻하게 장작불을 많이 피워 주시오! 그리고 B리가 어딘지 알려 주시오!"

B리는 목포에서 만났던 K여인의 언니와 형부가 사는 동리였다. C
여관에서 멀지 않은 곳에 있다고 했다. 목포의 K양이 구례에 가면 꼭
찾아가 보라는 부탁도 했고, 구례의 면접에는 도움을 받을 것이라는
기대도 했기 때문에 K양 언니 댁을 찾아가기로 했다. 사실은 K양의
편시도 갖고 왔기 때문에 시골이라 찾기 힘들지 않았다.

화엄사의 밤길,
그 머나먼 여로

B리에 사는 목포 K양의 언니는 친누이처럼 반겨 주었으며, 두 부부는
친절했다. 내가 갖고 간 편지를 보지 않고서도 이미 나에 관해서 잘
알고 있었다. 아마 K양이 그녀의 언니에게 소개를 잘해 준 것 같았다.

K양의 형부는 나를 다방으로 안내했고, 다방에서 구례에 관한 여러
가지 얘기를 들려주었다. 그에 의하면, 구례는 인심이 좋은 곳이며 경
상도와 접한 때문인지 경상도 기질이 많아 좋게 얘기해 꿋꿋하고 끈기
가 있다고 하겠지만, 나쁘게 얘기하면 외골수고 미련하다는 것이었다.

그리고 아직도 신비에 싸인 지리산을 개발하기 위한 꿈이 무르익어
가고 있다고 했다. 개발을 시작하기 위한 개발위원회의 간판이 칠하지
않은 송판에 패기만만하게 써 붙여져 있었다.

다방에서 차 대접을 받은 후에는 K양 언니 집에서 저녁식사를 함께
했다. 남매를 두고 알뜰하게 사는 국민학교 교사 집이었다. 오랜만에
가정식 한식 대접을 받았다.

목포에서 도와준 것만 해도 고마웠는데, 구례에서까지 도움을 주기
위해 '원격조정'을 해 준 K양 못지않게 그녀의 언니와 형부가 고마웠다.

구례 화엄사 전경. 출처: 국가기록원(관리번호: CET0052508).

길 찾는 것이며, 사람 만나는 데 도움을 주겠다는 약속이 저녁 밥상 이상으로 고마웠다.

다만, 구례읍 면접에는 도움을 줄 수 있지만 읍에서 좀 떨어진 화엄사 근처 동리에는 아는 사람이 없으니 자신들이 따라가야 별 도움을 줄 수 없으니 혼자 한번 노력해 보라는 것이었다. 어차피 나 혼자 해야 하는 일이었지만, 너무 의지하다가 혼자 해보라고 하는 말에 어미 잃은 병아리 같은 기분이었다.

늦게 찾아든 여관은 초저녁보다 훨씬 더 조용했다. 노고단 쪽에서 우는 부엉이 소리가 읍의 중심부인 여관방까지 들려왔다. 팁을 받은 총각이 자기의 서비스는 방을 따뜻하게 해 주는 것밖에는 별다른 것이 없다고 생각했는지 구들장에 불이 날 지경으로 방바닥은 뜨겁게 해 주었다. 쓸쓸한 여관방에 구들장마저 싸늘했다면 어땠을까 생각하니 백 원짜리 팁이 과히 비싼 것은 아닌 것처럼 느껴졌다.

조사대상 마을을 무작위로 선정한 이 법의식 조사에서 이때껏 공교롭게도 관광지나 명소 근처 마을을 갈 기회기 없었다. 그러나 집 떠난 이후 처음으로 '화엄사'라는 유명 사찰의 인근 마을을 조사하게 되어 근처의 화엄사를 잠시 돌아볼 수 있게 되었다.

화엄사는 백제 성왕 때인 544년에 세워진 절이다. 신라에 들어와서 선덕여왕(645)을 거쳐 헌강왕(875) 때 중축되었고, 임진왜란 때 불타 사라졌다가 조선시대 인조 14년(1636)에 복원되었다고 한다. 자세히 둘러보려면 한이 없겠지만 시간에 쫓기다 보니 대강 둘러볼 수밖에 없었다.

마을로 내려가 면접을 해야 했는데, 동네 안내원의 말에 의하면, 면접할 대상자들을 모두 만나려면 저녁이 가장 적당하다는 것이었다. 이유인즉, 전쟁을 전후하여 그곳 양민들이 거의 한날에 희생당했는데 마침 그날 저녁이 제삿날이니 모두 만날 수 있으리라는 것이었다.

그래도 어떻게 제삿날에 이런 면접을 할 수 있을까 하고 조심스러워했지만, 모두가 제사는 새벽시간에 지내니 그전인 초저녁의 면접은 별 문제가 없다고 먼 길을 온 나를 배려해 주었다.

그렇게 해서 시작한 면접은 이 집 저 집을 다니느라고 밤이 되어서야 겨우 끝이 났다. 그러나 걱정은 그곳에는 하룻밤을 지낼 만한 여관도 없었고, 요즈음 유행하는 절에서 머무는 '템플 스테이'temple stay 같은 제도는 개념조차 없던 때이니 화엄사에서 지낼 수도 없었다.

무엇보다도 구례읍에 있는 여관에 내 여장이 그대로 있으니 읍으로 가야만 했다. 동장은 나에게 여기 사는 사람 같으면 구례읍까지 가는 것은 그리 문제가 되지 않는다고 했다. 우리 이수로 따지면 25리가 좀 넘는 10㎞ 정도의 거리라고 했다.

그러나 시골사람들의 말로 "바로 저기"가 아니고 "좀 거리가 있다"고 하면 20~30리는 족히 되는 거리였다. 그 거리는 우리 시골 고향 마을에서 영주읍까지의 거리인데, 고등학생 시절, 봉화에서 영주까지 이른 새벽에 30리(12㎞)를 걸어서 서울행 기차를 타던 경험이 있었기에 그 정도 시골길을 걷는 것은 별 무리가 없다고 생각했다.

화엄사 앞길에서 아스라이 보이는 먼 하늘이 약간 붉게 보였다. 동장은 전등불빛이 하늘로 비친 것이라고 설명하면서 그쪽이 구례읍 방향이라고 했다. 나침반보다는 더 확실한 것 같아서 방향을 잃을 염려는 없을 것 같았다.

정작 내가 겁을 먹기 시작한 것은 동장이 나에게 낡은 비닐우산을 줄 때였다. 나는 그의 뜬금없는 행동이 이상했다.

"아니, 비도 오지 않는데 왜 이 우산을 … ."

그러자 그는 우산이 사나운 산짐승들에게는 어느 다른 무기보다도 효과가 있기 때문에 호신용으로 준비한 것이라고 설명했다.

"산짐승들은 작았던 물체가 별안간 커지는 것을 제일 두려워하기 때문에 산짐승이 접근할 때 우산을 갑자기 펴기만 하면 짐승이 달아날 겁니다."

이 말은 곧 내가 구례읍으로 돌아가는 길에 산짐승이 협박하거나 해코지할 수 있다는 경고라서 내심 겁이 났다. 그렇다고 그곳에서 하루 자고 가게 해 달라고 하기는 더욱 어려워서 위험하지만 밤길을 혼자 떠날 수밖에 없었다.

등불 하나 없는 산길을 하늘에 비친 먼빛만 보고 그곳이 구례읍이라고 정하고 걷는데, 어른들이 쓰는 용어로 "오금이 저릴 만큼" 발이 잘 떨어지지 않았다. 지리산 노고단 방향에서 우는 부엉이 소리는 내 간담을 서늘하게 하기에 충분했다. 내 발자국 소리에 놀라기도 하고, 스산한 겨울 바람소리에 낙엽이 날려도 무엇인가가 다가오는 것 같았다. 실은 토끼 한 마리도 나타나지 않았지만 두 시간 넘게 걷는 동안 무서운 마음에 겨울밤이었지만 등이 젖었다.

불빛이 비치는 구례읍에 당도하고서야 안도의 숨을 내쉬었지만 등 뒤는 온통 땀으로 젖어 있었다. 그러나 내 여관방의 방바닥은 여전히 불이 날 정도로 뜨겁게 달구어져 있었다. 구례사람들의 후한 인심을 절감하게 됐다.

짚신에 순정 담은
구례 아저씨

다음날 면접을 위해 구례읍내 B리에 있는 표본을 찾아갔다. B리의 표본으로 뽑힌 사람은 구호대상자인 중년 남자였다. 그는 비굴하게 보일 정도로 친절했고 겸손한 사람이었다. 연평균 소득이 100달러 미만이던 1964년 당시 우리 구호대상자들의 생활은 정말로 곤궁했다.

"식구는 몇 명이나 되나요?"

"나 혼자랑께."

표본인 남성의 형편도 이루 말할 수 없이 구차하여 이런 곳에서 한 가족이 함께 산다는 것이 믿기지 않았다.

조그마한 판잣집에 냄비 하나만 있을 뿐, 찌개를 끓이거나 담아 둘 그릇 하나 보이지 않았다. 쌀 한 봉지를 사올 때 쓰는 것 같은 흰색 쌀자루는 회색으로 변해 있었다. 부인과 사별한 지 2년째 되었고, 3남매를 두었지만 모두 남의 집에 심부름꾼으로 보냈다고 했다.

입은 옷이 남루한 것은 말할 것도 없으려니와, 양말 없는 맨발에 짚신을 신고 있었다. 짚신의 콧날이 이지러졌듯이 그 사람의 생활은 망가질 대로 망가진 것 같았다. 생계는 어떻게 이어가는지 궁금해졌다.

"무엇으로 생활을 하세요?"

그는 대답하기 거북했던지 머리만 긁적였다. 구례 같은 산협에는 짐을 질 일도 없으니 지게꾼의 일도 없을 것이고, 일철이 내달으면 삯일이라도 하련만, 겨울철이면 그나마도 끊긴다고 했다.

자녀들을 남의 집에 보냈으니 아이들 키우는 재미가 있는 것도 아니고, 혼자의 생활에 취미를 붙일 것이라고는 아무것도 없어 보였다. 내일을 위한 노력도 없고, 내일을 향한 기원도 없었으며, 다음 대代를 위한 소망도 없는 것 같이 보였다. 어제도 그러했고, 오늘도 그러하니, 내일도 그럴 것이라고 생각하는 것 같았다.

섬진강과 지리산이 이런 가난의 대물림을 면하게 해 줄 수 없나 막연히 생각해 보았다. 내 고향 봉화가 '춘양목'春陽木 (봉화군奉化郡 중에 한 면面 이름을 딴 나무) 과 송이를 제공해 주듯이….

늦게 핀 구례의
'야생화'의 꿈

50년 묵은 내 원고를 뒤적이며 구례 편을 보다가 2008년 5월 3일자 〈조선일보〉에 조홍복 기자가 쓴 구례에 관한 기사를 읽게 되었다.

　지천에 널린 꽃들이 구례를 먹여 살리다.
　야생화 사업으로 연수익 41억의 '대박'.

　이 헤드라인의 이 기사는 과거 가난한 짚신 아저씨를 기억하는 나에게 놀라움과 기쁨을 선사해 주었다. 구례는 봉서리 소재 농업기술센터를 중심으로 구례 인근에 지천으로 깔린 '야생화'野生花를 생명공학과 연계해서 천연소재와 신물질을 추출하고 연구·개발한다는 이야기였다.

　1997년부터 지리산에서 자생하는 원추리와 옥잠화의 자연향을 추출하여 향수 '노고단'을 개발하여 성과를 올렸고, 여기에 야생화 캐릭터 2,500점을 개발하여 부가가치를 높였다는 소식이었다. 야생화로 이미 작년에 수십억 원의 소득을 올렸으며, 그 수익이 매년 갑절씩 늘어날 것이라고 전했다. 또 야생화 관광객도 수십만 명에 이르렀다고 하니 야생화가 유발하는 경제효과는 대단할 것이라는 전망이다.

　《글로벌 패러독스》Global Paradox의 저자인 존 네이스비츠John Naisbitt가 예견한 것과 같이, 장래의 유망한 관광분야는 자연생태계와 관련되리라는 추측이 맞는 말인 것 같다. 케냐Kenya에서는 한 무리의 코끼리 떼가 연간 61만 달러의 외화를 벌어들이고, 코끼리 한 마리가 60년간의 생애 동안 적어도 1백만 달러의 외화를 벌어들인다고 한다. 지리산의 야생화 한 송이가 구례사람들에게 제공할 관광 수입을 한번 계산해 봄 직도 하다.

구례여, 부디 천혜의 자원인 지리산과 섬진강 그리고 야생화와 더불어 잘사는 고장이 되기를!

지리산과 섬진강이 낳은 '속 깊은' 아들, 하동

전라도의 여러 군의 조사가 다 끝나지 않았지만, 구례 이야기를 하면서 지리산과 섬진강을 함께하고 사는 구례의 남쪽 군 하동의 이야기를 먼저 하지 않을 수가 없다. 이 장에서 경상도와 전라도로 나누지 않고 서남부 지역을 한데 묶은 것은 행정구역상의 구분이 별다른 의미가 없기 때문이었다.

만일 호남만 따로 묶었다면 하동은 이 장에 속하지 않았겠지만 행정구역상으로 하동이 어디에 속하든지 간에, 하동은 구례군의 남단에 위치하면서 구례가 누리는 섬진강과 지리산의 혜택을 함께하고 사는 곳이므로 같이 살펴볼 필요가 있다.

이른바 '과학적 표본추출'이라는 명분 때문에 하동군이 표본지역으로 추출되었으면서도 '화개장터'가 포함되지 않아 그곳을 볼 수 없는 일정인 것이 좀 서운했다. 그러나 '지리산'만은 속살까지 볼 수 있었다.

T리에서 겪은
'서울 새신랑 맞이' 소동

지리산에 깊숙이 위치해 있는 산 동리로 가기 전에 우선 하동읍에서 버스로 쉽게 갈 수 있는 도로변 동리의 표본마을을 가기로 했다. 표본 마을인 T리는 하동읍에서 노량 가는 버스로 한 시간쯤 가면 나타나는 마을이라고 들었다. 초행인 나는 "아는 길도 물어가라!"는 좌우명을 지키기 위해 그저 물어가는 것이 버릇처럼 되었다.

　버스차장(당시 버스에는 승객 안내와 차량 운행에 관계된 일을 맡아 보던 차장이 있었다)이 자연부락의 이름은 훤히 꿰고 있어도 새로운 행정구역으로 개편되고 통폐합된 동면은 잘 모르는 경우가 많았기 때문에, 어떤 때는 옆에 앉은 승객이 귀찮아할 정도로 묻는 것이 습관처럼 됐다.

　내가 그 동리를 자꾸 묻는 것에 짜증이 났던지 T리에 사는 것으로 짐작되는 건너편에 앉은 승객이 말했다.

　"나 내릴 때 같이 내리소."

　초면인 나에게 궁금증이 발동한 그 승객은 나에게 몸을 돌려서까지 물어보았다.

　"어디서 오십니껴?"

　내 정체를 알고 싶어 하는 눈치였다. 시골사람들은 길을 물으면 으레 어디서 왔느냐고 물었다. 제주도에서 시작해서 여기까지 오는 사이에 예외가 없던 일이었다.

　"서울서 왔습니다."

　"아! 그 사람이구만 … ."

　벌써 우리 법의식 조사에 관한 공문이 면과 동으로 전달되어서 이미 나에 대해 알고 있는 것으로 짐작되었다. 그곳의 행정능력에 속으로 감탄했다. 아무리 사전에 해당구역의 시·군·면에 우리 조사에 협조하라는 공문을 발송한 지 오래되었어도 그 공문을 파악하고 있는 시·도·군·면·동은 아직까지 단 한 번도 본 적이 없었기 때문이다.

"마, 내리이소!"

그 친절한 승객의 말대로 따라 내렸다.

T리는 소문대로 도로변에 있는 1백여 호의 가구가 모여 사는 마을이었다. 멀리 바다가 훤히 내다보이고 조그마한 섬까지 보였다. 까맣고 조그맣게 보이는 그 섬이 바로 여수의 오동도라고 했다. 기차소리도 은근히 들렸다. 궂은날에만 들을 수 있는 여수에서 들리는 기차소리라고 했다. 그러고 보니 그간 꽤 긴 거리를 다닌 것 같아도 쳇바퀴를 돈 것처럼 그 일대를 돌아다닌 것에 불과했다.

"저기, 저 집입니더."

버스에 동행했던 그 동리 사람이 내게 어떤 집을 일러 주었다, 나는 으레 그 동리 이장 집을 알려 주는 줄로 알았다. 세상 물정에 밝아 보이는 그였기에 그 집이 동장 집이냐고 물어볼 필요도 없을 것 같아서 묻지 않았다. 시골집치고는 꽤 정리되고 깨끗한 집이었으며, 주변 경관도 괜찮은 것 같았다.

안내해 주는 사람이 없으므로 스스로 나를 소개하는 수밖에 없었다. 집에 심부름하는 사람같이 보이는 이에게 말했다.

"저 … 전 서울서 왔는데요."

"추운데 얼른 들어오이소, 마."

그 사람은 이미 나를 다 아는 것처럼 사랑방으로 안내했다. 주인 할아버지도 나를 만나려고 의관을 준비하는 것 같았다.

그러는 사이 집안사람들은 나를 보고 수군거리기 시작했다. 신랑감으로는 그만하면 됐다는 소리도 들렸다.

"목소리도 카랑카랑하고 이마도 넓고 눈썹과 이목구비도 반듯한데 … ."

수군거리는 소리가 꼭 선을 보러 온 신랑감 이야기를 하는 것 같았다. 점심상을 준비할 자세였으나 만일 그 집에서 점심을 먹게 되면, 그 동리의 표본과 면접을 한 후 하동읍으로 돌아갈 시간이 넉넉지 않을 것 같아서 점심을 한사코 사양했다.

대신에 이장님을 속히 만나게 해 달라고 간곡히 부탁했다. 그러나 그 댁의 노인장은 의아해하며 물었다.

"와 이장은? 이장 뭐할라꼬?"

하는 수 없이 이장을 바로 만나야 하는 이유를 설명해야 했다. T리가 우리 법의식 조사의 하동군 표본으로 추출되었기에 찾아왔다는 것과, 면접하는 데 도움을 받기 위해 이장님을 찾는다는 사연을 말했다.

급히 달려온 이장의 안내로 허둥지둥 T리의 면접을 끝내고 하동 가는 버스를 기다리는 중에 동장의 이야기를 듣고 나는 배꼽을 잡고 웃지 않을 수 없었다.

동장의 말에 의하면, 그날 그 집은 서울에서 내려온 신랑감을 맞을 채비를 하고 있었다고 한다. 그래서 집안사람들이 나를 선보러 온 신랑감으로 착각을 했나 보다.

그도 그럴 것이 몇 년을 가도 낯선 서울사람, 그것도 총각으로 보이는 젊은 사람의 방문이 거의 없는 마을인데다, 서울 신랑감이 오기로 한 바로 그날에 서울에서 젊은 남자가 왔으니 의심의 여지가 없었던 것이다. 그나마 다행인 것은 내가 신붓감을 보지 않은 것이었다. 하마터면 신랑감 노릇을 좀더 깊이까지 할 뻔했으니 말이다.

지리산 깊숙이 자리 잡은
청암면의 산동네

우리 표본마을은 지리산 속에 깊숙이 위치한 청암면 M리와 K리였다. 버스로 청암면 소재지까지 가고, 그곳에서 40여 리를 가야 M리를 갈 수 있고, 거기서 다시 20여 리 산길을 가야 K리에 닿을 수 있다고 했다. 면사무소까지 가는 버스 편도 하루에 한 번밖에 없었으며, 그것도 오후 늦게 그곳에 도착하여 다음날 이른 새벽에 떠난다고 했다.

내가 탄 버스가 도착한 시간은 오후 7시였는데, 산중의 겨울밤은 이미 시작되었다.

승객 중에 M리로 가는 승객이 있는지 수소문하던 중, 우연히 그곳으로 가는 손님을 찾을 수 있었지만, 날이 저물어서 K리에서 자고 다음날 간다고 했다. 일정 때문에 나는 그날로 M리를 꼭 가야 하니 좀 도와달라고 통사정했다.

그러자 그는 옛날 '도벌'盜伐 — 허가 없이 산의 나무를 몰래 베어가는 것 — 이 심할 때 벌채한 나무를 운반하기 위해 닦아 놓은 폭 좁은 도로가 있기는 했지만, 돌아가는 길이라서 그 밤에 가려면 지름길인 산길을 택해야 한다고 했다.

그를 따라나선 길은 올라만 가고 내려가지를 않았다. 겨울밤이지만 춥기는커녕 땀이 났다.

"얼마나 더 가야 하는지요?"

"아직 몇 리가 더 남았다고 하면 더 걸을 용기가 나지 않을까 해서 말하지 않겠심더."

숨을 헐떡이면서 땀을 흘리고 따라가 보니 어스름한 큰 연봉이 희미하게 보이는데, 그곳이 M리라고 했다. 어느 정도 거리인지 짐작하기 어려웠다.

"한 10리쯤 남았을까요?"

"아직 반도 못 왔심더."

경상도 특유의 퉁명스러운 말씨로 대답했다.

M리 초입에 도착한 시간은 밤 10시가 지났다. 반장의 안내로 마을 회관의 희미한 등잔불 아래에서 그곳 표본과 늦은 밤의 면접을 끝내고, 반장 댁에서 저녁식사 대접까지 받았다.

반장은 옛날에 지리산에 은신했던 '게릴라'guerrilla들이 출몰했던 M리의 악몽을 이야기했다. 한창 심할 때는 낮에는 대한민국이었지만, 밤에는 공산 게릴라 세상이었다고 했다. 게릴라들의 식량을 달라는 요구에 응했다고 경찰에게 매를 맞고, 게릴라들로부터는 그들의 출몰을 경찰에 신고했다고 매를 맞아서 어떤 젊은 사람들은 골병을 얻었다고 했다.

태백산에 가까운 내 고장 봉화사람들의 이야기를 듣는 것 같아 씁쓸했다. 이제서야 겨우 안정됐다고 했다.

자정이 지났을 때쯤 일이 끝나고, 내가 그 밤에 K리를 꼭 가야 한다고 했을 때, M리 사람들은 모두 가지 말라고 나를 만류했다. 야심한 밤에는 갈 수 없다는 것이었다. 굳이 가야 한다면 그곳 지리에 밝은 안내원을 한 사람 고용하라는 것이었다. 그곳 길에 익숙한 사람이 있어야 할뿐만 아니라, 그곳의 산짐승들을 다룰 줄 사람이 있어야 한다고 했다.

물론 그곳이 깊은 산악지대이기는 했지만, 그곳에 아직도 사람에게 위협을 줄 수 있는 산짐승이 있다는 암시를 받고 다소 긴장하기도 했다. 요즈음 사람들은 상상도 못할 일이지만 6·25 전쟁이 일어나기 전 내 고향인 봉화에도 범이 있었다. 한밤중에 범이 우리 마을 뒷산에 나타나서 큰 소리를 치면, 동네 개들은 쥐 죽은 듯이 고요해졌다. 산에 나무하러 갔던 사람들도 먼발치에서 범을 보았다고 했다.

전쟁으로 인해 이런 맹수들은 사라졌다고 믿었지만 지리산은 그렇지 않은 모양이었다. 할 수 없이 일당을 지불하고 안내원을 고용하여 K리로 가기로 했다. 아마 이런 무모한 행동을 두고 "하룻강아지 범 무서운 줄 모른다"고 하는지도 모른다.

눈발이 흩날리고 흰 눈이 쌓인 지리산 주봉들이 멀리 희미하게 보이는데 안내원을 따라 K리로 향했다. 가는 길은 역시 멀고 험난했다. 줄곧 올라갈 뿐, 평지나 내리막길은 없었다.

"이 고개를 원숭이 '뭐' 빠진 고개라고 합니더."

가파른 한 고개를 올라가면서 그 안내원은 거침없는 쌍말로 그 고개 이름을 설명해 주었다.

능선을 따라 비스듬한 길을 돌면서부터 안내원은 돌을 이곳저곳으로 던졌다. '바스락' 하는 소리만 나도 무서울 판인데, 일부러 돌을 던지고, 그 돌이 굴러가는 소리에 반응하는 무언가가 또 다른 소리를 내어서 점점 더 겁이 났다.

출발 전에 M리 반장이 한 말이 생각났다. 우리가 걷고 있는 그 길은 산짐승이 나오고, 여름이면 골짜기의 여울물에 가재를 잡으러 곰이 나타난다는 말이 생각나서 머리칼이 곤두섰다. 바람소리에 나뭇잎만 흔들려도 산짐승이 나타날 듯하여 무서워지기 시작했다. 도시에서는 사람이 제일 무서운데, 이곳에서는 짐승이 더 무섭다는 것을 실감했다.

참다못해 안내원에게 사정했다.

"제발 돌멩이 좀 던지지 마십시오. 더 무섭습니다."

"심심해서 던지는 게 아임니더."

그는 이 산에 사는 '큰손님'(맹수를 은유적으로 지칭하는 표현)들은 점잖아서 함부로 사람을 해치지 않는다고 했다. 사람인 것을 알기만 하면 해치지 않는다는 것이었다. 그런데 가만히 잠자던 짐승들이 별안간 놀라면 사람을 해칠 수도 있다는 것이었다. 결국 안내원의 돌팔매질은 지리산 자락의 산짐승들을 깨우는 것이었다.

'큰손님'은 의리가 있어서 우리의 통행을 신고만 하면 무사히 통과시켜 준다고 믿는 듯했다. 하지만 짐승의 의리를 믿기에는 불안했고 우리 스스로의 발자국 소리에 놀라기도 했다. 천신만고 끝에 무사히 K리 초입에 들어섰다. 안내를 끝낸 안내원은 돌아가겠다고 했다. 더 붙잡을 수도 없었다.

시간은 새벽 3시가 넘었다. 길 잃은 양이 된 셈이라 불안하기 그지없었다. 겨울 새벽에 구름 낀 날씨는 지척을 분간하기 힘들었다. 또 마을이라고 해도 밀집한 집성촌이 아니고 여기 한 집 저기 한 집씩 있는 전형적인 산간 마을이었다.

고단하고 지쳐서 산기슭에 주저앉아 있는데 먼 곳에 불빛이 보였다. 불빛을 향하여 걸음을 재촉했다. "여보세요"하고 도움을 청했지만 사람의 인기척을 듣고는 금세 그 집의 불이 꺼지고 말았다. 문틈으로 온갖 사정을 다해 보았다.

대학에서 온 연구원이라고 설명하고, 필요하다면 내무부(옛날 중앙부서의 이름으로 지방행정, 지방재정, 선거, 국민투표, 지방자치단체의 감독·치안·소방 및 민방위에 관한 사무를 관장하던 중앙행정부서로 현재의 안전행정부에 해당한다)에서 발행한 증명서를 보여주겠다고까지 했다. 오랜 통사정 끝에 드디어 집 안에서 주인인 듯한 사람의 목소리가 들려왔다.

"어디서 왔십니꺼?"

"서울에서 왔습니다."

믿기지 않는 표정이었지만 그래도 먼 길을 온 사람인 것을 알고 주인은 다시 불을 켜고 문을 열어 맞이했다.

집주인은 과거에 '게릴라'들에게 당한 상처 때문에 아직도 찾아오는 손님들에게 인심이 사나워지게 되었다고 오히려 사과했다. 그 집은 그날이 제삿날이어서 늦게까지 불을 밝혀 두었다고 했다. 오는 도중 얼음판 위를 잘못 밟아서 젖은 발을 녹이고 남은 제사음식과 컬컬한 토주土酒를 마시니 훈기가 돌았다. 새벽에 M리에서 그곳까지 왔다는 말을 듣고 놀라기도 했다.

방에 잠든 그 집 꼬마 머리는 길게 땋아져 있었다. 벽에는 '일심'一心 '노력'努力이라는 초보생의 붓글씨가 붙어 있었다. 한문을 '진서'眞書라고 하는 마을이었다. 동이 트자 온천지는 밝아왔다. 그곳의 조사는 그 마을에서 《명심보감》明心寶鑑을 가르치는 40대 '훈장'訓長이면서 60대 행세를 하는 '선생님'의 안내로 쉽게 끝낼 수 있었다.

조사를 마친 후 찾아온 길을 다시 밟아 다음날에야 하동읍에 도착할 수 있었다. 하동읍은 M리와 K리에 비하면 대도시 같이 느껴졌다.

기차 없는 '땅끝'의 해남

통통배로 건너간
윤선도의 고향

목포에서의 조사를 마치고 해남으로 가던 때였다. 목포에서 해남까지
는 기차로 갈 수 없어서 목포발 해남행 '통통선'을 타고 상공리로 가기
로 했다. 그러나 여객선은 서울 시내버스 뺨칠 만큼 혼잡했다. 승객
의 대부분은 어물 소매상들이었다.

선실바닥은 일본말로 '다다미'라고 하는 짚으로 짠 것이었다. 몇 년
을 두고 닦지 않고 쓴 것 같았고, 거기에다 해변의 '비린내'까지 더해
져 선실은 요즈음 여객선의 쾌적한 분위기와는 대조적이었다.

그 많은 선객 중에도 그들과는 어울리지 않는 두 승객이 좌중의 시
선을 끌었다. 그중 하나가 정장차림에 오버코트까지 입은 나와, 내 옆
좌석에 앉은 이른바 '신여성'新女性이었다. 그녀는 다른 아낙네들과 옷
차림도 달랐고, 화장도 짙게 했다. '미스 해남'인 모양이다. 승객들은
우리 두 사람을 쳐다보았고, 그녀는 나와는 일면식도 없었지만 공교

롭게도 내 곁에 자리를 잡았다.

약 한 시간은 지났을 무렵, 그 얌전하던 미스 해남은 몸의 중심을 잃고 자꾸 무게중심을 내게로 옮겼다. 안색도 점점 변해갔다. 잠시 후, '왈칵! 왈칵!' 하면서 참지 못하고 내 오버코트에 토했다. 풋나물 넣어 끓인 죽을 한 사발 쏟아놓은 듯했다. 설익은 술에서 나는 시금털털한 냄새가 코를 찔렀다. 오버코트를 통해 바지 사이로까지 토사물이 흘러내렸다. 주위 사람들은 멀찌감치 피해 앉았다. 그 비좁던 내 자리가 그렇게 여유 있는 자리로 변할 줄이야!

무엇보다도 단벌인 내 행장이 문제다. 갈아입을 옷도 없고, 세탁할 짬도 없으니 말이다. 가방 속의 휴지뭉치가 동이 났지만, 오버코트에 붙은 짙은 냄새는 가시지 않았다.

그 사이에 배는 상공리에 도착했다. 파지장을 나와서 버스대기소 옆 잔디 위에 앉아 버스가 도착할 때까지 옷을 말릴 겸 냄새가 가시기를 기다리면서 볕 쪽을 골라 앉았다.

"어디까지 가세요?"

뱃멀미의 주인공이 육지 바람을 쏘이니 정신이 든 것 같았다. 미안하다는 말을 수십 번 되풀이하면서 느닷없이 외지 손님에게 여관도 소개해 주었고, 여관주인에게 부탁하여 내 옷도 빨아 주도록 부탁하고 갔다. 여관주인에게 옷을 벗어 주고, 속옷 바람으로 이불 속에서 몸을 녹이고 나서 '꼬막' 반찬으로 배를 채우는 사이, 벌써 옷은 말끔히 세탁되어 돌아왔다.

후에 알고 보니 그녀는 그곳에서 다방을 경영하는 사람이었다. 다음 날, 무료로 제공하는 커피 한 잔으로 전날의 소동을 다 잊기로 했다. 그 다방에는 '송파란'이 그린 묵화가 격에 맞게 걸려 있어 해남이 서화에 뛰어난 고장이라는 것을 실감케 했다. 현산면에는 고산 윤선도의 묘소가 있고, 멀지 않는 강진이 다산 정약용의 고장이니 그럴 법도 하다. 기차 없는 해남이기 때문에 맺어진 통통배의 인연이라고 생각했다.

하얀 눈바람이
머무는 곳, '바람 고개'

송천에서 이장을 따라 면접할 표본을 찾아가는 길에는 눈이 부슬부슬 내렸지만, 아이들은 맨발로 공을 차고 있었다. 고무신을 신은 아이도 있었지만, 신발을 짝이 맞지 않게 신은 아이들도 있었다. 제대한 형에게 얻은 것인지 군용화를 신은 아이 앞에 맨발이나 짝짝이 고무신을 신은 아이들은 얼씬도 못했다.

나라 전체가 가난했던 시대에 흔했던 이런 풍경은 이제는 해남은 물론 한국 어디에서도 볼 수 없을 것이다.

동리의 이장과 함께 어느 여성 표본을 찾아갔을 때였다. 토담집에 신문으로 도배를 했다. 집에서 만든 간이침대가 있었고, 램프 연기에 벽이 그을려 있었으며, 몇 권의 교양서적과 함께 육법전서六法全書가 팽개쳐 있었다. 표본의 남동생이 대학 졸업반인데 고등고시를 준비한다고 했다.

동생이 대학을 가기 전까지는 자급자족할 정도의 농토가 있었지만, 동생이 대학을 다니느라고 야금야금 팔아 버리는 바람에 이제는 1년 치 양식도 나오지 않을 만큼의 땅만 남았다는 것이다. 만일 동생이 고등고시에 합격하지 않는다면 생계가 막연하다고 했다.

그 당시 취직할 곳이 거의 없는 한국 경제 사정에서 그 마을 이장의 말로는 "대학 공부를 시킨다고 논밭을 판 것이 무모한지도 모른다"고 했다. 여성 표본은 동생의 출세를 위해 자신은 목포에서 고등학교를 졸업했을 뿐 대학 같은 것은 엄두도 못 냈다고 했다. 이러한 어려운 형편에서 고등고시에 붙어야만 한다고 생각하는 동생의 책임감은 얼마나 크겠는가 생각했다.

옥천면 사무소를 거쳐 Y동을 가야만 했다. 면사무소에 있던 사람들은 바람과 눈 때문에 Y동은 도저히 못 간다고 만류했다. 그러나 가지 않을 수가 없어 30여 리 길을 강행군하기로 했다. 해남의 눈은 위에서 내리지 않고 옆으로 왔다. 눈을 뜰 수 없어서 베레모를 힘껏 눌러썼지만 길을 분간하기 힘들었다.

면사무소 직원들이 조심하라고 일러 준 이른바 '바람 고개'에 이르렀을 때다. 강풍에 모자는 간 곳이 없고, 미끄러져서 바위에 부딪쳤다. 남해에서 밀려드는 거센 바람은 모두 그 고개를 통해서 지나가는 것 같았다. 내 몸무게가 60kg 미만이었으니 가볍기도 했지만 오버코트를 입어서 부력이 작용했나 보다. 바람에 날려가 보기는 난생처음이었다.

Y동에는 동리 사람들이 나를 보려고 모여들었다. 그 험한 날씨에 바람 고개를 넘어온 젊은 사람이 있다고 구경온 모양이었다.

"하룻강아지가 범 무서운 줄 모른다"는 말은 아마도 나와 같은 사람을 두고 하는 말인 것 같았다. 그곳은 박 씨들이 모여 사는 양반 집성촌이라서 행동하기 매우 조심스러웠다. 군대에 복무할 때 야간대학을 다녔다는 젊은 사람이 이장을 제쳐놓고 나를 안내하는 '의전 업무'

를 담당하였다.

면접이 끝난 후에는 그와 함께 '삼학소주'에 오징어를 뜯으며 그 사람 집에서 하룻밤을 묵게 되었다. 면접을 마친 마을에서 여관비를 지불하지 않고 하룻밤을 지낸 것은 처음이었다. 말하자면 '민폐'를 끼친 셈이었다. 그러나 어쩔 수 없었다.

다음날 해남읍으로 돌아오는 길에 간첩색출을 위해 노력하는 경찰이 행인의 신분을 확인하기 위해서 신분증을 요구하고 질문도 하는 이른바 불심검문을 받았다.

불심검문이라는 말은 다음 에피소드에서도 자주 쓰일 말이지만, 요즘 사람들에게는 생소한 말이기에 이 책의 모두冒頭에서부터 그 의미를 자세히 설명할 필요가 있을 것 같다. 이 말은 경찰관이 낯선 사람이나, 수상한 거동을 하거나, 죄를 범했거나 범하려고 하여 의심받을 만한 사람을 정지시켜 질문하는 것을 말한다.

나는 이 조사기간에 이런 불심검문을 셀 수 없이 많이 받았다. 다행히도 내무부(당시 부서명)에 관계하셨던 인연이 있는 차일석 당시 연세대 행정학과 교수님의 주선으로 우리 연구팀은 내무부 장관 명의로, 법의식 조사를 하는 연구원에게 협조를 당부하는 내용의 공문을 발급받을 수 있었다. 그리고 이 공문서 사본을 제시한 덕에 불심검문에서 까다로운 조사를 생략하고 통과할 수 있었다.

간첩이 해안지역으로 자주 출몰한다는 이유 때문에 해안지역의 불심검문은 내륙지역보다 훨씬 더 심했다. 불심검문을 당한 기분은 유쾌하지 않았어도 그렇게도 세게 불던 전날의 바람은 잠잠했다.

해남읍으로 돌아와서는 내 오버코트에 멀미를 한 여인이 경영하는 다방에서 차 대접을 받으며 해남의 '삼다'三多에 대한 이야기도 들었다.

해남에도 제주도처럼 돌이 많고, 여자도 많고, 말도 많지만, 여기의 '말'은 달리는 말馬이 아니고 언어를 가리키는 말言이라고 주석을 달아 주었다.

언젠가는 '바람 고개'를 다시 한 번 가 봐야겠다고 생각했다.

복음을 찾는
작은 도시, 순천

초가 기둥에 붙은
사치배격 표어

요즈음 한국 열차 특히 KTX가 예정된 시간을 매우 정확히 지키는 것과는 대조적으로, 1960년대 한국의 열차는 시간을 잘 지키지 않았다. 초기 경제발전 단계에서 소외되고 교통까지 불편했던 순천을 방문하면서 그곳을 통해 내 고향을 생각할 기회를 가졌다.

우선 목포발 순천행 완행열차는 중앙선처럼 시간을 잘 지키지 않았다. 열차의 연착 때문에 순천에서는 면접 일정을 전면적으로 재조정해야만 했다.

연착한 그 열차에 나와 함께 탔던 어느 승객이 정거장을 빠져나오다가 역무원에게 불평했다.

"열차 시간표는 왜 붙였당께? 지키지도 못할 것을….."

"열차 시간표를 걸어 놓지 않으면, 이 기차가 얼마나 연착했는지 모르니 알려 주려고 붙여 놓았다는 농담이 유행합디다."

나의 우스갯소리에 우리는 웃고 헤어졌다.

열차가 시간을 제대로 지키는 것은 그 나라의 질서를 가늠하는 척도임을 보여주는 일화도 있다.

일본이 만주를 침략하기 전의 이야기이다. 일본은 만약 만주가 질서 정연한 나라라면 침략이 만만치 않을 것이므로 미리 질서 수준을 확인하기 위해 첩보원을 만주의 안둥安東(현 단둥丹東) 역에 배치하여 북만주 철도의 기차 도착시간을 주시하였다. 북만주의 긴 여정을 달려온 열차는 정시에 도착했고 첩보원은 만주를 허술하게 본 것이 잘못이며, 만주를 함부로 건드릴 수 없다고 생각했다.

그러나 예상 밖의 결과가 의심스러웠던 그는 역 구내를 나오면서 역무원에게 재차 문의하였는데 역무원의 대답은 의외였다. 실은 그 기차는 24시간을 연착하여 다음날 정시에 도착했다는 것이었다. 그제서야 일본은 만주의 질서가 형편없음을 간파하고 일격에 만주정벌을 착수했다는 믿거나 말거나 한 이야기이다.

순천의 기차는 시간을 제대로 지키지 않았을 뿐만 아니라, 순천시가지와 기차역은 상당한 거리가 있었다. 장래에 순천이 큰 도시로 발전할 것을 염두에 두고 역사를 지금의 시가지에서 먼 거리에 자리 잡은 미래지향적 도시계획인지도 모르겠다. 하기야 요즈음 도시 주변의 인근 지역은 모두 다 시로 편입되고 있으니 말이다.

어떤 순천사람은 나에게, 순천은 '수난천'이라고 말했다. '여수·순천 사건'의 피해는 시간이 약이 되어 치유되고 있는 듯하다. 그러나 그때 사건으로 생겨난 수많은 홀어머니들은 여전히 쓸쓸히 남겨져 있었고, 그해 폭우로 넘쳐난 물은 수마처럼 시가지를 덮어 그 언저리에는 판잣집 천정들이 이어져 있었다.

순천은 공장과 같은 생산시설이 없었고, 특별한 발전의 원동력을 찾아보기 힘들었다. '보해'라는 술맛이 좋았고, '꼬막' 안주는 일품이었다. 밀착한 꼬막의 껍질을 벗기는 재미도 있었다.

면접할 표본지역으로 선정된 곳은 S동이었다. 그러나 이곳은 어느 군에도 포함시키기가 거북해서 순천시로 편입시킨 것 같은 느낌이었다. 30여 리 산길은 걷기가 지루하고 아득했다. 동사무소 직원에게 안내 부탁조차 거절당하고 나니 혼자 걷는 길은 더 아득했다.

S동의 동구에 이르렀을 때 한 총각이 나타났다. 분명히 남자인 것 같았는데 머리를 땋아 늘였다. 옛날에는 총각이 머리를 땋고 있었다는 말은 들어 보았지만, 실제로 본 것은 순천이 처음이었다. 아마도 《정감록》의 신봉자들인가 보다. 그들의 신앙이나 세계관이 어떤지는 알 수 없지만, 시대성을 잃은 차림을 한 사람이 그것도 순천시에 버젓이 있다는 사실이 놀라웠다.

시속을 따르는 것이 좋은지 좋지 않은지는 모르지만, "성인도 시속을 따르라"는 말이 있듯이, 사람들이 모두 눈이 둘씩 있는데 눈을 하나만 가진 사람이 있다면 이상하게 보이지 않을까? '갓'이라는 명칭을 몰라 '홍길동 모자'라고 하는 요즈음의 도시 아이들이 댕기머리 총각을 보면 뭐라고 할지 궁금했다.

S동의 표본은 어느 초라한 초가집의 할아버지였다. 겉으로 보기에도 가난하게 보이는 집의 마당에는 무엇으로 채웠는지 동산만 한 배를 가진 아이가 있었다. 아마도 소화가 제대로 안 되는 섬유질로 배를 채운 것 같았다. 나는 오버코트를 입고도 추위를 의식할 때인데, 그

아이는 맨발에다 변변한 옷가지도 걸치지 않고 있었다.

그런데 이상한 것은, 내 팔보다도 가는 기둥에 붙은 표어였다. 발행처가 '재건국민운동본부'로 된 구호인데, "사치 말고 절약하여 행복하게 살자!"는 사치 배격과 함께 절약과 검소한 생활을 권장하는 내용이었다.

끼닛거리도 없고, 한겨울에 아이들이 입을 옷마저 없는 집에서 무엇을 절약하자는 것이며, 사치는 어디에 있다는 말인지 모를 일이었다. 그런 구호를 왜 하필이면 그 가난한 집의 기둥에다 붙여 두었는지 알 수 없었다. 주인이 국문도 해독하지 못하기 때문에 그 표어의 뜻이 무엇인지도 모르고 붙여둔 것 같았다.

어느 복음교회에서 들은
'유식한' 설교

순천에서 어느 조그마한 교회를 찾아갔을 때의 일이다. 옆자리에 난로가 하나 있을 뿐인 마룻바닥에 그냥 앉아 예배를 보는 곳이었다. 냉기가 스며드는 것보다도 아무렇게나 신발을 벗어 두고 들어가는 교회라 행여 신발을 잃어버릴까 걱정이 됐다. 성경도 없고, 찬송가도 없이 맨몸으로 들어선 낯선 사람을 신도들은 모두 호기심 어린 눈으로 쳐다보았다.

그날 설교의 주제는 "겸손하라"였다. 여전도사가 열을 올리며 설교하는데 알아듣기 힘들었다. 논리가 맞고 안 맞고를 떠나 유식한 표현을 쓰느라 말끝마다 '적的'자를 붙이는 것이 거북했다. 잘못하다가는 '배짱적'이라고 할 것 같았다.

그 설교를 듣고 있으니 어느 시골 교회 할머니 이야기가 떠올랐다. 그 할머니는 일요일마다 교회에 나가는 열심당원이었는데, 하루는 아들이 물었다.

"어머니, 오늘 목사님이 뭐라고 설교하셨습니까?"

"'젖꼭지', '소꼭지' 하는 얘기를 한참 하더라."

엉뚱한 대답에 당황한 아들은 다시 물어봤지만 할머니는 한 시간 동안 들은 그 많은 설교 대목 중에서 '젖꼭지', '소꼭지'라는 말밖에는 기억나지 않는다는 것이었다. 이상하게 여긴 아들이 자세히 알아보니 할머니는 설교자가 유식해 보이려고 쓴 '적극적'積極的 '소극적'消極的이라는 말을 그렇게 들었던 것이다.

내가 출석했던 순천의 그 교회의 설교도 생각해 보면 시골 할머니가 곡해한 설교처럼 유식한 표현을 많이 쓰려고 의식적으로 노력하는 것 같았다. 그러면서도 설교하는 도중에 '기합'氣合을 넣고, "믿으면 '아멘' 합시다" 하는 말을 선창하곤 했다. 설교 내용은 감동은 고사하고 있던 믿음도 사라질 것 같은데도 신도들은 감화를 받은 듯했다.

물론 설교자도 고충이 많을 것이다. 앞자리에 앉은 지식층의 구미에 맞도록 설교하면, 교육을 덜 받은 뒷자리에 앉은 할머니들은 이해하기 어려우니 말이다. 제각기 다른 어려운 문제를 안고 오는 각계각층의 사람들을 하나님의 이름으로 구원하고 만족시키는 것이 쉬운 일은 아닐 것이다.

그래도 여전도사의 열변이 고조에 달하자 모두 큰 감화와 은혜를 받은 듯이 눈물을 흘리고 심지어 흐느껴 우는 광경은 낯설게만 느껴졌다.

내가 믿음이 약한 때문인지 아니면 내가 다니는 교회와 다른 복음

교회의 예배방식에 익숙하지 못해서인지 몰라도 그날 설교는 그다지 인상적이지 않았다.

　나는 저녁 8시가 되어서야 다음 여정지를 향해 섬진강을 건넜다.

남해안 '개벽시대'를
여는 여수

하얀 등대와 붉은 동백꽃이
어우러진 오동도의 추억

여수麗水와 순천을 늘 함께 부르는 이유를 순천에서 여수를 가면서 알게 됐다. 순천서 여수까지는 교통편이 좋아서 광역버스는 시내버스처럼 자주 다녔고, 합승은 문턱 드나들 듯이 자주 다녔다. 합승을 타고 차창 밖으로 번득번득 보이는 남해 바다를 감상하면서 콧노래로 긴 유행가 한 가닥 부르노라니 어느 새 여수에 닿았다.

여수는 항구다!

부산과의 정기 연락선도 잦다고 했다. 그러나 여수를 가면 뭐니뭐니 해도 오동도를 먼저 보아야 한다는 말을 순천서부터 들었기에 우선 그곳부터 찾았다. 당시 행정구역으로 여수시 수정동에 위치한 오동도를 나는 처음에는 육지와 동떨어진 섬으로 생각했다.

그러나 오동도는 '토끼' 모습을 닮은 동백섬으로 1933년에 '서방파제'의 건설로 육지와 연결되어 내가 방문한 1964년에는 이미 섬이 아

1960년대의 오동도 전경. 출처: 국가기록원 (관리번호 CET0066601).

니고 '반도'라는 표현이 맞을 것 같았다.

부산과의 정기 여객선이 오동도 앞을 지나갔지만 인가라고는 등대지기 가족을 위한 관사가 전부였다. 동백나무의 붉은 꽃이 등대지기 집 앞뜰에도 붉게 피어 있었고, 5천 촉광으로 바다를 손짓하는 흰 등대가 치솟아 있었다. 등대지기 하면 어쩐지 외로운 직업이고, '박봉'에 시달린다는 선입견 때문에 자꾸 집안으로 눈을 돌리게 됐다. '스웨터'를 걸친 등대지기 아저씨의 '사모님'이 '키질'로 곡식 낱알을 가려내고 있었다.

동백나무 그루 사이에 대나무가 들어서면서 만들어진 길이 뻗어 있었다. 멀리 남해군이 보이지만, 거의 70∼80리 길이라고 하니, 해상의 거리는 육지에서만 자란 나에게는 가늠하기 어려웠다.

"찾아간 날이 바로 장날"이라는 말이 있듯이, 내가 방문한 바로 그 날 오동도에서 〈갈매기 우는 항구〉라는 영화를 촬영하고 있어서 구

2014년 현재의 오동도 전경. 출처: 여수시청.

경꾼들이 모여들어 있었다. 과장을 좀 한다면, 여수시민 모두가 다 오동도로 나온 듯이 차 안에 탄 배우들을 보려는 사람들의 열기가 대단했다. 교통경찰이 동원될 정도였다.

촬영이 끝나고 사람들과 헤어진 후 나 혼자 오동도를 거닐다가 엽총을 등에 멘 사냥꾼을 만났다. 보통 체구를 가진 사람 세 명을 합한 정도의 건장한 체구였다. 그 사냥꾼과 대화를 하다가 건강법을 배울 겸 그의 건강비결을 물었다.

"이것을 먹은 덕이지라우."

그는 사냥한 까마귀 세 마리를 들어올려 보여주었다.

그리고 계속 보약에 대해 설명했다. 보약의 종류로는 산에서 나는 산삼山蔘과 바다에서 나는 해삼海蔘, 그리고 공중에서 날아다니는 비삼飛蔘이 있는데 까마귀가 바로 그 '비삼'이라고 했다.

자기가 바닷가에 살기 때문에 산삼은 먹을 수 없지만, 해삼은 쉽게 먹을 수 있고, 거기에다 비삼도 늘 먹고 있다고 했다. 매일 까마귀 고기에 소주 한잔을 하는 것이 자기의 건강비법이라고 일러 주었다.

일본에서는 까마귀가 길조吉鳥로 알려져 있지만, 우리나라에서는 까마귀는 그 생김이 검고 흉하다고 해서 흉조凶鳥로 알려진 까마귀가 사람의 보약으로 쓰일 수 있다는 것이 놀라웠다. 내 마음을 눈치챈 듯이 그 포수는 덕담을 덧붙였다.

"젊으니까 비삼과 해삼을 먹으면, 나보다 더 건강해질 수 있지라우."

'삼' 덕에 '오동도'만큼 큰 체구를 가진 그가 부럽기도 했지만, 큰 몸집 때문에 걸음걸이가 둔탁한 것이 어쩐지 어색해 보였다.

2012 세계박람회와
여수의 비상

첫 방문 이후 44년 만에 다시 여수를 찾아가는 나의 마음은 설레기까지 했다. 2012년 세계박람회 개최지로 확정된 여수는 활기가 넘쳐 보였다.

POSCO의 지원과 전라남도와 경상북도의 행정적 지원으로 내가 총장으로 재직중인 고려사이버대에서 주관하는 '다문화가정 e-배움 캠페인'이 성공적으로 진행되고 있었고, 또 순천이 전라남도 중에서 모범지역으로 선정되어, 나는 우리 교육과정을 수료한 그곳 결혼이주여성들에게 수료증을 수여하기 위해 2008년 11월 17일, 순천시 행사에 참여하게 되었다.

1964년 내가 처음 여수를 갈 때는 순천을 거쳐 갔지만, 44년 만에 다시 가는 이번 길은 여수를 거쳐서 순천으로 가는 '역주행'이었다. 바뻔 일정을 하루에 소화하기 위해서 여수행 항공기를 이용하는 수밖에 없었기 때문이었다.

학교에서 항공편을 주선하기 전까지는, 나는 여수에 비행장이 있다는 사실을 모르고 있었다. 모를 수밖에 없었던 것이, 여수공항은 내가 한국을 떠난 이후인 1971년에 착공했고, 대한항공이 첫 취항을 한 것이 1972년이며, 지금과 같은 규모로 공항이 확장된 것은 1986년이었기 때문이다.

여수공항에 근접비행을 하면서, 항공기 우측으로 펼쳐지는 석유화학단지의 위용은 놀라웠다. 인접한 광양의 POSCO 제철소는 세계최대 규모라는 명성에 걸맞게 순천과 여수까지 그 경제적 파급효과를 미치고 있었다.

여수공항의 건설과 확장 덕에 나는 아침에 서울을 떠나 12시에 POSCO 소유의 승주 컨트리클럽에서 POSCO 간부들과 점심식사를 하고 순천에서의 수료식에 참석한 후, 그 사이에 시간이 남아서, 옛 추억도 생생한 오동도를 둘러보고 당일에 서울로 돌아올 수가 있었다. 1964년도에 법의식 조사 때의 교통편이 오늘날과 같았다면, 얼마나 쉽게 전국 조사를 끝마칠 수 있었겠는가?

콘크리트로
분칠한 오동도

반세기 만에 찾은 오동도는 '비삼飛蔘'을 찾아다니던 포수와 담소하던 소박한 내 기억 속의 오동도가 아니었다. 섬 전체에 콘크리트가 깔린 것 같았다. 방문객을 실어 나르는 긴 '무개차'는 편리한지는 몰라도 덮개나 바람막이가 없기 때문에 겨울바다의 찬바람이 들어와 승객들이 추위에 노출되기 십상이었다.

차를 타고 둘러본 여수 시가는 그때(2008년 11월)까지 세계박람회 유치와 방문객 맞이에 대한 준비가 된 것 같지 않았다. 열악한 숙박시설이 그것을 증명했다.

여수에서의 세계박람회 유치에 관련해서는 숨겨진 여담이 있는데 우리나라 사람들의 기지를 보여주는 흥미로운 이야기이므로 소개해 보겠다. 〈주간 조선〉의 보도에 의하면, 2007년 4월 BIE 현지 사절단이 여수를 방문했을 때, 이들의 숙소가 문제였다고 한다. 숙박시설이 중요한 점검대상이 되리라는 것을 다 알고 있었기 때문이다.

이때, 나온 묘안이 경남 남해에서 2006년 말에 개관한 '남해 힐튼리조트'를 사용하기로 한 것이었다. 여수는 전라남도이고, 남해는 경상남도여서, 자동차로는 1시간 40분이 소요되지만, 배를 띄우면 불과 20분이면 닿는 점에서 착안한 것이다. 그리고 여수항을 출발해 남해의 힐튼리조트로 가는 선상 출항 이벤트를 고안해서 거북선 축제를 방불케 하는 판옥선 해상 불꽃놀이로 위기를 모면했다고 한다.

아무튼 나의 우려와는 달리 세계박람회는 성공적으로 치러졌고, 수고한 여수시민들은 큰 선물이 받을 수 있었다. 박람회를 위해 지은 건물들이 영원히 여수사람들의 것이 된 것이다.

전남의 수도 광주에서
만난 어느 미인 남편

한국 서남부의 시골마을과 산동네들을 다니다가 마침내 호남에서 제일 큰 도시인 광주에 오니, 내가 어릴 때 한국의 오지 중의 오지인 경북 봉화('봉하'와는 발음상 유사하지만 '봉하'는 전직 대통령이 나온 유명한 마을이고, 내 고향 '봉화'는 나 같은 필부필부匹夫匹婦의 사람들과 영화 〈워낭소리〉에 묘사된 고집불통 '촌사람들'이 사는 고장이다)에서 처음 서울에 왔을 때 받은 '문화충격'에 버금가는 놀라움을 느꼈다.

광주에 오자마자 처음 체크한 곳이 우리 보급품과 통신문을 전달해 주는 중간 연락처인 광주고속 사무실이었다.

광주에 특별한 연고관계가 없던 우리 연구소 팀은 연세대 법학과 출신으로, 나에게는 한 해 선배인 박정구 동문 댁이 경영하던 광주고속의 사무실을 중간 보급기지로 삼았다.

면접한 사람들에게 사은품으로 주는 '연세대학교 사회과학연구소'라는 글자가 수놓아진 많은 수건과 편지 등 각종 우편물을 광주고속 사무실을 통해 지급받을 수 있었다.

박정구 선배는 내가 미국 유학을 간 이후 탁월한 기업가로서의 능

'금호아시아나그룹'의 모기업인
광주여객 자동차 주식회사 사옥.
출처: 금호아시아나그룹.

력을 발휘하며 광주고속의 성장세를 이루었고, 후에는 연세대 총동문회장도 역임했다. 박 선배를 통해 나는 객지에서 오랫동안 접하지 못했던 학교 소식들을 전해들을 수 있었다.

'Mrs. 광주'
남편의 걱정

광주에서 전해들은 소식 중에서 불쾌한 소식도 있었지만, "쇼는 계속해야만 한다" Show must go on 고 했듯이 광주에서의 면접을 계속해야 했다. 광주의 표본지역인 Y동으로 갔다. 안내를 맡은 동사무소 직원은 Y동은 생활에 여유가 있는 사람들이 많이 사는 곳이라고 소개했다.

표본으로 선택된 집도 '부잣집'이었다. 대문과 본채 사이에 거리도 있었고, 정원도 넓은 것을 보니 서울의 부호나 다름없게 보였다. 표본으로 선택된 사람은 호주와 성이 다른 것을 보니 호주의 부인인 것 같았다. 초인종을 누른 후에 문을 열어 주려고 나오는 심부름하는 아이

뒤로 젊은 여인이 따라 나왔다. 퇴근 시간쯤이었으니, 퇴근하고 돌아오는 남편인 줄 알고 마중 나오는 차림 같았다.

푸른 스웨터에 검정색 치마. 큰 키에 균형 잡힌 가는 몸매. 영어로 표현하여 "Long and slim"(크고 날씬하다) 하다고 할까. 투명하리만치 흰 피부에 옅은 화장. 너무 희면 싱겁게 보일까 봐 몇 개씩 찍어 놓은 듯한 검은 점. 어디 가도 손색없는 미인임에 틀림없었다. 이제까지 만난 표본 중에서 제일 미인인 셈이었다.

안내를 맡은 동사무소 직원도 그 여인 앞에서는 다른 집에서처럼 자연스러운 자세를 취하지 않고 정중히 행동했으며, 지금까지와는 달리 장황한 설명조차 하지 않을 자세였다. 내가 직접 설명하는 길밖에 없었다.

"이 조사 목적이 한국 사람들의 법의식과 법에 관한 태도가 어떤지 알기 위해 연구하는 것으로, 개개인의 의견을 절대로 외부에 노출시키지 않을 것이며, 통합한 결과만을 발표할 것입니다."

표본인 여인은 우선 응접실로 들어가자고 했다. 응접실은 늘 쓰는 것이 아닌지 냉기가 돌았다. 응접실에 들어가서 우리 연구의 목적을 되풀이해 설명해도 그녀는 그저 눈만 깜박거리고 말을 하지 않았다. 도무지 어쩌겠다는 것인지 알 수 없었다. 속으로는 '꽤나 인물값을 하는구나' 하고 생각했지만, 내색할 수는 없었다.

그때 벨이 울리고 그 여인의 나이쯤으로 보이는 남자가 들어섰다. 그 여인의 남편인 듯했다. 동사무소 직원은 응접실에 들어온 것이 무슨 '범죄'라도 저지른 것처럼 그에게 허리를 꺾어질 정도로 인사했다. 남편은 꽤나 불쾌한 표정을 지으며 첫마디를 내뱉었다.

"누구요?"

그러나 그 부인은 남편에게 내가 누구며 왜 왔는지를 설명해 주는 대신에 쌀쌀맞게 대꾸했다.

"나도 모르겠어요, 누군지."

내가 그 부인에게 그렇게 애걸하듯이 설명한 것이 헛수고인 듯했다. 그에게 다시 부인에게 한 말을 되풀이하는 수밖에 없었다.

하지만 듣고 난 그의 반응은 "그래서?"라는 반말이었다.

당장 그 자리를 박차고 나오고 싶었지만 그래도 다시 한 번 부인에게 설명한 것을 되풀이했다. 그도 사람이라 이해는 하는 듯했다.

"귀신도 빌면 듣는다"는 말이 있지 않은가? 그러나 그의 대답은 그래도 자기 부인과의 인터뷰는 안 되고 부인 대신에 자신은 대답해 줄 수 있다는 것이었다. 나는 이 연구결과가 과학적 신빙성을 갖지 위해서는 표본sample으로 선정된 사람만이 인터뷰에 응해야 한다고 장황한 설명을 했다. 하지만 그는 당장 방법론을 바꾸라는 태도였다.

"도대체 법의식 문제를 구태여 '여자'들에게 물을 필요가 어디에 있습니까?"

그는 당당히 자신의 지론을 주장이었다. 결혼한 여자란 으레 남편 하자는 대로 쫓기 마련이라는 것이었다. 나이도 많지 않으면서 부부일신夫婦一身을 연만한 노인 이상으로 주장했다.

법이 처妻의 독립재산을 인정하는 마당에 처의 의사까지 독점하려는 욕심은 지나친 것 같았다. 어떻든지 간에 부인의 생각은 가장인 자신과 같으니 자신에게만 물으면 족하다는 논리였다. 그러면서 자기 부인은 법학을 전공한 일도 없고 그런 면에 상식이 있는 것도 아니니 자신이 대역을 하겠다고 거듭 주장했다.

나는 다시 우리 조사는 '유식한 사람'의 고견을 수렴하는 것이 아니라고 설명했다. 얼마나 모르는지도 우리에게는 필요한 정보라고 덧붙였다.

서로의 주장이 팽팽히 맞섰지만, 남편은 나를 어떻게 해서든지 자기 집에서 빨리 내보내고 싶어 했고, 이 일을 빨리 종결하려는 마음이 나보다 더한 것 같았다. 나는 여태껏 남들과의 경쟁에서 이긴 경험은 별로 많지 않았다. 하지만, 이기지 못할 바에야 최소한 비기고 마는 것이 내 성미이기도 했다.

그래서 비기는 방법으로 절충안을 제시했다. 부인에게 직접 질의하지 않는 대신, 부인이 질의서를 읽고 답을 쓰게 하자고 하여 합의하게 되었다. 그녀는 찬 응접실에서 손을 호호 불면서 연필을 들고 수험생처럼 질의서에 답하기 시작했다. 연필에 침을 살짝 바르는 것도 앳되어 보였다.

그런데 어떠한 질문에 이르자 부인이 답하기에 난처한 것처럼 보였다. 남편은 부인에게 "뭔디?" 하며 또 간섭했다. 그리고 부인의 답을 보면서 남편은 "요것이 덜히여?" 라며 부인을 책망했다.

질문 내용은 다음과 같았다.

"아버지를 다치도록 때린 아들과, 남편이 있는 여자와 아내가 있는 남자가 자신들의 배우자를 두고 서로 눈이 맞아 정을 통한 경우, 어느 쪽이 더 나쁜가?"

그 미인 부인이 아버지를 다치게 때린 자식의 소행이 간통한 남녀보다 훨씬 더 나쁘다고 표시한 것을 못마땅하게 생각한 남편은 간통 쪽으로 고치라고 했다.

미인을 아내로 맞은 남편은 이런 점에 신경이 더 쓰이는지 모르겠다. 그러나 부인 입장에서는 그렇지 않으니 벌써 부부 간에 의견이 엇

갈린 셈이다. 답을 마친 질의서를 살펴보니 개인 신상^{身上}을 기입하는 칸을 비워 두었기에 고향은 어디냐고 물었더니 목포라고 했다. 유달산과 삼학도가 있는 목포의 지세는 이 같은 미인을 낳는 모양이라고 속으로 짐작했다.

부인이 응접실에서 퇴장하고 남편에게 내가 선물로 가져간 '연세대학교 사회과학연구소'라는 글자가 수놓아진 수건을 선물로 주었다. 찬 응접실이라 혹 따뜻한 차라도 한잔 주려는가 생각했지만, 영 소식이 없었다. 부인이 '답안지'에 답하는 동안 기다린 것이 심히 억울한 모양이었다. 나는 비기고 말았다고 생각했는데, 남편은 자신의 당초의 뜻을 굽혔다고 생각했는지 불쾌해 했다.

손님이 올 때만 덥히는 것 같은 냉기 어린 응접실에서 나를 굳이 붙잡더라도 더 있고 싶지 않았다. 지금까지의 면접 경험을 통해 시골에서, 교육도 많이 받지 않고, 생활에 여유도 없는 사람들이 도시에 살며, 생활에 여유도 있고, 교육을 많이 받은 사람들보다 더 나 같은 불청객을 환대해 준다는 사실을 배웠다. 다음날 N동의 조사에 기대를 걸기로 했다.

20원으로 2만 원을 버는
광주 D 다방

광주의 N동에서 마친 질의서를 정리하고 편집하려고 들른 D다방은 조용하고 깨끗했다. 그날 종일 표본으로 선택된 간호원(당시는 간호사를 간호원이라고 불렀다) 아가씨와 입씨름을 했고, 노인과 장황한 이야기를 하면서 하루 종일 떠들고 다녔기 때문에 목이 컬컬했다.

술을 즐기는 사람이라면 술이라도 한잔하면 좋겠는데, 나는 억지로 마시게 되는 경우가 아니고서는 스스로 술을 찾는 일은 거의 없었다. 커피가 제격일 것 같았다. 그래서 찾은 그 다방의 커피 맛은 보통이 아니었다.

나는 다방에 앉아서 손님이 왕래하건, 마담이 웃음을 팔건, 차를 날라주는 이른바 '레지'('레지'의 정확한 어원은 알려지지 않았으나 영어 'lady'에서 유래한 것으로 추측되며 '차를 나르는 여종업원'을 칭한다)의 교태가 어떻든지 간에 별로 개의치 않았다. 커피의 한을 풀었으니 그날 조사한 질문지의 답을 정리하고, 면접자에 관한 인상을 잊어버리기 전에 질문지 표지에 써 두는 내 나름대로의 편집에 열중하고 있었다.

다방 테이블 위에 질의서를 즐비하게 늘어놓고 열심히 정리하는 중에, 뜨내기손님에게 친절한 억양으로 물어오는 '마담'의 말.

"저, 대학에 계시는지요?"

어떻게 내 신분을 알아차렸는지 놀랄 만큼 신통한 그녀는 다시 질문을 던졌다.

"신입생 등록금이 얼마나 되지요? 대충?"

대학 등록금을 내본 지가 좀 오래돼서 등록금 액수를 정확히 몰랐던 나는 약간 난감했다. 그때가 2월이고 보니 등록금을 납부할 즈음이긴 했다. 대학 등록금을 걱정하던 때가 내 머리를 스쳐갔다.

정확한 액수는 모르겠고, 또 학교마다 차이가 있을 감안해서 대략적으로 사립대학이면 1만 3천 원에서 1만 4천 원 정도일 것이라고 대답했다.

그 소리를 들은 '마담'은 깜짝 놀랐다. 그녀의 말에 의하면, 자기 딸이 올해 대학에 입학했는데 입학금이 3만여 원이니 그 금액을 송금하라고 연락했다는 것이었다. 그런데 1만 3천, 4천 원이라는 내 말을 듣고 그 마담은 나나 자기 딸 둘 중 누군가가 거짓말을 한다고 믿는 것 같았다.

곧 그 마담은 딸이 기거하는 곳으로 지급전화를 신청해 놓고(지금처럼 즉석에서 통화하는 것은 상상도 못할 세월이었다) 기다렸다. 딸과 한참 따져 볼 기세였다. 나는 공연히 그 다방에 들려서 모녀 사이의 전쟁을 촉발시킨 장본인처럼 되고 말았다.

몇십 분 후 모녀는 통화를 하게 됐고, 두 사람 사이에는 좋지 않은 말들이 오갔다. 그러지 않아도 그 당시는 음성의 감도가 좋지 않은 장거리 전화라서 큰 소리로 통화해야 했는데, 딸에게 속았다고 생각한 어머니의 목소리는 온 다방 안에 울릴 정도로 쨍쨍했다. 그간 홀로 딸을 키우면서 겪은 온갖 설움을 그 전화통에다 풀어 보려는 심사 같았다.

결국, 딸은 어머니에게 시달리다 못해 항복하고 정확한 입학금 액수를 실토한 듯했다. 딸의 거짓말이 들통 나고, 내 추측이 참으로 밝혀진 것이다. 마담으로서는 상당한 액수를 불과 20여 분 동안에 번 셈이었다. 그러나 멋쟁이 여대생이 되어 구두도 사고, 옷가지도 장만하며, 그간 출입해 보지 못한 곳도 드나들면서 입학 기분을 내보내려던 그 딸의 계획은 산산이 무너졌다. 그 학생에게는 아주 못할 짓을 한 것 같아서 마음에 걸렸다.

그러나 학생의 어머니인 마담은 나에게 극진한 대우를 해 주었다. 따뜻하게 데운 물수건이 나왔고, '엽차'(커피를 마시고 난 후에 보리차 같은 엷은 차를 덤으로 더 주는 것을 말한다)에는 당시로서는 귀한 설탕까지 들어 있었다. 단골손님을 밀어 두고 뜨내기인 나에게 모든 친절을 베풀었다. 저녁초대를 하겠다고도 했다. 나는 그런 민폐를 끼칠 수 없다며 완곡하게 사양했다.

그러자 마담은 다방을 떠나면서 지불하려는 커피값은 절대로 받지 않겠다고 했다. 하기야 커피 한 잔에 20원이었으니 20원짜리 커피를 공짜로 제공한 대가로 상당한 액수의 돈을 절약하게 된 셈이니 친절을 베푼다고 해도 남는 '장사' 아닌가!

멍하니 앉아 공상을 하는데, D다방 마담이 '사은'謝恩의 뜻으로 광주 야경 구경에 초대해 주었다. 그녀의 뒤를 따라 광주의 밤 구경을 했다. 거리에 나다니는 신사의 차림이며 여인들의 행장은 서울거리를 무색하게 했다. 으리으리한 차림들이었다. 그간 오지나 벽지의 마을 들을 다닌 때문인지 광주는 '사치' 면에서도 우리나라의 여느 대도시 에도 뒤지지 않을 것 같았다.

중서부 편

전통과 혁신이 공존하는 반도의 중앙

정읍에서 만난 사람들

정읍을 왜 반도의 서남 편에 싣지 않고 반도의 중서부에 포함시켰냐고 묻는다면 논리적으로 설명할 말이 없다. 그러나 반도의 서남 편을 쓰다가 보니 그곳에 관련된 여러 군에 대한 이야기가 많아서 이들을 분산시키지 않으려는 뜻에서 임의로 중서부에 포함시키기로 했다.

지역을 나눌 때 흔히 행정구역상의 도별로 나누고 이를 토대로 지역감정까지 조장시키는 풍토에 대한 일종의 내 나름의 '반항'인지도 모른다.

여관방으로 찾아온
'쇼 단'의 야간 공연

전남 장성에서 전북 정읍군의 정주읍까지는 급행열차를 탈 필요가 없었다. 단거리에 급행요금을 포함시킨다는 것은 부담이 되기 때문이었다. 그러나 지루한 완행 속에서 잡상들이 물가시세를 두고 서로 언쟁하는 큰 목소리를 들을 수 있었다. 마늘 값, 고추 값, 쌀 값 등 생필품에 관한 이야기들이 주요 화제였다.

사실 그때는 이런 생활필수품 이외에는 신경 쓸 여유가 없었다. 당시 우리 생활에 먹는 타령을 빼고는 다른 것은 생각할 여유가 없었다. 우리도 언젠가 다른 나라 사람들처럼 놀고 즐기는 이야기를 할 날이 올까 하고 생각해 보기도 했다.

정주역은 정주읍의 중심지와는 상당한 거리가 있었다. 밤중에 더 걷기가 싫어서 정한 D여관은 겉보기에는 조용해 보였고, 그 주위에서는 제일 깨끗한 여관으로 정평이 나 있었다. 그러나 방바닥은 차가웠고 공연히 넓기만 하여 그 방에 마음을 붙일 수 없었다.

어디에 가나 그러했듯이, 낯선 곳에서 시간을 보내기 적당한 장소는 다방이었다. 역전에 있는 다방이라 역시 빈약하고 보잘 것 없었다. 언 몸을 녹일 겸 해서 시켜 놓은 다방 '위스키'는 물을 탄 듯 마시나 마나 다름이 없었다. 도리어 더 한기가 가중될 뿐이었다.

톱밥을 넣어 불을 피우는 난로는 오히려 손님 덕을 보려는 듯이 싸늘했다. 그나마 그곳 토박이 단골손님인 젊은 층이 둘러앉아 판을 치고, 나 같은 뜨내기손님은 톱밥 난로 옆자리조차 얻을 수 없었다. 그런데 이게 어찌된 일인가? 낯익은 얼굴이 보였다.

"아이, 선배님, 이게 웬일이세요?"

고등학교 후배이자 대학 후배인 L군이 나를 보고 놀라 반겨 줬다. 중앙학교를 설립하신 인촌 김성수 선생님의 고향이 정읍에서 멀지 않은 곳이기 때문에 정읍에는 중앙학교 출신들이 많이 있었던 것이다. 어떻든 오랜만에 만난 낯익은 학교 후배를 보니 참으로 반가웠다. 고달픈 여정의 피로가 저절로 풀리는 것 같았다.

무엇보다도 L군은 여관 '보이'에게 그곳 말(사투리)로 내 방에 따뜻하게 불을 많이 피워 달라고 부탁했다. 또, 그때 피로회복에 효능이 있다고 대대적 선전을 하던 '박카스', '구룬산'(현 구론산) 등을 사 들고 왔다. 당장 피로가 가실 턱이 없고, 당장 산을 뺄 듯한 힘이 샘솟을 턱이 없지만 일종의 기분전환인지 기운이 좀 나는 것 같이 느껴졌다.

이윽고 간신히 잠을 청하려고 할 때다. 온 여관방이 떠나갈 듯한 소리가 들렸다. 여관 '보이'의 발걸음이 이리 날고 저리로 뛰었다.

야밤중에 '쇼 공연단' 일행이 찾아왔다는 것이었다. '쇼 단'은 시골 여관에서는 특급손님인 것이다. 그들은 잠을 자지 않을 것 같은 자세였다. 떠들고, 부수고, 왁자지껄하며 잠은커녕 정신 수습조차 하기 곤란했다.

몇 명씩 나누어 든 방마다 떠들어대기 시작했다. 온 정주읍이 떠나갈 듯했다. 무대가 아닌 여관방에서 쇼를 하는 것 같이 보일 정도였다. 그래도 여관주인은 아무런 대책이 없이 그저 좋아하고 환영하는 눈치였다.

한참 떠들던 이들 사이에는 다시 말다툼으로 번졌다. 차마 입에 담지 못할 욕설이 남녀 사이에도 거침없이 오갔다. 그 쇼 단의 세계에는 통솔자도 지도자도 없는 것 같았다. 그야말로 '쇼' 단이 '쇼'를 했다. 잠을 잘 수 없을 만큼 신경이 곤두서고, 아무리 푸근한 마음을 가지려고 애를 써도 잠을 청할 수가 없었다.

뜬눈으로 밤을 새우고 나서 찾은 신태인읍. 그러나 쇼 단은 나보다 먼저 또 그 신태인에 와 있었다. "박복한 걸인이 잘 얻어먹으러 어딜 가면 죽이 먼저 지름길로 와 있다"는 옛말과도 같은 격이었다.

도무지 여관이라고는 단 한 곳 밖에 없는 곳이고 보니, 다른 여관을 정해 옮겨갈 수도 없었지만, 그냥 하루를 그 쇼 단과 억지로 인연을 맺어야 하는 것도 딱했다. 갈채도 받지 못할 나 같은 관객 앞에서 무료로 공연하는 것을 보니, 신통치 않은 저급한 쇼 단임에 틀림없는 것 같다고 생각했다. 그러나 한편으로는 공연을 보지 못한 것이 후회스럽기도 했다.

완고한 어느 정읍 처녀의
어머니에게 당한 봉변

정읍군의 정우면 면사무소에 들렀을 때다. 면사무소 직원들은 모두 출장가고 여직원 한 사람과 심부름하는 '총각' 한 사람만 남아 있었다. 선거인 명부를 이용하여 표본을 추출한 후, 다른 면사무소에서는 보통 직원 한 사람이 마을까지 안내해 주었다.

그러나 이곳 면사무소의 여직원은 안내해 주는 것에 난색을 표했다. 낯선 외지 남자와 완고한 마을에 간다는 것이 거북한 모양이었다. 대신 면사무소의 총각이 안내를 맡았다. 그러나 그 총각이 표본으로 추출된 집에 가서 나를 소개하는 일을 기대할 수는 없었다.

첫 표본을 찾아갔다. 집에는 여자 고무신 한 켤레만 놓여 있었다. 인기척이 들리자 방문이 열리고 곱게 생긴 처녀 '표본'이 나왔다. 추출 때 얻은 정보에 의하면 그녀는 23세의 미혼여성이었다. 이 댁의 아무개 씨 맞느냐고 확인했더니 "왜요?"라고 묻기에, 나는 어디에서 온 누구인데, 이런 연구 조사를 위해 왔다고 장황한 설명을 했더니, 협조할 뜻이 있는 듯이 보였다.

안내된 사랑방에는 한문으로 쓰인 책이 몇 권이 놓여있고, 아랫목에는 군 때 묻은 요가 깔려 있었다. 모닥불을 담아 둔 화로는 외풍을 막고 있었다.

처녀는 아버지는 출타 중이고, 어머니는 옆집에 갔다고 말하며 찾아온 손님이라고 나를 아랫목의 따뜻한 쪽에 앉도록 배려했다. 처녀와 총각이 무료히 앉아 어머니가 돌아올 때까지 기다릴 수도 없어서 질문을 시작했고, 그 처녀는 막힘없이 대답했다. 그녀 역시 무료하던 참에 질의에 답변하는 것이 흥미로운 듯이 가끔 웃기도 했고, 심각한 표정으로 생각하며 답하기도 했다.

"저, 처녀에겐 좀 거북한 말로 들릴지 모르지만 ⋯."

분위기가 자연스러워지자 나는 먼저 양해를 구하고 조심스럽게 민감한 질문을 꺼냈다.

"만일 돈을 받고 몸을 파는 여자는 나라가 벌을 주어야 한다고 생각합니까?"

"그럼요."

그 처녀는 일순도 지체하지 않고 즉답했다. 그때 "왈카닥⋯ 왈칵"하는 소리와 함께 방문이 와장창 열리고 무섭게 생긴 어머니가 들이닥쳤다.

"이 X아! 어떤 녀석하고 요 따위 소리나 지껄이고 있당가? 아, 요거 어쩔 것이여 ⋯."

우선 딸에게 갖은 욕설을 퍼붓고 난 후 그녀를 그 방에서 끌어냈다. 다음은 내 차례였다.

"이봐! 얼굴은 빤빤히 생겨 가지고 ⋯."

몹시 화가 난 터이라 듣기에 거북한 말을 하는 것도 서슴지 않았다. 그 노한 어머니 앞에서 다시 질의를 지속한다는 것은 불가능하다고 생각했다. 나대로는 황급한 마음에 변명을 했지만, 소귀에 경 읽기였다.

그 어머니 왈, 내가 시골로 처녀를 꾀러 왔다는 것이었다. 아랫마을 아무개를 꾀러 왔다가 자기 딸에게로 왔다는 것이었다. 벌써 나는 그 동리에서 이상한 질문이나 하는 사람으로 입소문이 난 모양이었다.

"그런 것이 아니고요, 학교 연구소에서 왔는데, 연구 자료를 모으려고 … ."

"아, 시끄럽당께 … 무슨 놈의 연구가 여자가 몸을 팔고 뭐고 한당께."

나는 사정을 말하려고 했으나 통할 리 없었다. 그 어머니는 계속 몰아붙였다.

"아 필요 없당께… 썩 가랑께."

화가 난 그 어머니는 마루 끝에 서서 변명하려는 나를 밀었다. 그 바람에 나는 마당으로 떨어지면서 발목을 삐었다. 더 이상 어쩔 수 없었다.

"아이, 어머니는 … 저분은 연세대에서 오신 분인데 … ."

"시끄럽당께, 이 X아! 이 X이 벌써 미쳤구먼."

마당에 떨어지면서 발을 삐게 된 나를 보고 그 처녀는 자기 어머니에게 대신 변호해 주려고 했으나 그 어머니는 딸을 안방으로 몰아넣었다. 소란한 소리에 나를 안내해 주던 면사무소에서 온 총각은 당황해 어쩔 줄 몰랐다.

다음으로 가야 하는 동리가 'U리'였는데, 거리도 먼 그곳까지 삔 발로 절름거리며 걸어야만 했다. 그러나 U리는 마침 연세대 후배의 고향 동리라서 마음이 놓였다. 이 씨들의 집성촌이고, 생활에 여유가 있어 보이는 마을이라 마음이 놓였다. 그 마을의 연장자에게 미리 연락해 놓은 터라 면접하기도 편했으며, 쉬웠다. 아는 사람이 있어서 우리 신분이 보장되는 것이 큰 도움이 됐다.

　다시 여관이 있는 정주읍까지 야반 행군을 해야만 했다. 험한 길은
아니었지만, 차가 다니지 않는 길이라 어두웠다. 왼편으로는 칠보산
의 산 그림자가 드리워져 더욱 어두웠다. 그 길은 옛날에는 나무가 우
거져서 산적이 행인을 급습하기도 했고, 궂은날에는 '도깨비'도 들끓
었다는 전설의 고갯길이었다.
　그러나 이순신 장군이 잠시 현령으로 있을 때 나무를 자르고 산적
을 박멸했다는 말이 행인의 마음을 다소 가볍게 해 주었다.
　고갯길을 오르자 완행인지 급행인지 모를 디젤 기관차가 상경上京하
는 모습이 보였다. 서울행 기차를 보면서도 공연히 내 마음은 울적해
졌다.

있는 것도 없는 것도 많은
김제의 광활평야

망망대해를 닮은
김제의 평야지대

김제의 조사에서는 함병춘 선생님이 직접 현장을 보기 위해 나와 함께 면접에 참여하셨다. 김제는 옥구군과 함께 우리나라의 대표적 곡창지대 중의 하나다. 쌀 '공판'(공동판매)을 위해 모여든 쌀장수들이 붐비는 곳으로 김제에서 빈 여관방을 얻는다는 것은 "거지 꿀 얻어먹기"보다 더 힘들었다.

그러나 우리의 표본지역은 김제읍의 외곽지대인 K동과 광활면이었다. 어차피 김제에서는 방을 얻을 수가 없으니 광활면으로 가기로 했다. 광활면으로 향하는 기차 안에서 한 대학생을 만났는데 그가 일러준 주의사항에 따르면, 광활면에 가려면 아예 구두를 신을 생각을 말라는 것이었다. 심상치 않는 경고인 듯싶었다.

김제읍의 K동도 외곽지대라서 다니기에 고생스러웠지만, 시간이 오래 걸리는 바람에 광활면에 가는 막차는 일몰^{日沒}경이 되었을 때쯤에서야 도착했다.

　버스가 김제읍을 벗어나면서부터 곧 평야가 전개되었다. 도무지 마을이나 산이라곤 보이지 않고 그냥 논의 연속인 평야만이 펼쳐졌다. 원래 광활한 바다였던 곳을 둑을 쌓아 메우고 간척한 땅이라서 그렇다고 했다. 일제 강점기 때 간척했지만, 그래도 토질이 비교적 좋아서 쌀은 1등품이 생산된다는 것이었다.

　집이라고는 단지 식민지 시절에 일본인 지주들이 소작인들을 기거起居시키기 위해 지은 집들뿐이었는데, 근래 몇 가구 더 늘어서 부락을 이루고 있었다.

　'둑'이라는 우리말 대신 일본말인 '다꾸'라는 표현을 써서, '일 다꾸'니, '이 다꾸'니 하고 부를 정도로 그때까지도 일본말의 흔적이 남아 있는 곳이었다. 천수답天水畓의 물을 가두어 두기 위해 꼬부라지고 조잡하게 만든 논두렁과 논둑에만 익숙한 산골 출신의 나에게 김제 광활 평야는 별천지 같았다. 농토 중간을 가로지르는 중간 수로가 내 눈에는 긴 강처럼 보였다. 망망한 지평선 너머에는 둑을 경계로 하여 황해가 펼쳐져 있다. 아무리 찾아도 산은 없었다.

　그런 들판에 공지가 있고, 그곳에 모인 집들이 만든 작은 한 동리가 광활면의 면소재지였다. 밤인데도 면사무소 직원들은 퇴근하지 않고 함 선생님과 나를 기다리고 있었다. 총무계장이 두 대의 자전거를 빌려주어서 행장을 준비했다. 보통 한 집과 다른 집 사이의 거리가 거의 5리나 되니 자전거를 타지 않고 이동하는 것은 엄두가 나지 않았다.

　밤이 이미 짙어서 지척을 분간하기 곤란했다. 직선으로 그려 놓은 것과 같은 논두렁도 보이지 않을 만큼 어두웠다. 길옆에는 황해바다가 출렁거렸고, 어두컴컴하고 좁은 길은 앞이 보이지 않았다. 자전거

에는 전등이 없을 뿐만 아니라 '브레이크'도 잘 듣지 않는 것 같아 불안
했다. 생소한 길에서 불안한 자전거로 앞에 가는 총무계장의 자전거
마저 놓친다면 나는 한 발도 더 나갈 수가 없을 것 같아 그의 흰 옷자
락을 필사적으로 쫓아갔다.

"여기 빠지면 폐렴 걸리겠지?"

함 선생님이 너무 답답했던지 길옆의 바다를 보면서 농담 반 진담
반의 말씀을 던지셨다.

"폐렴이라니요. 영 황해로 가는 거지요!"

자전거의 '핸들'을 쌌던 플라스틱 손잡이가 헐어 떨어져 나가고 남
은 쇠 손잡이는 장갑을 끼고 잡더라도 얼음장처럼 차가웠다.

손에 거의 감각을 잃은 즈음에 도착한 집이 '둑'의 첫째 집이었다.
표본인 여인은 도시 같으면 아직 미혼일 법한 이른 나이에 결혼해서
어린 딸아이가 하나가 있었다. 남편은 집을 나간 지 오래되어 어디서
무엇을 하는지 알 수 없다고 했다. 말은 하지 않았지만, 홀시어머니
의 잔소리가 만만치 않아 보였다.

질문에 대답할 때마다 시어머니를 곁눈질하는 것으로 보아, 시어머
니가 성깔이 꽤 있는 것 같았다. 그런 환경 속에서 질의서의 질문을
듣고, 시어머니 눈치를 보면서 답하는 며느리를 보니 이 문답이 얼마
나 실체적 진실에 가까울 수 있을까 하고 생각해 봤다.

그 어렵게 사는 새댁을 생각하느라고 5리쯤 떨어진 다음 '둑'에 사는
표본의 집을 찾아갈 때는 경황도 없이 안내해 주는 총무계장을 따라갔
다. 몸과 마음이 지친 나는 연만한 표본에게 질의서를 읽는데도 신이
나지 않았고, 그분도 짜증스러운 모양이었다. 내가 잠시 쉬었다가 하
겠느냐고 물었더니, 그분은 "빨리 끝내자"는 손시늉을 했다.

면사무소 숙직실에서
벌인 심야의 전투

면사무소로 돌아온 시간은 밤 10시가 훨씬 지난 후였다.

식당이 없으니 음식을 사 먹을 수 없고, 가게도 없으니 아무것도 살 수 없었다. 원래 광활한 바다를 간척한 곳이니 산이 있을 리 없고, 산이 없으니 자연 나무도 없다. 나무가 없으니 땔감이 있을 리 없었다. 곡식이 많이 생산되어 풍요로우니 도적이 없고, 도적이 없으니 울타리조차 없었으며, 짖어대는 개도 없었다. 바다를 메워서 만든 새 땅인데다 바로 바다와 접해 있어서 우물을 파면 곧 짠 바닷물이 나오고 우물물이 신통치 않아서 두레박도 없었다.

쌀을 제외하고는 이렇게 없는 것이 많은 이 광활한 곳에 여관이 없는 것이 제일 문제였다. 김제로 가려면 내일이나 되어야 차편이 있으니 함 선생님과 나는 속절없이 면사무소의 신세를 질 수밖에 없었다.

면사무소에서는 우리의 딱한 사정을 생각해서 그곳 숙직실에서 당직 직원과 함께 밤을 지내도록 배려해 주었다. 그러나 숙직실 방안은 냉기가 심해서 방바닥이 오히려 우리 체온 덕을 보아야 될 것 같았다. 나무가 없기에 부엌 아궁이에는 왕겨를 피워 놓았는데, 그 왕겨 불에 방바닥이 더워지기는 기대할 수 없을 것 같았다. 왕겨 냄새만 유난히 풍길 뿐이었다.

얼음장 같은 방바닥이 마음에 내키지 않았지만, 하는 수 없었다. 군 때 묻은 조그만 이불 한 장이 그 방의 냉기를 막아 줄 수 있는 유일한 난방도구인 셈이다. 방 배치는 숙직담당 직원이 했다. 그는 맨 가장자리에 자기가 눕고, 내가 중간에 눕고, 함 선생님이 안쪽 자리에 눕도록 배치했다.

　초저녁에는 면사무소의 숙직직원이 우리에게 열심히 이불을 덮도록 권했다. 손님 대접을 하는 듯했다. 그러나 밤이 깊어질수록 초저녁에 이불을 우리에게 권하던 그 숙직직원의 친절은 점점 퇴색되어만 갔다. 자꾸 이불을 자기 쪽으로 감아가기만 했던 것이다.

　나는 가운데에 누웠으니 아직은 이불이 걸쳐 있었지만, 옆에 누워 계시는 함 선생님은 이불을 덮을 수 있는 '사정권' 밖으로 벗어나시게 된 것이다.

　그렇다고 우리 쪽으로 이불을 감아오기도 거북하고, 또 그렇다고 그냥 '좌시'坐視할 수도 없었다. 최소한 '원상회복'을 그것도 아주 천천히 시작하여 놓고 다시는 그 원상태를 잃지 않도록 유지하기 위해서 이불을 붙잡고 있기로 했다. 온 신경을 이불 빼앗기지 않는 것에 쓰다 보니 잠이 오지 않았다. 밤새 줄다리기를 한 셈이어서 전신이 쑤시고 온통 두들겨 맞은 것 같았다.

　아침에 세수를 하려고 찾아간 이발관 비슷한 곳에서 물을 얻었지만, 바닷물 그대로인 것 같았다. 짭짤하고 끈끈하고 비누가 풀리지 않았다. 있는 것도 많지만, 없는 것도 너무 많고 보니 평야생활에 익숙하지 못한 산골사람인 나는 그곳을 달아나듯이 빠져나오고 싶었다.

　나중에 평야인 광활면 사람을 내 고향인 봉화의 산속으로 초대해서 서로 다른 삶을 체험해 보게 하는 것이 어떨까 하는 생각도 했다.

활기를 잃은 군산항과
'예대로'의 이리시 (익산)

군산에서 만난
점쟁이 할머니

군산과 이리에 대한 옛이야기를 하기 전에 토를 단다면, 지금의 군산은 활기를 잃은 것도 아니고, 더더구나 이리는 '예대로'가 아니다. 그러나 내가 여기서 기술하는 군산과 이리는 50년 전 군산과 이리다. 옛추억이니 이 두 곳에 대한 기술에 오해가 없기를 바란다.

무엇보다도 '이리'라는 이름의 도시는 이제는 역사 속에서만 있을 뿐, 지금은 '익산시'인 것만 보아도 그 사이에 얼마나 많은 변화가 있었을지 짐작할 수 있다.

내가 군산항을 처음 찾았을 때 시간은 정오였다. 나는 군산은 항구로만 알고 있었기 때문에 시가지가 바다에 인접해 있는 줄 알았다. 그러나 시가지에서 바다는 보이지 않았다. 토사가 바다를 메워서 준설 작업을 하지 않으면 폐항廢港이 될까 우려된다고 하는 말을 들었다.

친절한 시청직원의 안내로 표본지역인 C동에 가서 처녀 표본에게 첫 질의를 했다.

"쌍둥이 남매를 낳는 것은 불길하다는 전설 때문에 그중에 딸을 출생 후 엎어 죽였다면 그 어머니가 벌을 받아야 한다고 생각하십니까?"

"극형에 처해야 하지요."

그 처녀는 펄쩍 뛰면서 대답했다. 특히 딸아이를 죽였다는 것에 대한 분노가 대단했다. 여권신장을 위해 투쟁할 씩씩한 사람처럼 보였다. 그 처녀의 시원스러운 대답으로 미루어 볼 때, 이곳의 조사는 별어려움이 없을 것으로 보였다.

그때의 C동은 중심가이면서도 저소득층이 많이 사는 동네여서인지 두 번째 표본이 사는 집은 찌그러질 듯한 판잣집이었다. 안내된 방에 들어가자니 나 같은 체구에도 허리를 굽혀야 했다. 그러나 친절히 안내해 주는 것이 고마웠다.

"어서 오십시오."

방 안에 있던 할머니는 나를 보자 반갑게 맞아 주었다. 이어서 도무지 알 수 없는 얘기를 늘어놓았다.

"참 좋습니다. 뭐 볼 것도 없이 좋은데 왜 그러지라우. 부모나 동기의 덕보다는 자수성가할 수 있고, 부인의 공도 이만저만이 아니며, 귀인이 앞뒤에서 당기고 미는 형국이랑께요."

권權과 귀貴를 끼고 있다는 것이었다.

"신수야 더 없이 좋은디, 왜 점을 보러 왔당가요?"

그쪽이 궁금한 모양이었다. 그제서야 그 할머니가 '점쟁이'卜術家라는 사실을 알게 되었다. 나는 진실을 말하지 않을 수 없었다. 점을 치러 온 것이 아니고 법의식에 관한 의견을 물으러 왔다고 했다.

그 점쟁이 할머니는 당황한 기색이었다. 그렇게도 입에 침이 마르

162

도록 열심히 풀이하여 신수를 봐주던 할머니는 도무지 아무런 말도 하지 않을 자세였다.

나는 한 사람의 신수를 봐준 만큼 대가를 지불할 것이니 내가 하는 질문에 대답해 달라고 사정했으나 그 할머니는 돈도 싫다는 것이었다. 공연히 사람을 잘못 보고 쓸데없는 이야기를 해서 미안하다는 것이다. 그러나 좋게만 얘기해 주었으니 나도 불쾌할 것은 없었다.

나를 안내해 주려고 온 동사무소 직원은 방에 함께 들어오지는 않았지만 밖에서 기다리는 것을 의식하고 정부의 지원이라도 받을 방법이 없느냐고 묻기도 했다.

옛 모습을 고수하는
이리시의 풍경

점쟁이 할머니와의 만남 후에, 이발관에서 어수룩한 사람으로 보여 '바가지'를 쓴 것이 불쾌하여 곧장 이리로 떠나기로 하고 이리행 버스에 올랐다. 군산을 떠나 옥구평야를 보며 달려가 도착한 이리에 대한 첫인상은 답답하게 느껴졌다.

이리에는 전통적으로 호남평야 농업연구의 중심인 '농촌진흥청 호남작물시험장' 등이 있는 곳이니까 도시 규모도 상당히 클 것으로 짐작했지만, 기대와는 달랐다.

또한 6 · 25 전쟁의 피해가 별로 없어서인지, 새로운 변화의 모습을 찾을 수도 없었다. 새로 들어선 건물도 없었고, 일제 강점기 때 일본 사람들이 건축한 일본식 건물들이 그대로 남아 있었다. 퇴색한 일본식 집들이며 포장되지 않은 골목길, 어두운 빛깔의 시멘트 집들이 주를 이루고 있었다. 도시계획도 없는 것 같았고, 시가도 옛날에 구획했던 그대로 좁은 골목길이었다.

그러나 내가 그곳을 가 본 1964년 이후, 특히 1970년대 중반부터 이리에 공업단지가 조성된 이래 활기찬 공업도시로 변모했다고 들었다. 내가 미국에 사는 동안 농업연구소가 있던 이리가 공업도시로 변했다는 것을 짐작하게 한 것은 이리역 폭발사고에 대한 소식이었다.

여기서 이리역 폭발사고에 대한 토를 단다면, 이는 1977년 11월 1일 오후 9시 15분, 이리역에서 발생한 것으로, 인천에서 광주로 가던 한화의 전신 한국화약의 화물차가 '다이너마이트'와 전기 뇌관 등 40톤의 고성능 폭발물을 싣고 이리역에 정차하던 중 폭발한 사고이다.

당시 수사당국의 발표에 의하면, 호송원이 어둠을 밝히기 위해 밤에 켜 놓은 촛불이 화약상자에 옮겨 붙은 것이 사고의 원인이었다. 허술한 안전의식이 화재를 불러온 것이다. 이 폭발로 인해, 이리역 주변 반경 500m 이내의 건물이 대부분 파괴되었고, 1,647세대 7,800명의 이재민이 발생했으며, 59명이 사망했고, 134명이 부상을 당함으로써 큰 참사로 기록되었다. 이리에서 공연하던 코미디언 이주일이 가수 하춘화를 구출한 것도 잘 알려진 사실이다.

어떻든 우리 법의식 조사에서 이리시가 표본시*로 선정되었지만, 우리의 표본지역은 이리시 변두리의 M동이었다. 이리에서 버스를 타고 15분 정도 달려서 목천교에서 내려야 했다. 강물이 줄어든 만경강이 굽어간 건너편에 멀리 만경면까지도 보였다.

결국 나는 그간 호남 여러 지역을 골고루 다녔다고 생각했는데 만경강을 가운데 두고 만경평야 이곳저곳을 다닌 것에 불과했다. "부처

님의 손바닥 위에서 노는 손오공"의 신세란 이런 나를 두고 하는 말인
지 모르겠다. 나는 그간 만경강을 싸고돈 것이었다.

M동에서의 표본은 젊은 층에 해당되었으므로 비교적 무난하게 질
의응답을 할 수 있었지만, 약 40대로 보이는 중년부인이 고생을 시켰
다. 동사무소 직원의 소개에 의하면, 그 부인은 '개똥이의 어머니'로
잘 알려져 있었다. 만경강 둑 밑에 있는 방 하나에 부엌이 달린 움막
같은 그녀의 거처를 찾아갔을 때, 마침 그녀는 빨래터에 갔다 오는 중
이었다.

열심히 법의식 조사의 목적과 취지를 설명해가며 '개똥이 어머니'의
협조를 구하려고 애썼지만 시종일관 "난 아무것도 모른당께"라는 말
로 일관했다. 하기야 모르니 모른다고 할 것이고, 모른다면 어떻게
할 방법이 없다. 일찍 과부가 됐고, '개똥'이 하나만을 길렀다는 것,
이제 개똥이는 인근 국민학교 사환으로 일하고 있으며, 그 사환의 월
급으로 모자가 살아간다는 것이 그녀가 말한 전부였다.

자식이 귀하여 천한 이름을 붙이면 건강하게 자라고 오래 산다는
전설에 따라 '개똥'이라는 천한 이름을 지어 준 아들이 오래오래 행복
하게 살기를 바란다는 개똥이 어머니.

그녀는 "모른다"는 말로 대답을 대신했지만, 어쩌면 아는 것이 너무
나 많은지도 몰랐다. 내가 질의서를 읽어 내려갈 때 가끔 비웃는 것
같은 인상도 볼 수 있었기 때문이었다. '아니 고론 질문이 무슨 질문
이랑께?' 라고 생각하는 것 같았다.

개똥이 어머니는 질의에 답을 거부한 몇 안 되는 응답자 중 한 명이
었다.

양반의 고장 전주와
인심 좋은 장수

전주에서 비빔밥 대신
불고기를 먹고

내가 찾아든 전주는 밤이었다. 전주시는 초입부터 형광등이 찬란하고 전국체육제전 때 마련한 시설이 전주의 것으로 남아 있었다. 그러나 전주는 그 규모에서 광주에 미치지 못했고, 번화하지도 않았다.

사람들은 전주는 전라북도의 '서울'이라는 것 이외에는 무슨 특기할 만한 것이 없다고 했다. 그때는 지금처럼 풍남동을 한옥 보존지역으로 정하여 문화관광명소로 개발하지도 않을 때였다. 한옥마을 보존사업이 1977년 이후에 시행된 것은 내가 고려사이버대 학생들의 지역모임에서 처음 들었다.

사실 전주는 구석기나 신석기 시대의 유물이나 유적이 출토된 일도 없다. 삼한 시대에는 마한에 속했고, 삼국시대 때는 백제의 땅으로 완산이라고 불렸다. 전주라고 불린 것은 신라 경덕왕(742~765) 때부터이며, 이때부터 이 지역 행정의 중심지가 되었다. 조선시대에는 전주이 씨들이 집권했기 때문에 '왕'의 고향으로 알려졌고, 태조 이성계의 어진이 전주의 '경기전'에 모셔져 있는 곳이기도 하다.

나는 그 당시 유적이나 명승지를 찾아 유람하는 처지가 못 되고 법의식 조사의 표본지역으로 선정된 곳을 방문했기 때문에 풍류객들의 여행과는 달랐다.

그때만 해도 우리나라에는 예약문화가 정착되지 않아 어디에 숙소를 정하고 식사를 해야 할지도 몰랐다. 그러나 우선 급한 것은 시장기를 면하는 것이었다. 고급 음식점을 찾으면 분에 과하고, 지출이 심하면 행보에 지장이 있으므로 조촐한 대중식사 집을 찾았다.

그런 곳에서 전주의 대표음식이라는 비빔밥을 먹어 보기로 했다. 그때도 전주비빔밥이 알려져 있기는 했지만 오늘날처럼 세계적 명성은 얻지 못했을 때다. 전주비빔밥의 세계적 명성에 대해 토를 단다면, 2011년 11월 2일자의 어느 일간지 기사를 보니, 세계적인 스타 셰프 6명이 가장 먼저 찾아간 곳이 전주였으며, 한옥마을에서 점심으로 비빔밥을 들고, 한식의 세계화의 가능성을 논의했다고 한다.

내가 그때 들어간 '식당'의 홀은 의외로 조용했다.

"식사 됩니까?"

"혼자세요?"

"그럼 저녁식사 하는데 사람을 데리고 다녀야 하나요?"

나는 장난기가 발동해 농담 반 진담 반의 말로 응수했다. 그러나 내 말은 농담으로 받아들여지지 않았다. 농담이 농담의 역할을 못하면 무안해지는 법이다. 손님이 온 인기척을 들고는 젊은 '아가씨'들이 이 방과 저 방에서 나왔다. 좀 당황스러웠다. 그렇다고 내가 들고 다니는 여행봇짐을 들고 나올 수도 없었다.

나중에 안 일이지만 그 집은 대중식사를 전문으로 하는 음식점이 아니고, 낮에는 대중식사를 제공하기도 하지만 밤이면 요정으로 변하는 곳이었다. 요정이 어떤 곳인지 다녀 본 일이 없는 내가 우연한 기회에 요정 출입을 해 보게 된 것이었다.

나를 불쌍히 여긴 주인은 '입장'은 시켜 주었지만, 비빔밥 주문은 받아주지 않았다. 혼자서 방을 차지한 것만 해도 못마땅한데, 싼 비빔밥만 제공할 수는 없었나 보다. 최소한 불고기는 주문해야 한다는 것이었다.

모처럼 맛을 보기로 한 비빔밥은 무산되고, 복에 없는 비싼 저녁을 먹게 됐다. 옆에서 불고기 굽는 것을 도와준 남원 출신의 '아가씨'도 산골 출신인 나를 골탕 먹일 뜻은 전혀 없어 보였다. "이 애송이야, 어쩌다가 여기서 저녁을 먹게 되었느냐?"는 동정 어린 눈치였다.

독방을 차지한 탓에 미안하고 송구스럽고, 주눅이 들어서 먹는 둥 마는 둥하며 도망치듯이 빠져나왔다. 황망한 김에 찾은 곳이 '은행여관'이라는 여관이었다. 거리 이름도, 번지도 모르고 들어선 여관이었지만, 여관이라기보다는 양반집 사랑방 같았다.

저녁식사는 황망한 중에 마쳤지만 깨끗하고 조용한 여관방의 분위기는 양반의 고장인 전주의 문화를 그대로 보여주는 것 같았다.

내가 요정과 대중음식점의 차이를 몰라 실수한 것 이외에는 내가 보고 느낀 전주의 분위기는 조용하고 차분했다.

비행기 재를 넘어
넉넉한 인심의 장수로

다음날, 전주의 면접을 끝내고 다음 목적지인 장수로 가기 위해 버스를 타고 '비행기 재'라고 부르는 고개를 넘었다. 호남이라면 으레 평야로만 생각했던 나는 전주에서 비행기 재를 넘어 장수로 향하면서 '재'가 높고 산이 험해 말 그대로 비행기를 탄 것 같은 기분을 느꼈다.

장수에서 자리 잡은 장수 유일의 여관에서는 '여수댁'이 친절해서 좋았다. 그녀는 이부자리를 펴는 것에서부터 세숫물까지 일체의 서비스를 도맡았다.

장수의 인심은 내 고향 인심과 같았다. 두메산골의 인심은 어느 곳이든 다 비슷한가 보다. 무엇보다 구들장이 불이 날 정도로 따뜻하게 불을 지펴 주어서 고단한 몸을 녹일 수 있었다.

무엇보다도 장수에서 표본으로 추출된 사람들의 반응은 매우 순박하고 진실했으며, 언제나 끝에는 겸손한 표현이 따랐다. "시골에 살지만, 그래도 법을 어기지 않을 수 없는 경우가 있다"는 표현도 잊지 않았다. 장수에서 우리 조사에 응해 준 표본들이야말로 "법 없이 살 수 있는 사람들"인 것 같았다. 그들이야말로 법의 도움이 필요하지 법을 어길 사람들이 아닐 것이 틀림없었기 때문이었다.

무주 아침 버스에서 본
소년 나무꾼들

장수에서 금산으로 가기 위해 무주를 거쳐 가기로 했다. 무주는 지리적으로 북쪽은 충청, 동쪽으로는 영남, 그리고 서쪽은 호남지역으로 놓여 있다. 신라와 백제의 국경이 맞닿은 곳에 위치한 특수성 때문에 신라 무풍의 '무'茂와 백제 주계의 '주'朱자를 따서 무주라는 지역명이 탄생했다는 전설 같은 이야기도 들었다.

아침 첫 버스를 타고 차창을 통해 그곳 학생들이 등교하는 모습을 보았다. 아침 9시가 지났는데도 유유히 학교에 가고 있었다. 지각을 할까 봐 당황한다거나 바쁜 걸음을 걷지도 않았다. 등에는 '동산만 한' 장작 짐을 지고 있었다. 어떤 학생은 장작을 버스에 싣기까지 했다. 그 광경을 신기한 눈으로 쳐다보는 나에게 옆 좌석의 토박이 승객이 설명해 주었다.

"이곳 학교는 학생들의 집이 멀리 있고, 먼 거리에 산재해 있기 때문에 도시같이 일찍 일정한 시간에 시작할 수 없어 적당히 시작합니다."

또, 등에 진 장작은 겨울에 학교에서 난로를 피우기 위한 월동준비용이라고 했다. 산이 민둥산이 되지 않는다면, 도시 학교에서는 월동비를 걷느라고 애쓰기보다는 '현물'인 장작을 가져가는 것이 훨씬 편리한 방법일지도 모른다.

그들이 지고 가는 장작은 잡목이 아니고 여염집의 기둥만 하게 보였다. 그런 질 좋은 나무를 아직도 벌채할 수 있는 것을 보면, 역시 무주는 내 고향처럼 나무가 많은 곳임에 틀림없었다.

그러나 지금의 무주는 예전처럼 장작을 패는 산촌이 아니고, 태권

170

도의 '도원'으로 더 유명하다. 무주에서는 태권도를 '호국 무도'로서 계승 발전시키기 위하여 수년간에 걸친 대규모 공사를 거쳐, 지금은 무주군 설천면의 70만 평 부지에 태권도원이 건설되었다. 내부에는 여러 개의 수련원이 있으며, 태권도를 사랑하는 세계 사람들의 발길도 잦다고 들었다.

충남으로 '양자' 간
인삼 고장 금산

'산'에서
'금'을 캐는 곳, 금산

인삼의 고장으로 잘 알려진 금산의 이름은 익히 알고 있었다. 그런데 직접 방문해 보니 그 명성만큼이나 인삼 재배지가 많았다. 인삼은 태양의 직사광선이 좋지 않은지, 곳곳마다 직사광선을 막기 위해 검은 '발' 같은 것을 드리워 놓았다. 삼포蔘圃였다.

보이는 밭마다 거의 다 삼포였다. 산비탈의 여기저기에도 줄지어 나타났다. 오늘날에는 한국 대부분의 지역에서 인삼을 재배하지만, 그때만 해도 인삼 재배지는 금산, 풍기 등 몇몇 지역밖에 안 되어서인지 인삼밭이 신기하게 보였다.

도대체 무슨 땅이기에 '보약의 원천'인 인삼 재배가 이 고장 금산에서만 가능한 것일까? 별천지 땅인 양 눈이 자꾸 금산의 흙으로 갔다. 무엇보다도 인삼으로 거두어들이는 현금 덕택인지 금산사람들은 다른 지역에 비해 유복하게 사는 것처럼 보였다. 시골 읍치고는 규모도 상당

"불온 삐라를 보면 즉시 신고합시다!" 라는
표어가 쓰인 당시에 흔했던 간첩신고 포스터.
출처: 서울시립대학교 박물관 (유물번호: 003828-000)

했다. 역시 인삼으로 외부에서 많은 돈을 벌어들이는 듯했다.

여장을 푼 여관도 깨끗하게 보였다. 그러나 벽에 붙은 표어는 요란
했다. '반공 사상'을 고취시키고, "간첩을 자수시키든가, 아니면 신고
하라"는 반공 표어들과 "도박을 하지 말라"는 도박금지 표어들이 많았
다. 그곳에서는 현금 거래가 많으니 도박도 있는 것 같았다.

금산 재원면
어느 할아버지의 설교

금산군 재원면 Y마을에서 한 할아버지와 인터뷰할 때 일이다.
본문 질의가 끝나고 신상 정보를 기입할 차례였다.

"고향이 어디시지요?"

"충청남도지라우. 여기 금산이랑께."

할아버지는 나의 질문에 전라도말로 대답했다. 그 말을 듣고 그제

서야 금산이 전에는 전라북도에 속했는데 근래에 충청남도로 '양자' 간 것을 확인할 수 있었다.

그 할아버지는 금산의 역사에 정통했다. 백제시대 때 '진내군'에서 시작하여, 신라와 고려 때에는 '진예군', 고려 충렬왕 때 금주군이었다가 조선조 태종 때에 이를 개칭하여 '금산'이란 지명이 탄생했단다.

그러다가 내가 그곳을 방문하기 전해인 1963년 1월 1일부터는 서울특별시, 도, 군, 구의 관할구역 변경에 관한 법률(제1172호)에 의한 행정구역 개편에 따라 전라북도에서 충청남도로 편입되었다는 것이다. 금산이 충청도로 '양자' 간 후 몇 달 되지 않았을 때여서 그런지 그때까지 금산사람들은 생가인 전북의 풍습에 더 익숙했다.

우리 연구의 표본으로 선정된 Y마을은 백여 호가 넘는 비교적 큰 마을이었다. 젊은 여자 표본이 해당되어 찾아간 집은 21명의 대식구가 사는 대가족 가구였다. 집의 규모도 상당히 컸다. 그 집이 소유한 인삼포(인삼밭)만 해도 2만여 평이 된다니 대단한 부잣집이었다.

그러다 보니 그 집은 시조부始祖父에서부터 손부孫婦에 이르기까지 모두 한 집에서 살았다. 우리 조사를 위해 선택된 표본은 그 집 손부였다.

나와 동행하며 안내한 동장의 말에 의하면, 내가 그 어린 손부와 면접하기 위해서는 시조부의 허락을 얻어야만 한다는 것이었다. 나는 호흡을 가다듬고 그 여인의 시조부 되시는 어른을 만나 정중히 인사하고 차분한 자세로 연구 취지를 설명했다.

그러나 그 할아버지는 호쾌하게 허락하지 않고 질의서 내용을 처음부터 끝까지 얘기해 보라고 했다. 요즘 같으면 그런 면접이 자주 있는 일이라서 사람들이 잘 이해하지만, 그때만 해도 한국에서 처음 시도

되는 전국적 면접이었기에 많은 사람들이 생소해 했다.

더구나 보수적 분위기가 강한 시골에서는 거부반응을 보이는 경우가 많았다. 이 할아버지도 질문지 내용 중에 혹시 어린 손부에게 해로운 질문이 포함되어 있지 않을까 걱정되는 듯했다. 그 집의 어른인 시조부로서는 당연한 걱정이었다. 어쩔 수 없이 나는 51개의 질의서 항목을 처음부터 끝까지 샅샅이 읽어 주었다.

그 질문지를 하도 여러 번 반복하고 읽어서인지 '읽었다'기보다는 '외운 것' 같았다. 그런데 시조부 되는 할아버지는 51개의 질문을 다시 한 번 또박또박 읽어 보라는 것이었다. 말하자면, '축조逐條심의'를 하자는 태도였다. 그러나 막차로 읍내로 돌아가야 할 시간은 촉박했고, 아직도 한 사람을 더 면접해야 하니 난처한 일이었다.

'자동차를 사용한다면 하루에 한 번 드나드는 버스 스케줄로부터 자유로울 수 있을 터인데' 하고 탄식했다. 그러나 그때의 현실은 백낙준 총장님이 타시는 큰 '지프차' 형태의 이른바 '쓰리쿼터'Three quarter라는 차와 출퇴근용 버스 한 대가 연세대가 소유한 차의 전부였다.

어떻든 까다로운 시조부를 둔 여성 표본이 걸리는 바람에 한 사람을 면접하는 데 세 사람을 면접하는 시간만큼 소요되었다. 그 할아버지는 지친 기색도 없이 내가 자기 손부와 면접하는 것을 그대로 앉아 지켜보고 있었다. 그러나 질의 도중에 방해하는 법은 없었다.

면접은 끝났지만, 할아버지의 '도덕 교과서' 같은 윤리강의는 그때부터 시작되었다. 면접이 끝났다고 해서 할아버지의 강의를 뿌리치고 박절하게 떠나는 것도 자연스럽지 못했다.

마음은 조급한데 할아버지는 '효'孝에 대한 강의부터 시작해서, "젊은 사람들은 왜 외국문화 흉내 내기만 하느냐"는 불평을 했다. 일본 사람들이 있을 때는 그 사람들을 능가할 만큼 일본화하더니, 서양사람 드나들고 난 후에는 서양사람 이상으로 서양화하는 꼴이 못마땅하다는 것이었다.

"서양 문물이 우리보다 앞섰다고 하니 따라잡으려는 노력은 해볼 만하지만, 왜 웃는 것까지 서양사람 식으로 웃어야 하고, 놀라서 당황하는 표정마저도 손을 쩍 벌리고 놀라는 표정을 짓는지 모르겠네. 게다가 '으흥' 하는 콧소리까지 붙이는 꼴은 눈뜨고 보기 어려운 '목불인견'目不忍見 아닌가."

나는 그 할아버지의 윤리강의에서 탈출할 방법만 찾고 있다가 적당한 때에 "차 시간이 급하다"는 핑계로 물러났다.

금산 추부면에서 만난
꼬마 전송객

내가 금산군 추부면에 간 날은 "가는 날이 장날"이라는 문자 그대로, 그곳에 6일장이 서는 날이었다. 시골 장날에는 그 고장 사람들이 볼일이 있건 없건 모여든다. 나를 '보이고' 또 남들을 '보러' 가는 것이다. "남이 장에 가니 나도(아무것도 팔 것이나 살 것이 없는 나도) '거름'이라도 지고 장에 간다"는 옛날 표현이 맞는 것 같다.

장날은 물건을 파는 상인들이나, 물건을 사러 오는 손님들 못지않게 면사무소 직원들도 눈코 뜰 새 없이 바쁜 날이다.

그래도 염치 불구하고 면사무소에 들러서 그날 내가 면접해야 할 동리인 C동의 동장을 인사시켜 달라고 부탁했다. 면사무소에서는 그곳의 '사환'(당시에는 관청이나 회사, 가게 등에서 잔심부름을 하는 사람을 '사환'이나 '급사'라고 불렀고, 요즈음 시쳇말로는 '도우미'라고 한다)을 안내자로 지정해 주었고, 그는 장이 서는 마전장을 돌아다니다 C동의 동장을 만나 나에게 소개해 주었다.

나는 그와 정중히 인사하고 협조를 요청했다. 그 동장은 친절했다. 나에게 먼저 C동에 가 있으면, 자기가 곧 뒤쫓아 가겠다고 했다. 그의 말을 철석같이 믿고 나는 C동 입구 정미소 옆 나무그늘에 앉아 두 시간이 넘도록 기다렸다. 그러나 곧 오겠다던 동장은 감감소식이었다. 도지히 시간을 낼 수 없이 바빴든지, 아니면, 안면이 있는 친구들과 약주 몇 잔에 나 같은 외지사람과의 약속을 감쪽같이 잊어버렸든지, 둘 중 하나였음이 틀림없었다.

더 이상 올 것 같지 않은 동장을 '짝사랑'할 수만은 없어서 그 동리의 집들을 한 집씩 방문하면서 내가 면접해야 할 표본에 해당되는 사람을 찾기로 했다. 우선 동구에서 서성대는 사람들에게 물어봤지만, 내 명단에 있는 사람의 이름을 아무도 모른다는 것이었다. 반대로 나더러 계속해서 "어디서 왔느냐?"고 묻기만 했다. 무슨 기관원이 조사차 온 줄로 안 모양이었다. 모두가 슬금슬금 나를 피해갔다.

마침 장에서 거나하게 한잔하고 취기가 있는 듯이 보이는 중년 신사를 발견해 그에게 물어보기로 했다. 생김새도 호인 같았고, 약주 몇 잔에 기분은 최고인 듯이 보였다. 아니나 다를까 그는 명단에 있는 이름을 보고 알려 주겠다고 했다. 그런데 그가 알려 준 표본의 당사자는 어처구니없게 명단을 보고 거기 적힌 이름을 모른다고 했던 사람이었다.

그 표본과는 서로 쳐다보기에 민망스러웠다. 억지로 인터뷰했지만, 그 사람의 대답이 얼마나 신뢰성이 있을지는 회의적이었다. 이런

점이 조사연구^{survey research}의 한계이며 신뢰도 문제라고 속으로 생각했다.

　다음 표본은 46세의 중년 아주머니였다. 시골이지만, 자기 집이 없어 남의 집 문간채를 빌려 사는 그녀는 자신에게 손님이 찾아왔다는 사실이 믿어지지 않는 태도였다. 일하던 남편마저 일손을 멈추고 쫓아왔다. 부부는 자기들에게 묻지 말고 다른 사람에게 물어 달라고 했다. 남편은 자기 부인은 아무것도 모른다고 했다.

　"좀 들어가도 좋을까요?"

　인터뷰를 하기 위해서는 우선 방에 좀 들어가야 될 것 같아서 물어봤더니, 두 사람은 다 내가 방에 들어가는 것이 싫은 기색이었다. 그러나 그 표정은 손님이 자신들의 방에 들어오는 것 자체를 꺼린다기보다 누추한 형편을 부끄러워하는 것 같았지만 굳이 들어갔다. 방안에서도 그 아주머니는 시종 아무것도 모른다고 했다. 몹시 난처하게 됐다.

　그 방안의 꾸밈새야 상상과 다를 게 없었지만, 방안에는 무척 똑똑하게 생긴 아이들이 몇 명 있었다. 대답을 완강히 거부하는 아주머니의 딸과 그 친구들이었다. 안내자인 '유지' 양반의 설명에 의하면, 그 아주머니의 딸은 똑똑하고 공부를 잘해서 서울 친척집에서 머무르면서 명문 G중학교에서 학비면제로 공부하기로 했다가 도저히 서울에서 기거하는 것이 어려워서 다시 고향으로 돌아와 인근 중학교에 다닌다고 했다. 딸아이는 어렸지만, 아주 영특해 보였다.

　"어머닌 그것까지도 왜 모른다고 하세요?"

　내가 열심히 하는 질의에 박절하게 "모른다"로 일관하는 자신의 어머니가 너무 심하다고 생각했던지, 그 학생은 자기 어머니에게 따지는 듯이 말했다. 어린 딸의 눈에도 질문하는 내가 측은해 보인 모양이다. 처음 면접을 해 보는 사람이라면 정말로 정이 딱 떨어질 듯한 대답과 반응이었다.

"제가 어머니 대신 대답하겠어요."

그 똑똑한 딸이 느끼기에도 어머니의 반응이 몹시 민망스러웠던지 인터뷰를 대신하겠다고 자청하기도 했다.

그러나 나는 표정을 바꾸지 않고 시종일관 질의서의 순서대로 질문을 이어갔다. "모른다"(*do not know* 혹은 DK)도 대답의 범주에 속하기 때문이었다. 나는 계속 질문을 하고, 그 똑똑한 딸의 어머니는 한결같이 "DK"로 대답하는 줄다리기를 계속했다. 단념하지 않고 끝까지 그 질의서에 있는 질문을 다한 것이 내가 생각해도 신통했다.

DK 외에는 반응이 없는 면접을 끝내고, 학교가 선물용으로 준비한 '연세대학교 사회과학연구소'라고 선명히 새겨진 고급 수건을 선물로 주고 집을 나섰다. 그 당시에 고급 수건은 귀한 선물 품목 중의 하나였다. 집을 나설 때는 어머니 대신 딸이 나를 따라 나오면서 사과의 말을 건넸다.

"정말 죄송해요!"

"왜?"

"우리 어머니가 너무 '무식'해서요!"

"별소리를 다⋯."

"그런데 왜 화를 내지 않으세요?"

"왜 화를 내?"

"저희 어머니지만 오늘 같은 경우에는 정말 너무하셨어요⋯."

그렇게 나를 걱정해 주었던 총명한 딸은 내가 C리의 인터뷰를 마치고 떠나던 날 다시 만나게 되었다. 그 아이와 함께 내가 면접하는 것을 지켜보던 친구들이 나를 배웅해 주기 위해 모두 나온 것이다.

시골 학교의 교장선생님이 다른 학교로 전근^{轉勤} 갈 때, 학생들이 전송하는 것과 같이 모두 허리를 굽히면서 나를 전송해 주었다. 그 순수한 아이들은 집집마다 다니며 애쓰는 나를 격려해 주고 싶었던 것이다.

지금 생각해 보면, 당시 중학교 1학년생이던 그들이 모두 환갑^{還甲}이 지난 초로^{初老}가 되었을 테니 세월은 참 빠르기도 하다. 우리나라에서 최초로 해본 법의식에 관한 조사의 역사가 반세기가 되었으니 말이다. 지금 같으면, 추부면의 어느 중년부인도 그런 조사에 대답을 기피하는 일은 없을 것이다. 그만큼 조사연구에 대한 인식이 많이 변했고, 우리의 법의식도 크게 변한 것이다.

오늘날 우리의 법의식은 서양사람들의 법의식 수준을 능가할 정도로 발전했다. 더욱이 앞으로 법학전문대학원을 거친 변호사들이 많이 배출될 것이니 우리의 법의식은 날로 새로워질 것이고, 그에 따른 송사도 늘어만 갈 것이 틀림없다.

대전에서 선배들과
회포를 풀고

대전에서 배운
"옴 오른다"는 말의 뜻

금산에서 출발해 대전에 도착하니 밤이었다. 대전의 D여고에서 교편
을 잡고 있는 대학선배 두 분이 오랫동안 조사연구차 전국을 다니며
고생하는 후배의 소식을 듣고 피로도 풀어줄 겸 위로해 주려는 마음
에 자신들의 자취방으로 나를 데려갔다.

　방에 들어서자 홀아비 냄새가 물씬 풍겼다. 설익은 김치, 된장 냄새
가 가득했다. 그래도 선배들은 나를 영양 보충시켜 준다고 통닭 두 마
리를 사들고 왔다. 포장지에는 '영양센터'라는 상표가 붙어 있었다. 당
시 영양센터라는 곳에서 통닭을 구워 팔았는데, 그곳의 통닭은 최고
의 영양 공급원으로 인기가 높았다. 오랜만에 만난 선후배는 귀한 '특
식'을 즐기며 회포를 풀었다.

　그때까지만 해도 온천이라는 곳에 가 본 일이 없었던 나는 대전에 온
김에 말로만 듣던 그곳 인근의 유성온천에서 하룻밤 쉬면서 피로를 풀

려는 내 계획을 말했다. 그랬더니, 두 선배는 지금 그곳에서는 '옴'(옴 진드기가 기생하여 일으키는 전염성 피부병으로 몸의 연한 부분부터 짓무르기 시작하여 온몸으로 퍼지는 몹시 가려운 병)이 유행되어, 잘못하면 그곳에 찾아온 옴 환자들에게 옴을 오를 수 있으니 가지 말라고 신신당부했다.

내 고향에서는 옴이 재수가 없는 것을 나타내는 대명사처럼 사용되어서 재수가 없는 것을 "재수가 옴 올랐다"는 말로 표현했던 것이 생각났다. 난생처음 온천탕 구경을 해 보려던 내 기대는 사라지고 말았다. 대전에서 내 첫날밤의 운수는 '옴'이 오른 것 같았다.

부득이 선배들이 한동안 투숙한 일이 있다는 B여관을 소개해 주었다. B여관은 조용하고 깨끗한 데다, 그 집 딸이 그 선배들이 몸담은 여학교에서 배우고 졸업한 제자여서 말동무가 되어 줄 것이라고 했다. 전화로 당부하는 말도 들어서 보증을 받은 것처럼 든든했다. 말끔하게 포장된 도청 앞길을 나와서 B여관을 찾았다.

나환자들과 실향민 할아버지의 '그들만의 천국'

다음날 아침이었다. 표본지역인 대전의 Y동을 향하는데 찾는 일이 쉽지 않고 그곳을 언급할 때 모두 난색을 표했다. 그곳에 나환자 수용소가 있기 때문이라는 이야기를 나중에서야 들었다.

동사무소 직원 역시 동행하여 안내해 주는 것을 피하려 했다. 다행히 추출된 표본 중에는 환자가 한 명도 포함되지 않아서 마음이 좀 놓이는 모양이었다. 그러나 사실 그들은 대부분 음성환자이므로 표본에 포함되더라도 크게 걱정할 필요는 없었다. 그들에게 세상 이야기를 묻고 대답을 듣지 못하는 것이 아쉬운 면도 있었지만, 표본에 포함되지 않은 사람을 억지로 면담할 수도 없는 일이었다.

다시 찾아간 할아버지 표본. 그는 개성서 피란을 와서 대전의 Y리에 자리 잡게 되었다고 했다. 무척 조용하고, 친절하며, 착하게 보이는 그는 포도밭을 경영하며 혼자 살고 있었다. 포도밭 옆으로는 긴 닭집을 짓고 흰 닭을 상당히 많이 키우고 있었다. 양계까지 겸하는 포도밭은 크지는 않았지만 매우 아담하고 깨끗했다.

이마에는 흰 머리칼이 드리워져 있었고, 전지용 가위를 든 손은 핏기가 없었다. 인자하지만 혈기가 퇴색한 얼굴엔 주름살이 깊었다.

고향 개성에서는 어떻게 살았는지 몰라도 귀족의 후예처럼 티 없이 깨끗한 인상을 지닌 분이었다. 북한에 가족을 남겨 두고 단신으로 월남한 향수의 일단이 흉중에 얼마나 서려 있는지 알 수는 없지만, 겉보기에 그 할아버지는 참 평화롭게 보였다. 계사鷄舍를 드나드는 흰 닭들과 어우러지는 풍경은 전원적이면서도 한편으로는 공허했다.

여관에 돌아오니 여관집 딸은 선배들의 부탁을 착실히 들어준다는 뜻에서 양말을 달라고 했다. 하루 종일 걸어 다녔으니 양말에 땀이 배어서 더러울 것으로 짐작한 것 같았다. 그러나 사실 나는 발에 땀이 나는 법이 없으므로 양말을 그대로 2~3일 신는다고 해도 땀 냄새가 나지 않는다.

그래서 괜찮다고 했으나 굳이 빨아 주겠다고 고집을 부렸다. 아마도 신발을 벗을 때 내 양말에 구멍이 난 것을 본 듯했다. 속옷이나 양말을 남의 집 사람에게 맡겨 빨게 하고 싶은 생각은 없었지만, 하도 강권을 하기에 그렇게 하도록 맡겼다.

양말을 맡긴 다음날 아침이었다. 조치원으로 가야만 하는데 여관집 딸은 버스 시간을 뻔히 알면서도 양말을 주지 않는다. 짜인 일정 때문에 독촉하지 않을 수 없었다. 모두가 들을 만큼 큰 소리로 "양말"을 외쳤다. 그러나 그녀는 차 시간이 급한 것을 아랑곳하지 않는 것 같았다. 대전과 조치원 사이에는 차들이 빈번했지만, 정해진 시간표대로 가는 것이 편리하므로 내 마음은 점점 조급해졌다.

한참 후에야 여관에서 심부름하는 아이가 손에 무엇인가를 들고 왔다. 새 양말이었다. 여러 가지 구실을 붙여 설명했지만, 부주의로 내 양말을 잃어버린 것 같았다. 난로 옆에서 말리다가 태운 것도 같았다. 그렇다고 새 양말을 신을 수도 없고, 거절할 수도 없었다.

억지 양말 선물을 받는 바람에 작정한 시간의 차를 놓치고 특급을 타는 수밖에 없었다. 급히 산 표라 지정좌석도 없는 입석표立席票이고 보니 가까운 거리도 멀게만 느껴졌다.

신학기를 맞아 상경하는 학생들이 눈에 많이 띄었다. 역음驛音(역내 방송)이 조치원을 알렸다. 마음 같아선 곧장 상경 군상 속에 하나가 되어 서울로 가고 싶었다. 차 안에는 맥주에 땅콩을 씹는 넉넉한 형편의 도련님들도 있고, 특급이 거북한 듯이 찌푸린 얼굴도 있었다. 서로 속삭이느라고 세상일이야 알 바 없다는 커플들도 눈에 띄었다.

이렇게 다양한 대학생들의 모습을 보니, 광주의 D 다방 주인의 딸이 어머니를 속이고 등록금 액수를 올려 불렀던 것이 생각났다. 열차 속의 학생들 중 몇 명이나 등록금을 제 액수대로 타냈을까 하고 생각해 보았다. 또, 남해에서 한 대학생이 가전 재물을 몽땅 팔다시피 하여 대학을 다닌 사연도 생각났다.

이런저런 생각을 하는 길에 내린 청주 길목의 조치원역에서 맞은 봄은 아직 싸늘했다.

'무심천' 이야기와
청주의 풍자

한시가 흐르는
호젓한 청주시가

조치원에서 청주로 들어가는 도로는 아주 훌륭했다. 충북선의 기차 왕래도 자주 있었지만, 잘 포장된 도로를 합승으로 미끄러지듯이 달리는 기분은 복잡한 기차보다는 더 고급스럽게 느껴졌다.

합승에 탄 손님들도 모두 청주로 가는 사람들이라 도중에 멈출 필요 없이 청주까지 질주할 수 있었다. 완만한 경사와 순한 커브 길은 승차감을 한층 더 높여 주었다.

청주는 지금까지 내가 다닌 다른 도시에 비해 독특한 인상을 주었다. 오래되어 낡고 답답한 감도 주지 않고, 새로 생긴 도시같이 첨단 유행을 따른 듯한 경박한 감도 주지 않았다. 적당히 낡았고, 알맞게 새 단장을 한 것 같았다.

역량이나 자신이 없으면서 공연히 터만 넓게 잡아 허세를 부린 것 같지도 않았고, 그렇다고 너무 오밀조밀하게 붙어 있어 조잡한 느낌을

1960년대 초 청주의 무심천 전경. 출처: 청주시청.

주지도 않았다. 소담하고, 우아하고, 깨끗했다.

　길거리를 다니는 여학생들의 옷차림도 값비싼 모직이나 견직물이 아니고, 실용적인 흑색 면직물이었다. 밤거리에도 술에 '곤드라지게' 취해서 다니는 취객이 보이지 않았고, 남자를 유인하는 요염한 여인들도 보이지 않았다.

　길거리를 찾아 헤매다가 겨우 조그마한 '바'bar를 찾았다. 비록 술은 못하지만 구경 좀 하자는 심산이었다. 바 안으로 들어가니 손님은 없고 주인만 졸고 있었다. 나는 주인을 깨울 겸 말을 건넸다.

　"손님이 없군요!"

　"청주 양반들이 이런 곳 출입을 합니꺼."

　말투를 보아 주인은 경상도 태생인 듯했다. 그는 손님이 없어 곧 문을 닫을 지경이라고 덧붙였다.

　접대 일을 하는 것처럼 보이는 여인에게 말을 붙여 보았지만, 여염

집 처녀처럼 수줍어했다. 조용한 도시에 사는 사람들은 마음도 고요
해지기 마련인가 보다.

그 여인들에게 '구경할 만한 거리'를 물어서 찾아간 곳이 청주대 뒤
쪽 골목길이었다. 그 여인들이 일러준 '구경할 만한 거리'는 깨끗하고
조용했다. 글을 읽는 소리가 나지막이 들리는 것이 한시와 한문책을
소리 내어 읽는 선비 집 골목인 듯했다. 좋은 골목을 찾는 나그네의
마음과, 좋은 곳을 가르쳐 주는 여인의 뜻이 달랐나 보다.

돌아와서 누운 여관방 역시 조용하고 차분했다. 조치원 여관에서
겪었던 소동 같은 것도 없었다. 일하는 사람들의 동작이 느려서 물을
청해 놓고 올 때까지 시간이 너무 오래 걸리는 것이 조금 갑갑했지만,
소란하고 요란하지 않은 것이 마음에 들었다.

무엇보다 밤중에 임검臨檢하는 순경의 조사가 없는 것이 마음에 들
었다. 그 당시에는 모든 숙박시설에서는 투숙객 중에 혹 간첩이라도

있을까 해서 순경이 임검이라는 명목으로 투숙객의 신원을 일일이 조사했다. 그러나 임검은 늘 투숙객이 잠을 청하는 늦은 시간에 하는 것이 관례였다.

우리가 하는 연구조사에 편의를 제공해 주라고 내무부 장관이 나의 신원을 보장하는 공문서를 전국에 있는 해당관서에 보내고, 나에게 그 공문서 사본과 증명서까지 발급해 주었지만, 순경들은 그런 것에 개의치 않았다.

어느 음식점 아주머니의
'청주 찬미론'

다음날이었다. 박정희 대통령이 초도순시차 청주에 들른다고 온 시가 긴장하고 있었다. 대통령이 특별기동차 편으로 와서 재빨리 승용차로 바꾸어 타고 도청으로 가는 것을 나도 먼발치에서 구경했다. 서울서도 못 본 대통령 행차를 청주에서 본 셈이었다.

식사 때가 되니 중국집의 만두가 먹음직스럽게 보이기도 했지만, 표본으로 추출된 사람들을 찾아다니느라고 온 시내를 돌아다녔기 때문에 허기가 질 지경이어서 만두 대신 고기를 먹어 보기로 했다.

도청으로 통하는 길가에 있는 운치 있는 어느 음식점을 찾았다. 분명히 대중음식점이라고 쓰여 있었지만 음식점 안은 조용한 여염집 같았다. 불고기를 시켰더니 어느 곳에서 먹던 것보다 푸짐하게 내왔고 중년 아주머니가 고기를 옆에서 구워 주었다.

이 음식점도 전주에서 먹어 본 일이 있는 음식점처럼 낮에는 대중음식점이다가 밤에는 요정이 되는 모양이었다. 고기를 구워 주는 아주머니는 청주 태생이나 서울에도 잠시 기거한 일이 있다고 했다. 그 아주머니에게 물었다.

"왜 청주사람들은 그렇게 얌전하십니까?"

"모두 양반이니 그렇지유."

"양반이라고 얌전하기만 하라는 법이 어디 있습니까? 양반도 술 좋아하고 여자들과 노는 풍류는 상놈 뺨친다는데요?"

"선생님은 올 때 어디로 해서 왔시유?"

"조치원에서 합승으로 왔는데요."

그 아주머니의 이야기에 따르면, 조치원에서 청주로 들어설 때 처음 보이는 다리가 '서문교'라는 다리인데, 청주사람들은 그 다리를 '무심교'無心橋, 그 다리 밑에 흐르는 강을 '무심천'無心川이라고 부른다고 했다. 그런데 외지 남성이 청주로 들어올 때는 반드시 이곳에 남자로서의 구실을 하는 신체의 일부를 맡기고 번호판을 받는다는 것이다.

그리고 그 번호판을 무심교에 걸어 놓고 청주로 들어오기 때문에 일단 이 다리를 건너온 외관 남자는 청주에만 오면 남자로서의 정력과 용기를 잃게 되므로 도저히 외도 같은 것은 할 생각이 나지 않는다는 것이었다. 그래서 청주에는 몸을 파는 여자도 없다는 설명이었다.

그리고 청주를 떠날 때는 그 번호판을 찾아서 조치원으로 가게 된다는 것이었다. 그렇기 때문에 조치원은 청주보다 소란스럽고 시끄럽다고 했다. '청주 찬미론'치고는 그럴듯한 풍자적 이야기 같았다.

'청주 찬가'의 풍자가 어떻게 생겨났는지 간에 확실히 청주 시가는 조용하고 평화로웠다. 그러나 알찬 노력이나 새로운 도약을 위한 모험은 피하고 싶어 한다는 인상도 지울 수 없었다. 무심천에서 번호판을 주고받았다는 전설적 이야기에는 아직까지도 전해지는지 궁금하다.

예당에서 만난
당진 신평면의 이야기꾼

긴 금강교를 건너서 초저녁에 찾아든 공주는 시골치고는 좀 소란스러웠다. 다방 주변이 분주하고 이상한 머리 모양의 젊은이들이 서성거렸다. 고성古城은 옛날을 생각하게 만들었다.

서울서 왔다는 코미디언 몇 명이 들어 있는 음식점에서 불고기 1인분을 시켰는데 굉장히 많은 분량이었다.

공주 인심도 청주 인심 뺨칠 만큼 좋다고 생각했지만, 막상 계산하려고 카운터에 갔더니 주인은 2인분 값을 요구했다. 내 생김생김이 한꺼번에 불고기 2인분을 먹어 치울 수 있을 것으로 본 것인지, 아니면, 내게 '바가지'를 씌운 것인지 모를 일이었다.

불고기 생각나면 서울서 차비를 쓰더라도 공주로 불고기 먹으러 와야겠다고 생각했는데 값을 지불하면서 정이 떨어졌다.

다음날 아침 공주에 더 머무르기보다는 청양으로 가야겠다고 생각하고 그곳으로 향했다. 아침 첫 버스라서 맑은 아침 공기와 햇살을 뚫고 가는 마음이 한없이 상쾌했다. 청양군에 가기 전에 들른 곳이 정상면 사무소였다. 면장은 내가 귀찮은지 슬쩍 자리를 피하고 없어졌다. 6㎞의 거리를 면사무소 직원과 걸어서 N리에 도착했다.

면사무소 직원의 설명에 의하면, 옛날에는 면사무소 소재지에서 이 동리까지의 도로가 좋았지만, 도로 주변 사람들이 점차 도로를 잠식하여 경지로 만들기 시작하면서부터 길이 점차 좁아지고 황폐해졌다고 했다. 결국 차 두 대가 서로 마주 지나갈 수 없게 된 도로는 버스의 통행도 끊겨 점점 더 좁아지게 된 것이다. 악순환이 되풀이되는 셈이었다.

당진에서 받은
액막이 떡 상

다시 정상면을 지나 청양군 소재지 쪽으로 향했다. 차령산맥의 정상을 넘는 '한치 고개'가 어마어마하게 높았다. 장수를 갈 때 넘었던 '비행기 재'를 훨씬 능가했다. 고개를 넘어서 보는 청양은 넘기 전과 많이 달라 보였다. 사람들이 순박한 것 같았다.

충청도의 기질은 이 한치 고개를 넘어서야 비로소 나타난다고 했다. 고개 주변을 둘러보니 청양이나 당진 가는 길에는 주막도 없다고 했던 청주 여관주인의 말은 틀렸음을 알 수 있었다. 음식솜씨가 청주보다는 세련되지 못할지는 몰라도 그곳에도 주막은 있었다.

나는 예산을 거쳐서 당진읍에 도착했다. 읍에서 4㎞나 되는 Y리가 당진읍에 속하는 것은 거리로 보아 무리하게 보였지만, 그곳 사람들의 태도는 양순했고 인심도 후했다. 학교에서 인터뷰에 응한 사람들에게 선물로 준비한 수건은 그곳 사람들에게 인기가 있었다. 그 선물에 대한 답례라고 하면서 떡 상을 차려오기도 했다. 모처럼의 떡 구경이고 배가 고프던 참이라 달게 먹을 수 있었다.

그곳 사람들의 말에 의하면 동리에 홍역이 번져서 모두 걱정하고 있으며, 나도 옮을까 염려된다고 했다. 그 말에 나는 어릴 때 홍역을 앓은 일이 있어서 충분히 면역력이 있으니 괜찮다고 그곳 사람들을 안심시켰다. 그곳에서는 홍역이 성할 때, 떡을 해 먹으면 홍역이 그 집에 오지 않는다는 믿음이 있었다.

다시 초략도가 있는 석문면을 들렀을 때였다. 큰 키에 정열가인 면장이 석문면의 개간을 위해 초략도에 긴 제방을 쌓고 간척 공사 중이라 배로 가야 한다고 했다. 무엇보다도 경찰의 불심검문이 심했다. 해안선을 통해 간첩의 출몰이 잦은 곳이기 때문이라고 했다.

떠날 때는 배로 충분히 갈 수 있던 초략도가 올 때에는 간조가 되어 바다 위에 배가 머문 채 오랫동안 기다려야만 했다. 내륙 산간 출신인 나에게는 조수의 간만干滿이 생소하기 그지없었다. 달나라에 갔다 온 기분이었다.

다음날 우강면의 조사를 위해 여관방에서 좀 쉬려는데 옆방에서 마작과 노름을 하는 사람들로 시끄러웠다. 간첩색출을 위해 검문이 심한 해변지역이라 여관의 검문도 심할 것으로 짐작했으나 밤중에 여관으로 임검하러 오는 순경은 없었다.

주인이 임검 온 순경을 잘 처리하는 모양이었다. 투숙객을 편히 쉬게 하는 것은 좋으나 그런 배려가 노름꾼들에 의해 악용될 수 있기에 자칫 오해받을 수도 있을 것 같았다.

우강면은 교통이 편리한 곳이었다. 소가 우는 듯하다고 해서 우강면이라고 했다지만, 그 평야는 광활평야 못지않았다. 넓은 들판이 홍성까지 뻗어 있었는데, 그 들판의 목이 마를까 봐 갈증을 풀어주려고 만들어진 것이 예당禮唐수리조합이라고 했다.

마침 "가는 날이 장날"이라고, 그날이 우강 장날이었다. 사람들의 행렬이 우강들판에 이어졌다. 달걀을 팔아서 '동동크림'을 사러 가는 우강면 아가씨들의 치마폭이 봄바람에 예당 들판을 장식했다. 견훤이 북벌北伐할 때 말에 물을 먹였다는 전설적인 웅덩이엔 아직도 물이 고여 있었다.

이야기꾼 총무계장이 들려준
'망객산 김복선 전설'

다시 신평면으로 가서 총무계장의 뒤를 따라 K리를 가는 길이었다. 총무계장은 산 언덕길에 자전거를 세우며 담배 한 대를 피우고 가자고 했다. 자전거를 타기에는 좀 벅찬 오르막길이었다. 멀리 아산만이 보이고, 잔잔한 바다가 고요히 깔려 있었다. 총무계장은 이 산 이름은 망객산望客山인데 여기에 얽힌 역사적 전설이 있다고 했다.

선조 때 그곳에 김복선金福善이라는 무장武將이 있었는데, 거구장신巨軀長身의 무인이었지만, 천민 출신이라 등용되지 못한 채 있었는데, 율곡 선생이 그를 만나러 자주 왔다는 것이다. 그때 이 자리에서 김복선이 아산만에 내려서 오는 율곡을 늘 바라보고 서 있었기 때문에 이 산의 이름이 망객산이 되었다는 것이었다.

총무계장은 훌륭한 이야기꾼 같았다. 요즈음 시쳇말로 이른바 '스토리텔러'story teller였다. 그 스토리텔러는 이어서 김복선이 얼마나 거구장신이었는지 나타내는 일화를 들려주었다.

김복선에게 논 세 마지기(약 900평 혹은 지역에 따라서 600평)를 사기로 한 사람이 계약을 마친 후 돌아와 보니 논이 두 마지기밖에 없었다.

"아니, 한 마지기는 어디 갔소? 김복선도 거짓말할 줄 아시오?"

화가 나서 따지는 말에 김복선은 차분히 대답했다.

"그 삿갓을 들어 보시오."

논을 산 사람은 황급히 그 삿갓을 들어 보니 김복선이 아끼던 삿갓 밑에 논 한 마지기가 덮여 있었다는 것이다. 그럴듯한 과장이다.

"바로 저기가 김복선의 집 굴뚝이 있던 자리입니다."

총무계장은 자전거의 앞바퀴를 몇 번 굴리고 구릉지대인 언덕을 가리키며 말했다. 오랜 세월 속에 그 터에는 아무것도 남은 것이 없고, 마른 억새 두 줄기만 아산만의 훈풍에 나부끼고 있었다.

또 하나 풀린 이야기보따리는 '토정'에 관한 것이었다. 정초가 되면, 파고다공원 앞을 그냥 지나갈 수 없도록 잡아끄는 할아버지들의 '바이블'Bible인 《토정비결》의 주인공 토정 이지함의 고향이 바로 건너보이는 아산만이라는 것이다. 토정은 이미 조선시대에 아산의 조수 간만 시간을 파악하고 있었으며, 그 풀이한 것이 지금도 전해져 내려오는데 관상대의 발표를 훨씬 능가하도록 잘 맞는다고 K리 동장은 총무계장의 애기를 뒷받침했다.

점심때는 동장의 고추김치 대접에 마음이 끌렸다. 어느덧 시골 음식에 완전히 동화한 것 같았다. 그곳의 후한 인심에 감동하며 면접에 나섰다. 표본인 아주머니를 만나 인사를 하고 이름을 물었다.

"아주머니가 김아무개 씨세요?"

"온양댁이여."

이름을 모르고 온양서 시집온 것만 기억하는 '온양 아주머니'였다.

"정신 똑바른 사람과 얘기하시오!"

한창 입씨름을 벌이는데, 옆집 할아버지가 큰 소리로 호통을 쳤다. 그 온양 아주머니가 정신박약자라는 사실을 동장이 깜빡 잊고 미리 알려 주지 않았던 것이다.

면접에서 돌아오면서 다시 망객산에서 김복선을 대신하여 옛 율곡 선생이 주장하던 양병론養兵論의 뜻을 생각해 보았다. 그리고 훌륭한 인재를 얻기 위해 험로로 당진까지 온 율곡 선생의 정성을 되새겨 보았다. 큰 집 짓노라면 한 언덕의 나무로는 불가능하다고 했던가? 무슨 파, 무슨 당 가리다가 사람을 잃고 놓치는 못난 일은 지금도 변함없이 일어나고 있다. 엄격한 신분사회이던 조선시대에 천인賤人마저도 등용시키는 길을 찾던 율곡 선생의 선견지명이 크고 귀중하게 다가왔다.

온양과 천안을 거쳐 경기도로
향하며 본 도시화의 빛과 그림자

번화한 온천도시 온양과
버드나무 마을 천안

다음 목적지인 천안을 향하면서 들른 곳은 온양이었다. 온양은 온천이 유명해서인지 외지에서 온 손님들로 붐볐다. 마침 토요일 오후라 M여관은 방마다 서울 손님으로 꽉 차 있었다. 온천이나 하며 하루를 조용히 보내려고 계획한 것이 헛수고가 되었다. 내가 본 온양은 유원지의 기풍보다는 소란한 장터 같았다. 서울 번화가의 축소판 같은 기분도 들었다.

다시 자리를 조사지역인 천안으로 옮겨갔다. 천안의 공보실장이 나를 총무계로 안내해 준 후, 의식하지 못하는 사이에 나를 따라온 두 명의 형사들은 내 신분증을 검사하고 공문서를 베끼며 여러 가지 질문도 했다. 공보실에서 경찰서로 연락한 듯했다.

약간 불쾌했지만, 자주 당하는 일이라 익숙했다. 실은 내 몰골이나 행적이 수상쩍은 '잠재적 간첩신고 대상'으로 오해받을 만도 했다.

1960년 초의 '천안 삼거리' 전경. 출처: 천안시청.

　표본지역인 천안의 신부동을 가는 길에 '천안 삼거리'라고 가르쳐 주는 쪽을 보았지만, 별다른 것은 없었다. 아직 덜 자란 어린 버드나무가 서 있을 뿐이었다.

　면접 대상은 초라한 초가집에 사는 가장이었다. 어린아이는 마당에서 칡뿌리를 씹고 있었다. 그의 하소연에 의하면 아들 대학공부 시키느라고 온갖 것을 몽땅 팔아 치웠고 이제 남은 것이라고는 그 집뿐이라는 것이다. 그런데 졸업한 학사님은 갈 곳이 없어 놀고 있고, 밑천을 뽑자고 대학공부를 시킨 것은 아니지만 막상 이렇게 되고 보니 후회스럽다는 것이다. 주인의 말이 예사롭게 들리지 않았다.

　실제로 천안 삼거리에 오기 훨씬 전부터 〈천안 삼거리〉 노래를 듣고 부른 기억이 있어서인지 그곳이 별로 낯설게 느껴지지 않았다. 자세히 구경하며 돌아다니지 않아도 그곳의 정서가 충분히 전해져 왔다.

"천안 삼거리~ 흥~으으응 능수야 버들은 ~으 ~응."

혼자 〈천안 삼거리〉 노래 가사를 읊조리면서 경기도 화성군으로 발걸음을 옮겼다.

서울의 주변부
화성과 오산의 '사연'

화성으로 가는 길에는 철 늦은 진눈깨비가 내리기 시작했다. 음산한 날씨에 길은 질어서 걷기에 거북했다. 편리한 길가의 여관으로 숙소를 정했지만, 잠만 잘 수 있고, 식사는 제공되지 않는다고 했다. 호텔 흉내를 내는 모양이었다.

또, 내가 작은 착각을 한 것을 알게 됐는데 화성군의 군청이 오산에 있는 줄로 알았는데 수원에 있었던 것이다. 군청의 협조를 얻기에는 이미 늦은 시간이라 그냥 하루 저녁을 보내기로 하고 방에서 오그리고 잠을 청했다. 그런데 문 쪽에서 인기척이 나더니 누군가 노크를 하는 것이었다.

"여보세요 … ?"

여자의 음성이었다. 자정이 가까운 시간에 여성의 목소리를 들으니 약간 겁이 나기도 했다. 목소리의 주인공은 옆방에 투숙한 30대 여성 손님이었다. 옛날 한국의 시골 여관방은 방 사이에 방음도 되지 않았고, 가끔은 전등 하나로 두 방의 불을 밝히는 곳도 많았다.

이러한 환경에서 옆방 여인은 순경이 임검할 때 내가 법의식 조사 차 내려왔다고 말하는 것을 들었던 것이다. 그리고 내가 무슨 민정시찰이라도 다니는 고급 관리인 줄 오인했는지 자신의 억울한 사연을 털어 놓았다.

어느 요정에서 일하던 그녀는 한 남자를 알게 되었는데 그는 자신의 직장이 있는 오산 미군부대에 함께 떠나자고 했다. 그래서 오산으로 와서 이 여관에 머물게 되었는데 열흘 만에 남자가 종적을 감추고 그녀만 남게 된 것이다. 밀린 여관비의 담보물이 된 팔자를 어찌해야 하냐는 하소연에서부터 시작하여, 온갖 신세타령을 늘어놓았다.

도와주지 못한 것이 아쉽기는 했지만, 도울 길이 없었으니 어쩔 수 없었다.

밤늦게까지 여인의 긴 사연을 듣고 다음날 오산읍의 J리를 찾아갔을 때였다. 나를 안내하기 위해 동행한 읍사무소의 직원은 나와 다툰 일도 없는데, 9㎞의 먼 길을 걸으면서도 단 한마디의 말도 하지 않았다. 이런 경우는 도리어 동행이 있는 것이 더 거북했다. 그러나 말할 자세가 안 된 사람에게 억지로 말을 시킬 수도 없는 노릇이었다.

표본으로 추출된 할아버지는 남의 집 수리와 부역을 하는 분으로 꿀 먹은 벙어리 같던 읍사무소 직원과 달리 할 말이 많은 것 같았다.

"그까짓 여론은 들어서 뭘 하오. 밤낮 자기네 마음대로 하면서…. 어떻게 사는지 듣지 않고는 상상을 못하우? 비료나 제때에 주라고 하시오…."

학교에서 왔다는 설명은 듣지 않고, 정부에서 조사 온 줄로 착각한 듯했다. 비료 하나 제때에 주지 못하는 주제에 무슨 개간을 장려하는 것이냐는 투정이었다. 주위에서 모여든 10여 명의 열띤 군중의 위세가 무섭게 느껴졌다. 쓸데없는 짓 하지 말라는 듯이, 질의 내용을 듣고는 피식피식 웃기도 했다.

그러나 X리는 J리와 분위기가 사뭇 달랐다. 그곳 동장은 서울의 모

대학에서 교육학 공부를 했다면서 사회조사에 관심과 흥미를 보이며 면접 분위기를 화기애애하게 만들려고 노력했다. 역시 학사 동장으로서의 다른 면모를 볼 수 있었다.

이어서 만난 젊은 아주머니는 그때까지 한 번도 문밖출입을 한 적이 없다고 헸다. 인터뷰 중에 시누이기 끼어들어 질문을 가로채며 대답을 방해하는 바람에 난처하기도 했다. 서울까지 30분 거리인 오산에서 살면서 세상과 등지고 사는 그녀의 모습이 애처롭게 느껴졌다.

또 한 명의 표본은 머릿기름으로 떡칠한 이상한 머리를 가진 '어깨족' 청년이었다. 그는 내 질의에 응답하는 내내 '반말'을 하며 불손한 태도를 보였다.

다음으로 들른 정남면의 K리와 P리는 아직도 창창한 태고의 마을 같았다. 서울서 가까운 경기도 지역이라서 다른 시골마을과는 많이 다를 것으로 짐작했는데, 어떤 면에서는 더 완고한 것 같이 느껴졌다.

막걸리에 얼큰하게 취한 목수 한 사람은 내가 질의를 하는 동안 시종 반발하며 면접을 거부했다. 힘이 빠지는 일이었다. 반말, 짜증, 시비, 넋두리, 통사정, 애원 등…. 하루의 일과가 끝날 때쯤이면 주름이 하나씩 느는 것 같았다.

또, 교통도 국도변을 제외하고는 경기도 지역의 교통이 시골마을보다 오히려 더 불편한 것 같았다. 웬만한 곳은 걸어서 이동하는 것도 힘든 일이었다.

하루는 국도가 나오는 병점이라는 곳까지 걸어가면서 길에서 길동무가 된 국민학교 아이들에게 심심하여 말을 걸었다.

"나 뭐하는 사람 같이 보이니?"

"땅 재는 아저씨지 뭐에요."

내 주머니에 꽂은 세밀한 지도와 빵떡모자, 빛바랜 옷차림이 꼭 측량기사 같이 보였나 보다. 간첩 같지 않다는 말이 고마웠다. 당시는 간첩이 사회적으로 큰 골칫거리였기 때문에 간첩 용의자를 구별하는 방법이 대중들에게도 널리 알려져 있었다.

일정한 주소 없이 방황하는 사람, 직업이 없으면서 돈을 잘 쓰는 사람, 보이지 않던 낯선 사람, 밤중에 혼자 라디오를 청취하는 사람, 일찍 일어나서 밤늦게 산길에서 돌아오는 사람 등.

그런데 이러한 간첩 식별기준에서 볼 때 혼자 아침부터 밤까지 이 마을 저 마을을 다니면서 법의식 조사를 하는 나는 간첩으로 의심받을 수밖에 없었다.

나와 동행한 국민학생들은 나를 측량기사로 봐주었지만, 장안면의 C리에서 면접할 때 한 철물가게 주인은 끝내 내 신원을 알 수 없다면서 내 질의에 응답하는 것을 피했다. 신분증을 제시했지만, 믿어 주지 않으니 어떤 방법으로 나 자신에 대해 증명할 수 있겠는가? 얼마나 많이 속고 또 시달렸기에 신분증을 보고도 믿어주지 않는 걸까? 이젠 증명서란 종이도 시효를 상실한 것 같았다.

안성의 지도자가 주장한
'인구 조절론'과 '의사 수출론'

안성군에서는 관공서의 협조를 얻는 것도 쉽지 않았다. 군청의 친절한 협조지시가 있었지만, 읍사무소의 총무계장은 내무부 장관 명의로 된 협조지시 공문을 받아 들고도 사본에 관인이 없다고 투덜댔다. 사본에도 관인을 찍는 경우가 있는지 어이가 없었다.

양성면의 B리를 갈 때는 정신병자가 자꾸 수다스러운 말을 걸어오는 바람에 난처하기도 했다.

면접에서 만난 표본 S씨는 오랫동안 동장을 지내다 퇴임한 사람이었다. 그는 낙태가 무죄라고 주장했고, 국가의 가족계획사업을 전폭적으로 지지히면서 인구 조절에 관한 자기의 복안을 설명했다.

그의 지론에 의하면, 인구 조절을 위해서는 우선 의사를 줄여야 한다는 것이었다. 옛날 같으면, 저절로 사망했을 불구자나 아이가 지금은 죽을래야 죽을 수 없는 것은 의술의 발달과 의사의 양산量産에 연유한다고 했다. 그러면서 이는 의과대학을 하나로 줄여서 최소한의 의사만 배출하면 어느 정도 해결될 문제라고 했다.

말도 되지 않는 별난 논리였다. 또한 현재 의사 수 과잉 문제는 의사들을 외국으로 많이 보내면 해결될 수 있다는 논리도 폈다. 의사를 수출하자는 논리였다.

다시 원곡면 S하리에 갔을 때였다. 그곳에서는 옛날에 양정고등보통학교(지금의 양정중고등학교)를 다녔다는 할아버지를 면접하게 되었다. 그는 묘목을 기르느라고 품삯을 주고 사람을 사서 일을 시키고 있던 참이었는데 이에 대해 할 말이 좀 있는지 질의사항은 간단하고 신속하게 대답하고서 다른 이야기를 좀 하자는 것이었다.

할아버지가 털어놓은 이야기는 대도시 서울의 주변부에 사는 사람으로서 겪는 소외감과 박탈감, 즉 도농都農갈등에 관한 것이었다. 우선 국도 쪽에는 차가 넘쳐 감당 못할 정도이지만, 자기 마을인 S하리 근처에는 개인 돈을 들여가면서 길을 닦아 놓아도 차 한 대 들어오지 않으니 시골사람을 사람취급 하지 않는다는 불평이었다.

면장에게 수차 진정했지만, 소용이 없으니 시골에서 힘들게 생산한 소중한 것들을 도시로 다 빼내가면서 농촌사람 대접은 너무 허무하다는 것이었다.

또, 기껏 10원의 임금을 받으려고 종일 뙤약볕에서 일하며 고생하는 아낙네들도 있는데, 서울의 요정에서 고기로 실컷 배를 채우고 소화제까지 찾는 사람들이 있다고 욕설했다. 담배를 피우는 꼴만 봐도 그렇다는 것이었다. 그 좋은 고급담배를 반절도 채 피우지 않고 가운데를 눌러 틀어 꺼 버리는 사람들이 많다는 불평이었다.

"정부는 왜 학생들만 겁내고 학생데모만 미봉책을 쓰며 농민들의 묵언默言의 소리에는 신경을 쓰지 않는지 모르겠소."

할아버지의 말에서는 오랫동안 참아왔던 설움이 느껴졌다.

가장 양순하고, 가장 부드럽게 보이는 것이 농민들이지만, 그들에게도 어떤 학생, 군인, 도회인들 못지않게 많은 어려움이 있다는 말이 단순한 불평만은 아닌 듯싶었다.

충북선의 서러움

상행선만
강조하던 충북선

온양, 천안, 오산, 그리고 안성 등지에서 인터뷰를 끝낸 후에는 청주를 거쳐서 충청북도의 심장부를 관통해 가기로 했다. 청주에서 기다리는 제천행 충북선忠北線은 좀처럼 얼굴을 내놓지 않아 기다리는데 짜증이 날 지경이었다.

역 안내방송은 서울행인 상행선만 계속하여 소개할 뿐 제천행에 대해서는 말이 없었다.

"서울행만 기차고 제천행은 기차가 아닙니까?"

화가 나서 소리치는 사람도 있었다.

늦게서야 나타난 제천행은 대단히 복잡했다. '2등'이라고 쓴 칸도 편의상 붙인 것 같았다. '3등 승객'들이 몰려간 통에 나도 본의 아니게 '2등칸'으로 갔지만, 2등칸은 3등칸보다 더 복잡했다. 창밖을 내다볼 엄두도 못 낸 것은 물론이고, 너무나 복잡하여 충주에서 내릴 수도 없

1960년대 초 충주의 번화가. 출처: 충주시청.

을 것 같았다.

　그런 틈바구니에서 출장 갔다가 귀가하는 술 취한 어느 공무원이 하소연을 늘어놓았다.

　"사치 말라 어쩌라! 박봉에 무슨 사치를 한다는 말인가? 나중에는 공무원들에게 눈썹까지도 짧게 깎으라고 할 때가 오기 전에 그만두어야겠다."

　그 틈바구니 속에 기차가 겨우 닿은 곳은 충주였다. 비료공장으로 일약 유명해진 곳이었지만, 처음 눈에 들어오는 충주의 역사譯舍는 생각했던 것보다 초라하게 보였다. 시가지와도 꽤 멀리 떨어져 있는 것 같았다. 장차 충주시의 규모가 확장될 것을 대비하여 도심이 아닌 주변부에 역을 만든 것 같았다.

　시가에는 규모가 큰 공장이 눈에 띄기도 했지만, 공업도시로서의 규모가 갖추어져 있으려니 예상한 것은 맞지 않았다. 신축한 청사가 눈에

띨 뿐 충주는 아직은 답답한 시골의 작은 도시에 불과했다.

"비료공장은 어디 있느냐"고 물어보았으나 행인들은 잘 모른다고 대답했다. 꽤 먼 거리에 있는 듯했다.

'비극적인 영화'를 즐기는
충주 극장의 관객들

충주에서 가장 뚜렷이 보이는 계족산鷄足山을 지고, 냇물을 안고 과수로 병풍을 두른 자연적 조건이 그곳 사람들의 차분한 성정을 만드는지도 모르겠다. 그러나 충주의 밤은 낮보다는 활기를 띠는 것 같았다. 조령鳥嶺을 넘어온 버스들이 허덕이며 와 닿고 비료공장의 기사들이 향수에 잠긴 채 애꿎은 담배만 태웠다.

외지의 흥행업자가 충주에 새로운 극장을 마련하기 위해 규모가 큰 투자를 했기 때문에 종래의 극장이 큰 타격을 받는다고 옛 극장의 영사기 기술자가 대폿집에서 큰 소리로 떠들었다.

"무슨 놈의 도시가 비극적인 영화를 상영해야만 관객이 모이고, 비극이 아니면, 관객이 모이지 않으니… ."

그는 비극이 아닌 희극영화를 충주에 들여왔다가 실패했다고 한탄했다. 아마 충주사람들의 기질이 그런 것 같다며, 영사 기술자와 대작하는 사람이 맞장구쳤다. 그들은 희극보다는 비극을, 명랑한 것보다는 다소 우울한 것을 좋아하는 충주사람들의 성향에 대해 성토하며 푸념했다.

정도의 차이는 있을지 모르지만, 그것이 그 당시 우리 민족의 정서였는지도 모른다. '싸이'의 '말춤'이나 K-pop 가수들의 흥겨운 노래를 즐기는 요즈음 세대는 〈울 밑에 선 봉선화〉를 부르며 우수憂愁에 젖던 우리 세대의 정서를 이해할 수 없을 것이다.

영사기 기술자의 가설假說을 검증해 보고, 또 시간도 보낼 겸해서 나도 영화관에 들렀다. 그런데 영화관의 분위기를 살펴보니 영사기 기술자의 말이 틀림없이 맞았다. 나는 그 영화가 시작되고 한참 후에 들어가서 그 영화 내용이나 이야기 줄거리는 이해할 수 없었지만, 관객은 모두 눈물을 흘리고 있었다. 눈물 '바다'였다. 손수건으로 연방 눈물을 닦는 처녀도 있었고, 안경테 너머로 눈물이 고여 흐르는 40대 중년 신사도 눈에 띄었다.

가뜩이나 명랑하지 못한 생활에 영화에서나마 웃어 보면 어떨까 하는 생각이 들었다. 영화를 오락용으로 여기는 내가 무지한 걸까? 더 이상 그곳에 앉아 있다가는 나도 곡절도 모르고 같이 울 것 같아서 자리를 떴다. 우리 속담에 "밤새 울었는데, 누가 죽은지도 몰랐다"는 말이 있지 않은가?

괴산으로 가기 전에 수안보라는 곳에 있는 온천이 좋으니 굳이 충주에서 1박을 하지 말고 수안보로 가라던 충주시청 공보실 직원의 말을 따르지 않은 것이 후회스러웠다. 나는 충주 극장에서 우는 법도 공부했으니, 수안보는 다음날 찾기로 했다.

그러나 수안보는 연인과 함께 떠나는 밀월여행蜜月旅行 장소로 좋다는 공보실 직원의 말이 마음에 걸렸다. 나는 아직 밀월여행을 시도해 볼 처지가 못 되니 말이다.

산 좋고 물 맑은 쉼터,
수안보 호텔

여관비로 누린 호사,
이화령 수안보 호텔

괴산을 가기 전에 연풍 조금 전에 있는 수안보 온천이 좋다는 충주시청 공보실장의 말을 따르기로 했다. 비교적 세밀한 지도를 가졌으므로 온천 표시가 있기는 했지만, 어느 정도 규모와 설비를 갖춘 곳일까 의심도 들었다. 그러나 일요일이 끼었으므로 어차피 어디에서나 하루를 보내기는 보내야 했다.

연풍을 지나 이화령을 넘어 경북의 점촌까지 가는 버스가 오후 5시 이전에는 무척 자주 드나들었다. 출발지가 서울인 장거리 버스로 꾸밈새도 든든하고 성능도 좋아 보였다.

"수안보에 여관이 있을까요?"

수안보 온천을 아는 사람들은 나의 질문을 듣고 모두 웃으며 여관이 문제가 아니라 '호텔'까지 있다고 했다. 꽤 오래전부터 '관록이 붙은' 온천이었는데 나만 몰랐던 것 같았다.

충주서 한 시간 반은 조금 더 걸렸을까. 지서(요즈음의 파출소나 지구대)와 우체국이 제일 먼저 눈에 띄었다. 수안보인지 다시 확인할 필요조차 없을 것 같아 망설임 없이 내렸다. 도로변에서 도보로 약 5분 정도 들어가니 전나무 숲에 둘러싸인 운치 있는 2층 건물이 보였다.

건물의 앞쪽은 증축공사가 한창이었다. 나그네 짐을 꾸려 들고 기웃거리며 보았다. 호텔이라면 공연히 출입 제한이 있을 것 같았고, 나 같은 서민은 엄두조차 못 낼 듯한 기분이 들어서 선뜻 들어서기가 망설여졌다.

앞채는 한창 수리 중이었지만 안채는 조용했다. 휴업일인가 의심스러웠으나 일단 용기를 내어 사람을 불러 보았다. 이윽고 한복차림의 얌전한 여인이 나타나 안내해 주었다. 우선 하룻밤 묵는 데 얼마나 드는지 궁금해서 물었다. 일당을 초과 지출하면 다음 여정에 막대한 영향을 미치므로 도합 5백 원을 상회하면 포기할 작정이었다.

그런데 "250원에 식비를 따로 지급"하면 된다는 것이었다. 반가운 소식이었다.

나른한 몸을 온수에 적실 수 있고, 창문 너머로 이화령을 바라볼 수 있는 곳에서 하루의 평안을 맛볼 수 있다는 것은 다행한 일이었다. 조그맣고 아담한 2층 방에 들어가 보니 1인용 침대single bed가 핑크색 담요에 쌓여 있었다. 테이블에는 연탄난로나마 온기가 있었다. 조용히 며칠을 쉴 만한 곳 같았다.

온양온천이 말만 대단하고 실속 없이 소란한 데 비해 수안보 온천은 조용하고 한적한 매력이 있었다. 서울 같은 대도시와의 거리가 멀기 때문인지 손님 수가 많지 않고 널리 알려지지 못한 때문인지 그곳을 아는 사람만이 단골로 드나드는 것 같았다.

온양에서는 호텔이나 여관 마당에 자가용이 가득 모이고 실험용 쥐까지 싫어한다는 자동차의 크락숀(클랙슨) 소리가 귀가 아프도록 울려 짜증이 날 지경이었지만, 수안보 온천에는 그런 소음이 없었다. 자가용을 몰고 시위하는 특수층의 출입도 거의 없는 것 같이 보였고, 그렇다고 구걸하는 사람이 보이는 것도 아니었다.

조용한 곳을 찾아 한적함을 맛보려는 일반인들에게는 아늑한 요람처럼 느껴졌다. 흔히 유원지에 서민의 주머니로 어쩌다가 찾아가면 돈 많은 사람의 북새통에 불쾌한 일들만 당하고 오는 경우도 있는데 수안보 온천만은 서민들에게 더없이 좋은 곳으로 여겨졌다.

내가 가지고 다니는 소형 트랜지스터라디오에서 흐르는 방송에서는 지금의 기온이 영상이라고 했지만, 호텔 맞은편의 이화령 꼭대기에는 흰 눈이 남아 있었다. 산을 안고 돌아 올라가도록 만든 이화령 고갯길에는 버스가 숨이 차서 허덕이고 지나가는 것 같았다.

"선생님, 요양하러 오셨어요?"

"여행길에 쉬러 왔습니다."

2층 5호실 내 방의 당번인 아가씨와 이야기를 나누게 되었는데, 이곳은 고단한 행인이 쉬기도 좋지만 도시 소음을 피하기가 제일 좋은 곳이라고 했다. 서울 태생인 그녀는 호텔에서 시중드는 일을 하지만 학식이 있어 보였다. 조용히 사색할 수 있는 이곳이 차라리 서울의 거리보다는 자신을 알기에 더욱 좋은 곳이라고 했다.

책도 많이 읽은 것 같았다. 자기가 가진 책이 백여 권은 넘으니 심심하면 골라 읽으라고 했다. 마음이 건전하고 정성이 고마웠다. 그러나 서투른 연애담을 엮어 모은 책 속에서 헤매기보다는 산장 속에서 산골의 여울물 소리를 듣는 것이 훨씬 더 좋을 것 같았다.

햇살 맑은 정원과
추억을 찍는 신혼부부

달이 좋고, 산이 좋고, 물이 맑고, 고요가 탐이 났다. 과히 뜨겁지도 않고, 그렇다고 차갑지도 않게 알맞은 수온水溫의 온천수에 머리를 감았는데 수돗물 못지않게 부드럽고 깨끗했다. 내가 묵은 이 호텔(?)은 이전에는 군軍에 속해 있었는데 민간인에게 불하된 지 얼마 되지 않아서 지금 대대적인 수리를 하는 중이라고 했다. 나 같은 사람에게는 그 정도의 호텔이면 과분했다.

잘 자고 일어난 아침에 밝고 맑은 햇살을 안고 조용한 걸음으로 색동저고리를 입은 새 신부가 나타났다. 헌칠한 체구에 점잖게 생긴 신랑이 뒤를 따랐다.

호텔 정원에서 새 아침의 광선으로 필름에 자기들의 신혼여행기를 새겨 두려는 신혼부부의 '포즈'가 부러웠다. 밀월여행으로 최적의 장소를 찾은 그들의 취향을 높이 평가하고 싶었다. 그들의 '은혼식', '금혼식'의 여행지는 어디가 되었을까?

충북과 경북 사이
느티나무 고을 '괴산'에서

연풍 구경 중에
받은 불심검문

수안보 온천에서 괴산에 외상값을 받으러 가는 길인 어느 다방 '마담'을 만나 동행이 되었다. 초행길이라 걱정했는데 동행이 생겨 그런 다행이 없었다. 괴산에 가기 위해서는 수안보에서 점촌행 버스를 타고 연풍에서 갈아타야 한다고 했다. 연풍은 조령 바로 밑이어서 답답하게 느껴졌다.

긴 꼬부랑길이어서 버스는 조령에서 조심스럽게 움직였다. 괴산으로 굽어가는 교통의 요지여서 이화령을 넘나드는 버스들의 휴식처인 것 같았다.

연풍에서 괴산으로 가는 버스가 하루에 4번 왕복하는데, 오전의 두 대는 이미 결행했고, 오후 첫 버스도 결행했다는 것이었다. 충분히 오전에 괴산에 도착하여 일할 수 있을 것이라는 계획이 틀어진 셈이었다. 그럭저럭 괴산에서 하룻밤 묵어야 할 것 같았다. 그럴 바에야 수안보로 다시 돌아가서 자는 것이 훨씬 잠자리는 편할 것이라고 생각했고, 나와 동행한 마담도 그게 좋을 것이라고 했다.

그러나 그 이야기를 듣던 어느 승객이 끼어들었다.

"수안보에 가서 주무시면 내일 또 여기에 오셔야 하는데, 내일 차편 역시 믿지 못하니 막차로 가는 게 나으실 겁니다."

도무지 연풍서 수안보로 가는 차편은 믿을 수 없는 모양이었다. 버젓이 차 시간표를 걸어 놓았건만 제 마음대로 쉬니 딱했다. 그것도 사전에 통지해 주는 것도 아니고 차 떠날 시간이 되었을 때 겨우 말해 주는 식이었다.

마지막 차편이 오후 6시경이니, 3~4시간은 족히 기다려야 했다. 지루하여 정거장 인근의 연풍 구경을 하기로 했다.

충북과 경북의 바로 접경이라 말씨는 오히려 경상도 억양에 가까웠다. 옛날 원님들은 이곳을 괴산군청 소재지로 썼다고 했다. 주위에 선정善政과 애민愛民을 기리는 비가 많은 것을 보니 이곳 원님들은 백성을 잘 다스리고 사랑한 것 같다. 기념비들을 하나둘씩 세고 있을 때다.

"여보, 이리 좀 오시오!"

먼 거리에서 순경이 눈을 부릅뜨고 부른다. 설마 나를 부를 리 있겠는가 생각하고, 그 선정비들을 내 수첩에 적고 있는데 다시 그의 목소리가 들렸다.

"여보! 오라면 오지 왜 안 오는 거요?"

말씨가 점점 거칠어졌다.

"저 말입니까?"

나는 반신반의하면서 물었다.

"그래, 이리 오란 말이야."

그는 거침없이 반말을 했다. 나는 다소 불쾌했지만 내색하지 않고 이유를 물었다.

"왜 그러시오?"

그러자 그는 내 신원을 물었다.

"당신 뭐하는 사람이오?"

경찰관이 부르면 올 일이지 뭐 대단한 사람이기에 안 오느냐는 투였다.

"저를 부를 이유가 없을 테니 혹 딴 사람을 부르는가 해서요."

나도 지지 않고 말했다.

"신분증 내요!"

나의 꼿꼿한 태도에 화가 났는지 그는 퉁명스럽게 말했다. 시골사람들에게 늘 하던 그대로 나에게도 권위적으로 대하는 것 같았다.

"아니 뭐 잘못된 것이 있나요? 비석 구경하면 안 되나요?"

내가 반문하자 아예 대답도 없었다. 수상하다는 것이었다. 그는 내 신분증을 열심히 뒤적이다가 신분증과 함께 내무부 장관이 행정관서의 공무원들에게 내가 수행하는 한국 국민의 법의식 조사사업에 협조하라는 지시공문의 복사본을 발견했다.

"제가 간첩같이 보이세요?"

행색이 남에게 초라하게 보인다거나 이상하게 의심을 받을 정도로 수상하게 보인다면, 내 꾸밈새를 좀 바꿀 양으로 진심으로 물은 것인데, 내 질문이 그 경찰관에게는 야유처럼 들린 듯했다.

자기네 관서로 전달된 공문의 원본을 확인하고 간첩 용의자가 아니라고 판명 나자 그제서야 나를 풀어주었다. 상당한 시간 동안 이른바 심문을 당한 셈이었다.

영嶺 밑이나 해안지역에서는 늘 간첩색출을 위한 수사가 다른 지역보다 더 심했다. 실제로 간첩들이 암암리에 활동하는 경우가 허다했고 지명 수배인들에게 현상금을 수시로 내걸 때였으니 시대적 상황을 고려하여 경찰의 불심검문도 무리는 아니라고 생각하기로 했다. 그러나 고압적인 순경의 불심검문으로, 오랜만에 시간의 여유를 갖고 연풍을 구경하려던 마음은 사라졌다.

버스를 타고
괴강을 건너 괴산으로

괴산으로 가야겠다고 생각했다. 그러나 4대의 버스에 분승해야 할 승객들이 한 차로 몰리면서 차 안은 복잡하기 짝이 없었다. 게다가 괴산을 얼마 남겨 두지 않고 강에 놓인 두 개의 다리를 걸어서 건너야 했다. '괴강'이었다. 8년 전만 해도 이 강은 배로 건너지 않으면 안 되었다고 했다.

괴산군에는 읍이 있지만, 그것은 괴산군청의 소재지인 괴산면 내에 위치한 것이 아니었다. 따로 분리하여 증평읍을 조성하고 있어서 괴산군청 소재지는 읍도 아니었지만, 규모는 읍에 못지않았다.

숙소로 정한 T 여관은 겉으로는 깨끗해 보였지만 안은 소란스러웠다. 좀 쉬려는 사람에게 술을 마시라는 권유도 끈질겼다. 원래 술을 못하는 나는 난감하고 지루한 밤을 보낼 수밖에 없었다.

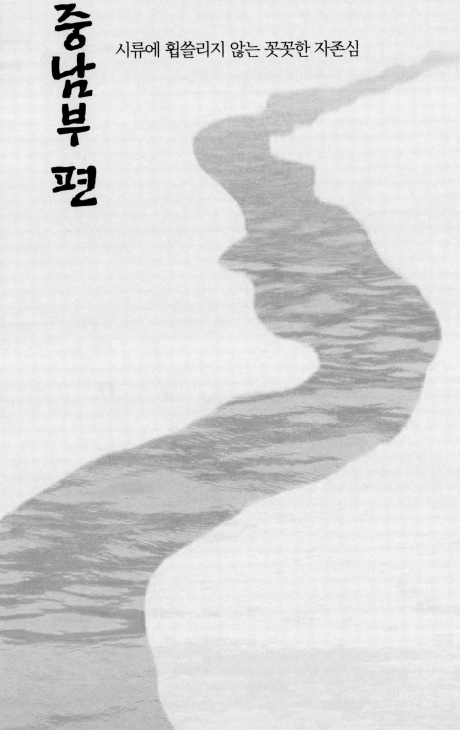

중남부 편

시류에 휩쓸리지 않는 꼿꼿한 자존심

영어의 '관사'처럼 사용하는 말
"제 고향이 봉화인데요!"

소백산맥을 넘어
그리운 고향 땅으로

충청도 조사가 끝나고 고향인 경상도로 향하는 마음은 다소 설레기도 했다. 이화령梨花嶺(일제 강점기에 새재 옆으로 닦은 신작로)을 넘어 보고 싶은 생각이 간절했지만, 비가 내려서 그 대신 제천군을 들러서 안동 방면으로 가기로 했다.

그리하여 연풍으로 다시 오니 가랑비가 내렸다. 아마 김삿갓의 방랑도 이러했으리라고 생각해 봤다. 김삿갓은 '갈모'(갓 위에 쓰는 유지로 만든 우장)를 썼을 터이지만, 나는 갈모 대신 '베레모'를 쓴 것이 다르다고나 할까?

하늘에 뜬 구름조차 쉬어 넘는다는 조령鳥嶺은 높게만 보였다. 조령은 충북 괴산군 연풍면과 경북 문경시 문경읍의 경계에 위치한 고개로, '문경 새재'라는 다른 이름으로 불리기도 한다. 이화령은 조령에서 북쪽으로 7㎞ 정도의 거리에 있다.

넓은 의미에서 거의 같은 지역에 각기 다른 이름이 붙여져 있어 가끔 혼동되기도 한다. 어떻게 부르든지 간에 영마루에는 비가 극심하게 내렸다. 영을 넘는 것을 포기하고, 다시 충주로 와서 제천행 기동차를 기다렸다. 기동차는 준급행 격이라서 승객이 많지는 않았다. 충주 비료공장이 있는 목향리 정거장을 지나고부터는 누워서 가도 될 듯 자리가 많았다. 그때 옆에 앉은 노인이 말을 걸어왔다.

"어디까지 가시오?"

"제천까지 갑니다."

"고향이 제천이오?"

"아닙니다."

고향이 제천이 아니라는 내 대답에 안심이 된다는 표정으로, 그 노인은 제천에 관한 험담을 늘어놓았다. 인심이 각박하다는 것이었다. 원래 거주하던 토박이 제천사람들은 별로 없고 타지에서 온 사람들이 많아서 인심이 서울 못지않다고 했다.

비닐우산을 쓰고 내린 제천역의 밤은 음산하고 소란했다. 수많은 여인 호객꾼들이 나와서 자기 집에 '하숙'을 하라는 것이었다. 몸이 수십 개는 되어야 그 모든 호객꾼들에게 나누어 줄 수 있을 것 같았다. "역 부근의 여관은 분위기가 좋지 않으니, 시내 중심가로 가라"던 차에서 만난 그 노인의 충고가 무엇 때문인지 알 수 있었다.

사실은 경상북도로 들어가기 전에 표본지역인 청풍면에서 몇 사람을 면접해야 했으므로 기왕이면 그곳을 거쳐 가는 것이 편할 것이라고 생각했다. 그러나 청풍면은 비로 인해 강물이 불어나서 도하渡河가 불가능하다고 했다. 보통 때도 배에 버스가 실려서 건너가는 처지인데 심한 비로 인해 수위가 높아져서 차편이 아예 없다는 것이었다. 옛날

220

부터 그러했다고 하니 교량 하나만 있었으면 좋을 뻔했다.

바로 경상도로 들어가는 수밖에 없었다. 내가 서울을 다닐 때 타던 낯익은 중앙선을 타고 경상도로 가기로 했다. 전에 호남선의 일이 떠올라, 중앙선에서도 3등표를 사서 2등실로 갔다. 안동까지 한숨 자려는 심사였다.

그러자 여객 전무가 친절하게 다가와 정중히 말을 건넸다.

"2등실에 빈 좌석이 있으니 2등 좌석에 그냥 타고 있어도 좋지만, 요금은 2등 요금을 내 주십시오."

그의 매우 진지한 태도를 보니 호남선와 같은 '관용'은 기대하기 힘들 것 같아서 아예 단념했다. 목포에서 시작되었던 비공식 거래는 더 이상 지속되지 않았다. 지금까지는 지선支線이었기에 허용범위가 넓었던 것일까, 아니면 목포를 다닐 때와 경상도로 들어선 때 사이에는 시차가 있으니 그 사이에 무슨 변화가 생긴 것일까?

아쉬운 마음도 없지 않았지만 기차 내 질서가 정립되었다는 사실에 법의식 조사를 하는 사람으로서 흐뭇했다.

조령은 두려워서 피했지만, 반도의 허리를 가로질러 버티고 있는 소백산을 영영 피할 수는 없을 것 같았다. 석회가루가 날려 모든 것이 희게 보이는 단양을 지난 기차는 한동안 다시 소백산맥의 죽령을 관통했다.

소년 시절, 서울이 수복되고 휴전된 이후 서울의 학교를 다니느라고 이곳을 수없이 드나들었는데, 이곳을 지날 때면 늘 차창 밖을 내다보곤 했다. 특히 중앙선을 타면, 경상도 사투리로 '따뱅이굴'이라고 하는 '터널'을 신기하게 바라보던 기억도 났다. 산세가 험하여 바른 직선 형태가 아니라 산을 안고 회전하는 나선 형태로 형성된 이 터널은

한 바퀴 돌 때마다 새로운 입구가 나오고 여기서 처음의 입구가 보이는 신기한 구조였다.

영을 넘자마자 차 안 분위기는 달라졌다. 차에 오르는 사람들의 말씨도 딱딱한 경상도 억양이었다. 유창한 서울말을 쓰던 사람도 차 안에서 곧장 경상도 사투리로 변했다. 경상도 사람들에게는 묵직한 '바리톤'의 사투리가 구수하게 들릴지 모르지만, 외지사람들에게는 흡사 싸움이라도 하는 것처럼 들릴지도 모르겠다. "왔니껴", "갔니껴" 등의 의문문에서 특히 '껴'란 발음이 강하게 들렸다.

내가 탄 기차는 영주를 지나 안동으로 향했다. 내가 봉화에서 서울로 학교를 다닐 때 늘 영주에서 기차를 타고 내리던 버릇이 있어서, 하마터면 이번에도 영주에서 내릴 뻔했다. 나는 중앙선을 타고 영주를 지나서 안동까지는 처음 내려가 보는 초행이었다.

전과 같이 석탄을 쓰는 증기기관차였다면 죽령터널을 통과했으니 얼굴이 까매졌겠지만, 이제는 디젤기관차라서 얼굴이 깨끗했고 차창을 열어 두어도 연기 한 점 들어오지 않았다. 세상은 점점 더 편리해지는가 보다.

안동에서 느낀
나그네의 설움

안동에서 A여관을 찾은 밤이었다. 나는 오랜만에 마음 놓고 경상도 사투리를 썼다. 그런데 나는 분명히 경상도 톤을 사용한다고 생각했는데 듣는 사람은 약간 다르게 들리는 것 같았다. 여관 숙박계에 내 본적지를 안동과 인접한 '봉화군'이라고 썼지만 믿어 주지 않았다.

1960년대 초 안동시 전경. 출처: 안동시청.

당시 여관이나 호텔의 투숙객은 반드시 주소, 성명, 직업 등의 개인 신상에 관한 자세한 정보를 여관이나 호텔에 비치된 신고 서식인 숙박계에 꼭 기입해야만 했었다. 간첩색출이 목적이라고 들었다.

오랫동안 고향을 잊고 서울에 뜨내기 생활을 하느라고 내 경상북도 사투리가 퇴색한 것일까. 내 출신지를 의심하는 그 여관의 여종업원의 태도보다는 왜 나는 내 고장의 말씨를 그대로 간직하지 못하고 외지의 '경사'를 섞어 쓰게 되었는지, 내 것을 남의 것과 쉽게 섞어 버린 나의 모습이 아쉬웠다.

고국을 떠나 오랫동안 타국의 사람과 어울려 살다가 모국어가 서툴러지거나 아예 잊어버린 사람들의 비애를 생각해 보았다. 그들도 자신의 정체성을 알아주지 않는 본국 사람들에 대한 안타까움보다는 스스로에 대한 자괴감이 더 뼈저릴 것이다.

종종 라디오 방송에서 출연자가 미국 사람을 흉내 내며 영어 발음을 하는 것을 욕했고, 교포들의 모국방문 때 동료들끼리 영어를 사용하는 것을 욕하고 멸시했던 일이 생각났다. 결국 자기 것을 잃는다는 것은 그 누구보다 장본인의 비애가 크리라 생각하니 해외 여러 나라에 뿌리내린 한국의 아들, 딸, 아저씨, 할아버지들을 동정하게 되었다.

이 대목에서 주석을 단다면, 이 글을 기록할 때만 해도, 내 자신이 미국 유학을 가서 그곳에서 공부를 마친 후, 만 36년을 미국에서 살 것이라고는 꿈에도 생각하지 못했으니 참으로 아이러니한 일이 아닐 수 없다.

깨닫지 못하는 사이에 잊어버리는 자기의 것과 자기 주위의 것들에 대해 생각해 보았다. 당시에 나는 "제 고향은 봉화"라고 외치면서도, 이미 내가 한국을 떠나 오랜 기간 동안 외국에서 살 것을 예견이라도 한 듯이 실향한 사람들의 슬픔을 상상해 보았던 것이다. 이런 예감을 두고 프랑스 사람들은 '데자뷰'라는 말을 쓰는지 모르겠다.

"상주 산양으로 돌아간다"

봉화 고향집을
지척에 두고

내가 우리 국민들의 법의식 조사를 위해 전국 방방곡곡을 돌아다닌다는 이야기를 듣고 친척들이나 친구들은 내 소식을 무척 궁금해 했다. 특히 본가에서는 이제 경상북도에 내려왔으니 고향에도 들러 며칠 쉬다가 갈 것이라고 믿는 것 같았다. 그러나 전국조사라고 해도 표본으로 추출된 마을만 다니다 보니 안타깝게도 고향 봉화는 여정에서 제외될 수밖에 없었다.

그뿐만 아니라, 이 무작위 추출법은 공교롭게도 내가 보고 싶은 문화유적이나 경관이 빼어난 유원지 등은 비껴가기 일쑤였다. 그때, 법학도인 나는 표본이나 무작위 추출에 관한 지식이 없었다. 미국에서 유학 후, 사회학과 인류학 조사방법론을 배우기 전까지 이 조사방법론을 남들에게 설명하기는 고사하고 나 자신도 이해하지 못했었다. 그저 일정이 맞지 않아 고향에는 가지 못하게 되었다고 했다.

그러나 고향인 봉화에서 멀지 않은 안동까지는 갈 수 있었다. 안동 여관에서는 한 투숙객과 안동 봉화 사투리로 대화할 기회가 생겼다. 안동 출신인 그와의 대화에서 경상북도 북부 사투리를 쓰니 너무 자연스럽고 편했다.

"고향이 이대이껴?"

"봉화 바라미海底 씨더."

"그러면 하회河回와 도산陶山을 가니껴?"

"아이고, 안동시에서는 신안동만을 가야 대니더."

그는 내 고향마을인 '바라미'를 잘 아는 안동 출신의 권 씨였다. 바라미라는 마을이름은 옛 신라시대의 고어古語인데, '바라'는 '바다'를 뜻하고, '미'는 '밑'을 의미하는 고어로 현대말로 옮기면 '바다 밑'이 된다. 바라미라고 불리던 마을이름이 '해저'海底라는 한자로 쓰이고 불리기 시작한 데는 역사적 배경이 있다.

1984년 갑오개혁을 거친 후, 일제가 한국을 식민통치하면서 국토조사라는 명목으로 한국 전역의 땅 이름을 장부에 올리고, 일본제국 참모본부에서 간행한 지도에 표기하기 위해서 지명을 한자형식으로 바꾸었다. 대부분의 경우에는 원뜻에 맞게 한자화되었는데, 서울의 경우 '애오개'가 '아현동'으로, '큰 고개'가 '대현동'으로, '되너머'가 '돈암동'으로, 그리고 '가는 골'이 '세곡동'으로 바뀐 것 등이 그 예이다.

그 권 씨 투숙객은 내가 해저 출신이니, 관심 있게 조사하는 마을도 류성룡 대감의 자손들이 집성촌을 이루고 사는 하회마을이나, 퇴계 이황 선생의 향리인 도산이 포함될 것으로 생각했던 것 같았다.

그는 대학교수들이 방언연구나 민속연구를 한다고 안동군에 오면, 으레 하회와 도산을 찾는 것을 알고 있었기에, 나도 이 두 마을로 연구하러 가는 줄 알았던 것 같다. 그에게 그곳은 내가 조사하는 지역의 표본마을로 선정되지 않았고, 안동시의 외곽 동리인 '신안동'에만 가야 한다고 했더니, 꽤 놀란 표정이었다. 그때 내 큰누님은 하회마을에 살고 있었고, 막내누님은 안동댐 건설로 수몰되기 전의 의인陶山 마을에 살고 있었다.

그러나 그 두 동리 모두 이번 조사의 표본마을에 들지 못해 두 누님은 만나지 못했다. 권 씨는 퉁명스러운 말투로 강한 의문을 표시했다.

"안동을 연구한다면서, 하회나 의인을 빼먹고 하는 연구가 무신 연구니꺼?"

그의 말이 틀린 말은 아니었다. 양반고장이라는 안동에서 하루를 자고 가면서 겨우 신안동의 몇 사람만 면접했을 뿐, 백여 리 이내의 거리에 있는 고향이나, 안동군 내에 사는 두 누님을 만나 보지 못하고 떠나게 되었으니 말이다.

후에 들은 이야기에 의하면, 고향에 계신 부모님이나 안동의 두 누님들은 무척이나 섭섭하게 생각하셨다고 한다. 요즈음과 같이 휴대전화가 있으면 통화라도 할 수 있었을 것이고, 대중교통이나 택시를 쉽게 탈 수 있었다면 잠시라도 찾아가 볼 수 있었을 것이다. 자가용이 있었다면 몇 시간도 채 안되어서 세 곳을 다 방문하고도 남았을 것이니 말이다.

그러나 그때는 하루 한 편인 버스를 타고 세 곳을 다니기에는 시간이 너무 부족하고, 교통이 불편했다. 지금으로서는 상상조차 못할 일이다.

산양을 돌아
상주로 가는 길에

안동서 인터뷰를 마치고 나서, 나는 다시 예천을 지나 점촌을 거치고 산양으로 돌아 상주로 가야 했다. 경북 북부지방의 표현으로 먼 거리를 돌아가는 것을 "상주 산양으로 돌아간다"고 한다. 나야말로 지금 상주를 가기 위해 산양으로 돌아가고 있는 것이 아닌가?

이런저런 생각을 하며 도착한 버스 정거장에서는 이색적인 광경이 펼쳐졌다. 보통 버스에서는 약삭빠른 친구가 먼저 자리를 차지하기 마련인데, 예천 버스 정거장에서는 사람을 태우는 방식이 좀 색달랐다. 먼저 그 버스를 타고 온 사람을 제외하고 새로 타는 손님들은 차 밖에 일렬로 서게 해서 표를 판 순서대로 태운다는 것이었다.

줄 서는 것에 익숙하지 않았던 당시로서는 '혁명적' 발상이었다. 더군다나 이 새로운 방식을 서울이 아닌 예천에서 시행한다는 것이 색다르게 보였다.

그런데, 줄을 서서 순서대로 타는 것으로 이해한 것은 나의 착각이었다. 그것은 승객을 세어 보기 위한 방법임을 나중에야 알았다. 왜냐하면, 내가 탄 버스에는 엄연히 '상주행'이라고 표시되어 있었는데, 버스기사가 승객이 많지 않아 상주를 다녀오는 것이 타산에 맞지 않는다고 가지 않겠다고 했기 때문이다. 서울에서 오는 다음 차편이 있으니 기다렸다가 그 편으로 상주를 가라는 것이었다.

법의식 조사를 하러 온 나에게 바로 눈앞에서 버스회사가 운송계약을 위반하겠다고 공언하는 것이 아닌가? 법을 위반하는 현장을 목격하는 참여관찰을 한 것이었다. 선량한 승객들은 별 불평 없이 그냥 서울에서 올 다음 차편을 기약하는 듯이 차에서 내리고 있었다. 한바탕 버스기사와 싸움이라도 하고 싶었지만, 음산한 날씨에 뜨거운 커피라도 한잔 마시고 가는 것이 오히려 다행이라고 생각하기로 하고 나도 순순히 버스에서 내렸다.

그나마 커피값도 없는 부인들은 대합실 같지 않은 대합실에서 두 시간이 넘는 시간을 떨고 있어야 할 것을 생각하니 남 일 같지 않게 딱했다.

다방 안에 들어가니 "기리니까 기리다" 하는 평안도 사투리를 쓰는 사람들이 다방 구석에서 떠들고 있었다. 문경 시멘트 공장 때문에 외지사람들이 많이 왔다고 했다. 문경군의 소읍이 이젠 공장 공업도시로 승격한 셈이라 외지사람들의 출입이 빈번했고, 그들이 점촌에서 쓰는 돈도 적지 않은 액수인 것 같았다.

완전히 어두워진 밤이 되어서야 겨우 버스가 왔다. 재빨리 자리를 얻었지만, 또 곤란한 일이 생겨 자리를 양보하지 않을 수 없었다. 점촌 보건소에서 맡았던 유기遺棄된 여아를 다시 대구로 데려가는 보건소 여직원의 울상이 된 표정을 본 것이다.

세상에 그 많은 직종에 종사하는 사람들이 모두 자기 직업에 만족할 수는 없겠지만 이 보건소의 여직원의 업무는 남이 보기에도 딱했다. 차 안의 모든 사람들이 모두 그녀를 동정했다.

사람이 자식을 낳는 것을 어떻게 마음대로 하겠느냐는 말은 더 이상 설득력이 없어 보였다. 키울 능력이 없으면서 아이를 많이 낳아서 주위 사람들을 괴롭히는 일이 딱해 보였다. 새삼 '가족계획'의 중요성에 대해 생각해 보았다. 널리 홍보를 한 탓인지, '가족계획'이라는 말은 이제 대부분의 사람들이 당연하게 받아들이고 있다.

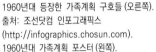
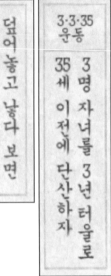

1960년대 등장한 가족계획 구호들 (오른쪽).
출처: 조선닷컴 인포그래픽스
(http://infographics.chosun.com).
1960년대 가족계획 포스터 (왼쪽).

    가족계획을 비판하는 사람의 설 자리는 좁아지고, 가족계획에 관한 '슬로건'은 당연한 사실로 받아들여지고 있는 것이다. 가족계획의 구호를 담은 포스터는 어디에서나 쉽게 볼 수 있다.

    가족계획의 당위성을 생각하는 중에 버스는 함창을 지나 산양으로 갔다. "상주 산양으로 돌아간다"는 경북 표현이 있지만 내 경우에는 오히려 그와 반대였다. 막상 산양으로 해서 상주로 가는 길이 돌아가는 길이 아니라는 것을 알고서는, 왜 그런 말이 나오게 되었는지 궁금해졌다.

"못된 상주 곶감 씨가 열두 개"

내가 상주를 직접 방문하기 전에 그곳에 대한 지식은 지명과 '상주 곶감'에 관한 것뿐이었다. 물론 상주가 우리나라에서 곶감의 최고 산지임에는 틀림없지만, 왜 사람들은 "못된 상주 곶감 씨가 열두 개"라는 말로 뭔가 신통치 않은 것을 비유하는지는 아직도 모르겠다. 그러나 경주와 상주, 두 곳 지명의 첫 글자를 따서 '경상도'라는 이름을 지을 정도로 상주는 곶감 이전에도 세상에 널리 알려진 곳이었다.

말로만 듣던 상주읍(당시의 이름)은 실제로 찾아가 보니 참 마음에 드는 곳이었다. 지게꾼의 권유로 깨끗하고 조용한 E여관에서 흡족하게 묵었기 때문에 상주에 대해 좋은 첫인상을 갖게 되었는지 모른다. 관청의 공무원들도 친절했다. 읍에서 추출된 표본은 나보다 나이 많은 29세의 (당시의 통념상) '노처녀'였는데 너무 수줍어해서 인터뷰하는 데 힘이 들었다. 그러나 또 다른 표본인 C 양복점 주인은 시원스럽게 대답해 주어서 상주읍에서의 면접은 의외로 빨리 끝났다. 이제 이안면을 찾아가야만 했다.

광주리에서 건조 중인 상주 곶감. 출처: 상주시청.

Y리에서 목격한
'외국인 효과'

이안면을 찾아 나섰다. 함창까지는 국도변이라서 차편이 많았다. 원래 이안면은 '채' 씨가 많이 사는 양반고장이라는 말은 들었지만 임의로 추출한 표본 중에서도 3분의 2가 채 씨 성을 가진 사람들일 정도였다.

덧붙이자면 사람이 한 치 앞을 모르고 산다는 것은 이를 두고 하는 말인지도 모른다. 그 당시 나는 총각이었지만, 후에 내가 결혼한 사람의 본적이 이안이었으며, 내 고등학교 선배이자 우리 형님과 고보(일제 강점기 고등보통학교의 줄임말) 시절의 동기동창이었으며, 국회의장을 거쳐 학교법인 고려중앙학원 이사장을 역임하신 채문식 선배의 향리가 그곳임을 후에야 알았다.

채 선배는 나를 만나면 늘 내 출신 동리의 이름을 따서 '해저 아무개'라고 부르곤 했는데 그 덕분에 '해저'라는 내 출신 동리 이름이 그만 내

232

호가 되고 말았다.

다음은 S리를 가야만 했다. 먼 거리는 아니었지만, 도중에 개천을 건너야 했다. 얼음이 녹아내린 초봄의 개천은 살을 칼로 베는 듯이 차가웠지만 외나무다리 하나 없었다. 다행히 S리는 젊은 이장이 열심히 도와주어서 수월하게 인터뷰를 마칠 수 있었다.

다시 E리를 가야 했다. E리에서는 외상값을 받으러 다니던 함창읍의 어느 다방 '마담'이 내게 사진을 한 장 같이 찍자고 졸랐다. 언제 다시 볼 기약도 없는 나그네와 자기 얼굴이 들어간 사진을 찍어서 무엇에 쓰려는지 알 수 없었지만 시쳇말로 '모델료'나 '초상권'에 개의치 않고 응해 주었다.

연이어 Y리를 가야 했다. 이 마을은 S리보다 규모가 더 크고 강둑 아래 펼쳐져 있어 시원스럽게 보이는 곳이었다. 마침 이장이 출타 중이어서 추출된 표본 명단을 들고 혼자 힘으로 그 사람들을 찾아다녀야 했다. 큰 마을이라 그런지 주민들은 이웃의 이름도 모르는 경우가 많았다. 처음에는 협조하지 않으려고 그러는 줄 알았는데, 알고 보니, 보통 사람들이 남의 집 부인이나 며느리의 이름을 알 수 없는 것도 사실이었다.

심지어 한 집에 살면서 시어머니의 성을 모른다는 옛말이 있지 않던가? 서양과는 달리 이름 대신 '택호'를 부르며 사는 시골생활에서 남의 집 여인들의 '성함'을 모르는 것이 어쩌면 당연한지도 몰랐다.

도리 없이 집집마다 다니는 수밖에 없었다. 그러던 중 동리의 유지인 듯한 사람에게 물어봤으나 그는 고개만 저었다. 그때 마침 그 마을에 성당을 세울 목적으로 전에도 들른 일이 있다는 독일인 신부가 나타나서 유창한 한국말로 이야기를 시작하니, 동리사람들 모두 그 신부를 따라가 버려서, 나는 그나마 물어볼 사람조차 없게 되었다. 겨우 어렵게 모은 마을사람들은 모두 나는 아랑곳하지 않고 '진객'珍客인 독일 신부를 따라가 버리고 만 것이다.

이런 것을 두고 "닭 쫓던 개가 지붕 쳐다본다"고 했던가? 외국 사람이 내국 사람보다 적이도 마을사람들의 호기심을 끄는 데는 더 유리한 것 같았다.

내가 1960년대 상주에서 겪었던 일을 이야기하면서, 그 후 내가 미국으로 유학을 가서 그곳에서 인류학자가 된 후의 경험을 빼놓을 수 없다. 1974년 나는 미국에서도 인종차별로 가장 악명 높던 미국 남부 미시시피주 어느 지역에서 인류학적 현지조사를 하면서, 외국인이라는 이유로 미국 내의 인류학자들보다 더 유리한 입장에 선 적이 있다.

〈미시시피 버닝〉Mississippi Burning이라는 영화의 무대이자 인종차별이 심하기로 유명한 미시시피주의 필라델피아Philadelphia라는 소읍에 미국 원주민인 촉토Choctaw 인디언 부족 정부가 있는데 이곳에서 현지조사를 했을 때였다.

미국 인류학계의 거장 중 한 사람이던 호텐스 파우더메이커Hortense Powdermaker는 내가 현지조사를 했던 곳과 같은 장소에서 현지조사를 한 일이 있는데, 이때 흑백 인종차별이 극심했던 시기라서 백인이란 이유로 여러 가지 어려움을 겪었다는 이야기를 들었다.

그러나 나는 흑인도 백인도 아닌 흔히 접해 보기 힘든 '희귀한 인종'이었기 때문에 오히려 환대를 받았다. 황인종은 흑백으로 갈라진 두 인종 간의 엄격한 구분에서 벗어나 '중립적인 종'neutral race으로 인정되었기 때문이었다. 내가 길을 물으면 그들은 직접 그곳까지 나를 데려

다줄 정도로 환대해 주었다. 이른바 남부사람들이 손님에게 베푸는 후한 대접Southern Hospitality을 받은 셈이다.

나는 이런 현지조사의 경험을 십분 활용하여, 방법론 분야의 여러 학술지에 논문을 발표했고, 세 권의 영문 단행본 저서도 출판하여 이 분야에서 이른바 '매명'賣名을 할 수 있었다. 실로 현지조사에서 때로는 외부인outsider이 내부인insider/native보다 유리할 때가 있음이 사실로 입증된 것이다.

어디
출입하시오?

상주군 낙동면에 가기 위해 빗속에 비닐우산을 펴 들고 버스 정류장을 서성거렸다. 강물이 불어나는 바람에 상주발 대구행 버스가 운행이 어려워져서 정기 버스가 없다고 했다. 그러나 마침 임시로 운행하는 버스가 있어서 그것을 타고 백두점에서 내려 낙동면 사무소까지 걸어 가기로 했다.

낙동면 사무소에서는 식량증산대회를 하느라 떠들썩했다. 군수 이하 모든 기관장들이 총동원됐고, 동장들도 모두 그곳에 모여 있었다. 표본지역인 S리 동장도 거기 있다고 했다. 식량증산 방안을 모색하고 연구 검토하여 각자의 경험과 계획을 토론하고 계몽 선전하는 줄 알고 나도 이 대회에 참석했다.

그러나 대회 주제와는 전혀 다른 이야기가 확성기를 통해 울려 퍼졌다. 연사는 한일회담과 한일국교 정상회담의 필요성을 역설하고 있었다. 식량증산과 그 연사의 연설과 어떤 연관성이 있는지 생각해 보

한일국교 정상회담에 반대하는 학생들의 시위 장면.
출처: 국가기록원 (관리번호: CET0048350)

앗지만 이해가 잘 가지 않았다. 한일국교 정상회담의 필요성을 인식시키기 위한 '계몽대회'냐고 물어봤더니, 대학출신이라는 총무계 담당 면사무소 서기는 내 질문에 재치 있게 답했다. 원래는 식량증산대회를 했지만, 그것이 끝나고 시간이 남아서 여흥 겸 한일국교 정상화에 대한 이야기도 하게 되었다는 것이었다.

그 대회에 참석한 대가로 식권을 받고도 내 인터뷰를 도와주기 위해 점심까지 먹지 못한 동장과 함께 장사꾼들이 타는 핸들 쪽이 낮은 털털거리는 자전거로 20여 리 길을 재촉해 갔다. 점차 경사가 급해지자 내 자전거 실력으로는 동장을 따라가기 무척 힘들었지만, 내려올 때는 쉬우려니 하고 생각했다. 동장은 농담을 걸었다.

"여기서 자전거를 타기만 하면, 낙동면 사무소까지 갈 수 있으니 상주 군수 하기보다 낫지요."

이안면에서 채 씨들이 집성촌을 이루었듯이 여기는 도 씨 성을 가진 사람들이 많았다. 도 씨 집성촌에서 산을 하나 넘어 있는 U리는 조씨들의 고장임을 알고는 있었지만, 조 씨들이 그렇게 많은 줄은 몰랐다. 낙동면 면장에서부터 반장에 이르기까지 모두가 조 씨들이었다. 그뿐만 아니라 전통문화도 잘 보존되어 있었다. 새아씨가 '가마'를 타고 지나가는 것을 볼 수 있을 정도로 고풍이 창창한 곳이었다.

표본으로 선정된 분 역시 어느 조 씨 할아버지였다. 나는 그분께 먼저 정중하게 인사부터 했다. 할아버지는 궁금증이 발동했는지 내가 인터뷰를 시작하기도 전에 먼저 질문을 던졌다. 질문자와 응답자의 역할이 바뀐 격이었다. 그 할아버지는 나에게 물었다.

"고향은?"

"여기서 멀지 않은 봉화입니다."

"봉화 어딘데여?"

"바라미라고도 부르는 해저라는 마을입니다"

"해저? 그럼 춘부장 함자가 뭣이오?"

한동안 양반풍이 거세던 해저를 낙동의 조 씨 할아버지도 잘 알고 있는 듯했다.

"당신 외숙모도 이 동리 출신인데 알고 있소?"

실제로 우리 둘째 외삼촌이 그 마을로 장가를 드셨다. 그 순간부터 할아버지는 아예 내게 말을 놓았다. 우리 집 내력을 다 알고 있는 할아버지에게 어떻게 처신을 해야 할지 몰랐다. 당장 뛰쳐나오고 싶은 심정이었다. 어찌해야 할지 모르고 있을 때, 조 씨 할아버지는 또다시 질문했다.

"취택했소?"

'취택'取擇이라는 말의 뜻을 잘 몰라서 엉겁결에 "네"라고 대답했다.

"어디 출입을 하오?"

아이로만 알고 '하대'(말을 놓는 것) 하다가 '취택'했다는 말을 듣고는 '반하대'를 했다.

"어디를 출입하느냐"는 말을 나는 어디를 자주 가느냐는 말로 이해하고, "서울입니다"라고 대답했다. 조 씨 할아버지는 '서울'이라는 말을 듣고, 혼잣말처럼 "그 사람이 이젠 혼인을 아무하고나 막 하나?" 라고 했다.

조 씨 할아버지가 우리 아버지에게 가진 불만은 어떻게 아들을 옛날처럼 경상도 사람끼리 결혼시킬 것이지 알지도 못하는 서울사람과 혼인을 시켰느냐는 것이었다. 후에 우리 아버지를 만나면 따지기라도 할 듯한 기세였다.

그러나 나는 무슨 영문인지 몰랐다. 내가 질문을 하기는커녕 질의를 당한 셈이었고, 장가는 그 근처에도 가 보지도 못한 주제에 억지로 어른 행세를 하느라 진땀만 뺐다. 그때까지도 우리 집을 비롯한 경상북도 북부일대에서는 아직도 전통적인 완고함을 고수하는 분위기였다.

여기에 주석을 단다면, 그 후에 나는 중매 반, 연애 반의 결혼을 했는데, 우리 집사람의 고향이 '상주'였다는 사실은 참 아이러니하다. 그러나 내 둘째 며느리가 미국 남부출신의 백인일 것이라는 사실을 그 조 씨 할아버지가 미리 상상이라도 했더라면, 그분의 반응은 과연 어떠했을까?

238

사실 나는 원래 12남매 중의 막내였는데, 6명은 어려서 이런저런 병으로 세상을 떠나고 6남매만 남았다. 그리고 나를 제외한 우리 형제자매들은 춘양의 법전 강 씨 댁, 두월의 연안 김 씨 댁, 안동 하회마을 류 씨 댁, 도산의 퇴계 후손 이 씨 댁, 상주의 우복 자손의 정 씨 댁과 결혼했다. 그것을 아는 이 조 씨 할아버지는, 우리 아버지가 내가 집안도 잘 모르는 서울사람과 결혼했는데도 말리지 않은 것에 대해 불평했던 것이다.

그러나 실은 그때까지도 나는 "내 임은 누구인가, 어디 계신가, 무엇을 하는 임인가" 하는 권혜경의 〈호반의 벤치〉 노래 가사를 흥얼거리는 총각이었으니 말이다. 그런데도 조 씨 할아버지가 나를 장가간 사람으로 여기게 된 것은 그분이 사용하는 '고어'古語의 뜻을 제대로 이해하지 못했기 때문임을 나중에야 깨달았다.

그 할아버지가 말한 '취택'이라는 말은 경상도 반가에서 쓰던 옛말로 "결혼했느냐"를 묻는 뜻이었고, "어디를 출입하느냐"는 말은 "처가가 어디냐"는 의미였는데, 그 말뜻을 몰라서 내가 그만 실수한 것이었다.

말의 차이는 지역적 방언에만 한정되지 않고, 같은 지방이라고 하더라도 특정 계층 사이에 존재하는 언어문화의 차이에도 기인한다는 것을 새삼 깨달았다. 그때, 내가 법학 대신 인류학 공부를 했더라면, 흥미 있는 논문 몇 편 정도는 쓸 수 있었을 것이다. 같은 경상도 사람들끼리 대화하는 중에도 앞서 제주도 방언을 이해하지 못해 통역을 썼을 때와 같이 '문화 통역사'가 필요한지도 모르겠다.

이처럼 나는 조사와 면접을 통해 다양한 문화에 대해 관심을 갖게 되었고, 이것이 잠재력이 되어 후에 인류학 공부를 할 수 있게 되었는지 모른다.

조 씨 할아버지의 훈계를 듣고 났더니 재건국민운동의 간부로서 향토발전을 위하여 몸 바쳐왔다고 자부하는 한 청년이 헐레벌떡 숨을 가누며 나를 붙잡았다. 비료의 균등분배 문제에 관해 여러 가지로 할 얘기가 많다고 나에게 들어보라는 것이었다. 아마 막걸리 사발이라도 나시면, 밤새도록 애기할 자세었다.

나는 젊은이의 딱한 사정을 들어주지 못하는 것이 미안하긴 했지만 내 신분에 대한 오해를 풀어줘야만 했다. 우리의 연구조사 목적이 법률에 대한 국민의 의식을 연구하는 데 있지 정치적 문제나 민정을 시찰하는 것 같은 거창한 데 있는 것이 아니라고, 거의 사죄하듯이 설명하고 양해를 구한 후 헤어졌다.

상주 모서면의
험준한 추풍령 계곡

미래의 숲을 꿈꾸며
나무를 심는 사람들

U리에서 조사를 마치고 상주읍까지 걸어가는 길은 멀기만 했다. 작은 하천은 신발을 벗으면 건너갈 수 있었지만, 큰 하천은 비만 오면 못 다닌다고 하니 상주의 도로 사정은 빈약하기 그지없었다. 경제 사정도 그 명성에 걸맞지 않는 것 같았다.

별다른 특산물이 없는 상주는 고작 주위에서 생산되는 농산물의 집산지에 불과한 듯했다. 상주사람들의 순후淳厚한 인심과는 달리, 물가는 비싸고 싱싱한 어물魚物이나 해물海物은 찾아볼 수 없었다. 기껏해야 건어물乾魚物 정도를 볼 수 있었다.

모서면에 가기 위해 다시 보은행 버스를 타고 화동에서 내려서 모서면행 버스를 기다렸다.

"버스가 속리산에 쉬러 갔나 보네."

기다리는 승객들은 농담을 했다. 나는 무작정 기다리기보다는 주변

구경도 할 겸 6㎞의 거리를 걷기로 했다. 시간표는 버젓이 걸려 있는데 버스는 시간표와는 상관없이 나들이를 간 것 같으니 말이다.

모서면을 향해 걸으면서 인상적이었던 것은 부지런히 나무를 심는 길 양편의 풍경이었다. 산허리에 계단형의 턱을 만들어 나무를 심는 이른바 산복계단山腹階段 사방공사가 한창이었는데, 꽤 많은 사람들이 동원된 것 같았다. 그 당시만 해도 연탄이나 가스 등의 연료가 보급되지 않아 장작을 주로 쓸 때여서 나무를 함부로 베어 파는 사람이 있는가 하면, 그날 사방공사에 동원된 사람들처럼 나무를 열심히 심는 사람들도 있었다.

어느 사회, 어느 시대이건 간에 이런 '역설'paradox이 존재한다. 악질적 언동을 하는 사람들이 있는가 하면, 그 반대로 사회가 필요로 하는 선량한 사람들도 많다. 불필요한 사람보다는 사회가 필요로 하는 사람들이 다수이기에 인간사회는 여기까지 왔고, 앞으로도 면면히 이어지리라고 믿고 살 수 있는 것이다.

젊은 사람들은 그 나무들이 자라서 후에 울창한 산림을 이루고, 많은 사람들에게 시원한 그늘을 제공하리라는 사실을 믿고 열심히 묘목을 심었을 것이다. 하지만, 나이든 사람들은 그들이 그날 심은 나무가 제구실하는 모습을 보지 못하리라는 아쉬움도 있었을 것이다. 그러나 후손들을 위해 그들은 묵묵히 노력했고 그것이 오늘날 우리나라의 산천을 이만큼 푸르게 한 원동력이 되었을 것이다.

그 노력의 그 현장을 목격한 나는 행운아인지도 모른다. 요즈음 이른바 '100세 시대'로 일컬어지는 장수시대를 맞았으니, 그때 그 묘목을 심던 40대 중반의 중·장년들이 아직 생존해 있을 가능성도 충분히 있다.

마음의 눈으로
세상을 보는 맹인 청년

도보로 도착한 상주의 모서면에서 만난 할아버지 표본은, 내 질의에 응답할 마음이 전혀 없는 것 같았다. 나를 돕기 위해 동행한 총무계장의 설명도 설득력을 발휘하지 못했다. 그러나 방에서 이 실랑이를 들은 그 할아버지의 아들 되는 사람이 나와서 아버지를 정중히 설득해 준 덕분에 면접을 성공적으로 마칠 수 있었다.

집에 찾아온 손님에게 결례했다고 생각한 아들이 나를 방으로 안내하며 손님대접을 해 주었다. 방 안에서 그의 책상에 점자성경이 놓인 것을 보기 전까지 나는 그가 시각장애를 가진 사람인 줄 몰랐다.

그러나 그가 자기 아버지에게 질문한 질의서 내용을 듣고 내게 한 질문이나 대화 내용은 어느 지식인 못지않게 박식해 보였다. 비록 눈으로 보지는 못할지라도 점자서적點字書籍을 통해 세상과 교류하는 그의 의지와 노력은 6㎞를 걷는 것을 불평한 나를 면괴面愧하게 만들었다. 이래서 일본 사람들의 속담 중에 "자식을 사랑하거든 여행을 시키고, 배우자를 사랑하거든 집에 머물도록 만들라"는 말이 있는지도 모르겠다.

그래도 김천행이라고 써 붙인 버스가 모서면에 와 닿아 주었다. 내가 타고 가야 할 거리가 불과 80㎞에 불과했는데, 3시간은 족히 걸린다고 하니 예사로운 길은 아닌 듯했다. 버스는 계곡으로 빨려들어 가듯이 내려가기도 했고, 소달구지도 겨우 지나갈 듯한 논두렁 같은 길을 뒤뚱거리며 가기도 했다. 그리고 얼마 가지 않아 하천을 건넜는데 그 횟수가 헤아리기 힘들 정도였다.

버스는 승객이 무색하고 미안할 정도로 운행이 쉽지 않았다. 아마수륙양용 차라야 상주 모서면의 출입을 쉽게 할 수 있을 것 같았다. 나중에 그 험한 길을 빠져나와 국도를 만난 이후에야 그 길이 바로 추풍령 계곡이었음을 알았다. 그곳의 버스들이 속리산에 가서 하루 쉬어야 한다는 말이 농담만은 아닌 것 같았다.

　앞에서 말한 바와 같이, 법의식 조사과정에서 표본조사의 표본으로 선택된 응답자들에게 이 연구에 개인의 시간과 노력을 들여 응해 준 것에 대해 감사의 표시로 연구소의 이름이 새겨진 수건을 선물로 드렸다. 그런데 결과적으로 이 선물은 내가 정부기관에서 파견된 사람이 아니라 한 명의 조사원임을 알리는 데 더 유용하게 활용되었다.

　수건이 귀했던 당시에 응답자들은 좋은 선물로 여겼고 때로는 답례품을 주기도 했다. 모서면에서도 응답자로부터 답례품을 받았는데 무엇인지 궁금하여 버스 안에서 풀어 보았더니 유명한 '상주 곶감'이 싸여 있었다. '분'이 나서 먹을 만했다.

　그러나 '씨'가 많은 것이 흠이었다. "못된 상주 곶감 씨가 열두 개"라는 옛말이 생각났다. 전주를 다닐 때 얻어먹었던 전주 고산골 곶감 생각이 간절했다.

　후에 내가 미국에서 경험한 선물 교환 풍속은 한국과 매우 달랐다. 미국 사람들은 그 선물을 준 사람 앞에서 뜯어서 보고 감사 인사까지 하는데, 그런 문화도 일리는 있다고 볼 수 있다. 그렇게 하면 종종 신문에 나는 '케이크 상자' 속에 돈뭉치를 넣어 주는 뇌물 거래도 예방할 수 있지 않을까 생각해 보았다.

대통령의 고장 구미와
겸허한 낙동강을 지나며

경부선상의 작은 읍 구미와
선산의 집성촌

추풍령을 넘어 김천에 도착했지만, 가야 할 곳은 선산善山이었다. 그곳 지리를 잘 아는 사람의 조언에 따르면, 김천에서 바로 선산으로 가는 것보다는 구미읍 조사부터 하고 선산으로 가는 편이 훨씬 편리할 것이라고 했다.

1964년 봄에 내가 처음으로 찾아간 구미는 경부선상에 놓인 작은 읍에 불과했다. 하지만 인근 상모리에서 박정희 대통령을 배출했다는 긍지심이 대단했다. 구미 B동이 표본지역이었는데 경부선으로부터는 거리가 먼 곳에 위치해 있었다.

겨우 찾아가서 만난 할머니 표본은 너무나 냉담했다.

"달걀 꾸러미나 먹어야겠구먼(내가 말을 많이 한다고 비웃는 표현). 이런 '씰데없는'(쓸데없는) 짓은 와 하고 다니는 기요?"

가뜩이나 지친 몸에 사기마저 떨어져 온몸에 힘이 빠졌다. 내가 어

구미읍 상모리에 위치한 고 박정희 대통령 생가 (오른쪽). 출처: 노컷뉴스.
오솔길 뒤로 고 박정희 대통령 생가가 있는 옛 상모리 전경 (왼쪽).
출처: 월간조선, "한국의 명당 (2) 박정희와 김재규의 운명을 바꾼 풍수"

렵사리 찾아와 한 인터뷰가 그 할머니에게는 '쓸데없는 짓'으로 보였나 보다.

여기에 토를 단다면, 오늘날 구미는 이미 읍이 아닌 시로 승격했다. 내가 이곳을 조사한 지 5년 만인 1969년에 착공되기 시작한 공단은 1979년에 완공되고, 2006년에 4단지까지 확장되어 24.6㎢의 거대한 규모로 조성되었다.

2007년 내가 총장직을 맡고 있는 고려사이버대에서 '다문화가정 e-배움 캠페인'을 시작하면서 찾아갔을 때는 1단지 섬유 및 전자산업단지, 2단지 반도체산업단지, 3단지 첨단산업단지, 그리고 4단지는 디지털산업 및 외국기업전용단지로 한국 제 1의 공업단지로서의 위용을 갖추고 있었다.

1964년에 방문한 이래 43년 만인 2007년에 다시 찾은 구미는 놀랄 만큼 현대화되었고 내 기억 속에 남아 있던 43년 전의 구미는 자취조차 없었다.

2010년대 구미공단의 모습.
출처: 한국산업단지공단.

구미에서의 조사를 끝내고, 선산군의 소재지가 있는 곳에 왔지만, 머물 만한 여관이 없었다. 사람들이 추천하는 곳을 찾아갔는데, 그나마도 장기투숙 하숙생이 차지하고 있었다. 겨우 사정하여 S여관에서 방을 얻을 수 있었다. 그때 선산은 국도에서 멀고, 별다른 특산물도 지하자원도 없어서 외부 사람들의 왕래가 극히 드물었다. 외부에 의지하지 않고 선산만의 것으로 살기에는 힘겹게 느껴졌다.

그래도 옛날부터 '선산 약주'라는 말은 들어 본 일이 있었으니 선산은 유명한 약주의 고향인 듯했다. 나는 술을 마실 줄 모르지만, 선산약주 한두 잔에 선산 얘기라도 들을 겸 해서 술을 파는 뒷골목을 찾아나섰다. 그런데 근사한 요릿집 같은 것은 고사하고 그저 수작하면서 마실 만한 곳도 찾을 수 없었다.

다방 역시 하나밖에 없는데 그마저 영업이 되지 않아 막 문을 닫으려는 참이었다. 손님이 거의 없는 탓에 다방 아가씨는 다방을 비워 둔 채 옆집 미장원에 나들이 가고 없었다. 사람들이 모여 얘기하는 곳도 없었다.

고작 찾아간 곳이 약방이었다. 약방을 찾아가면 지적인 대화를 나눌 수 있으리라는 기대에서였다. 아무리 시골이라고 해도 대부분의 약방에는 대학을 졸업한 약제사가 있기 때문에, 얘기가 통하고 대화를 나누기에도 안전했다. 약방에는 30대 중반으로 보이는 여자 약사가 있어 질문을 건넸다.

"선산에서 저녁을 먹으면서 반주라도 한잔할 만한 집이 없을까요?"

"지금 묵고 있는 숙소가 어디신데요?"

"S여관입니다."

"이곳에서 그 여관 이상으로 더 음식을 잘하는 곳이 없으니 거기서 식사를 하시지요."

옆에 앉은 약사의 남편으로 보이는 청년의 말에 의하면, 원래 선산 약주는 찹쌀로 빚은 곡주穀酒이기 때문에 마시다가 술상에 흘리면 술잔이 상에 딱 붙어서 떨어지지 않는다고 했다. 그런데 이런 '맛물'(첫 번째 뜬 술) 약주는 외부에 팔기 위해 선산에서는 팔지 않는다는 것이었다. 진정한 선산약주는 대구나 상주사람들이 마시고, 선산사람들은 뒤에 걸러낸 맛없는 약주만 마신다는 것이었다.

그 이야기를 듣고 보니 내 고향 봉화의 송이 생각이 났다. 송이는 봉화의 명물이지만 정작 1등품은 봉화에서 사기 힘들다.

선산의 무을면 역시 교통이 불편했다. 비가 조금만 오는 날이면 차는 제 마음 내키는 대로 가든지 말든지 한다고 했다. 하는 수 없이 엄청나게 비싼 택시로 무을면 사무소까지 갔다. 면장은 매일 서울에서 일어나는 대일對日 굴욕외교屈辱外交를 반대하는 학생들의 데모 얘기를 듣고 싶어 했다.

면장과 사사로운 토론을 할 시간이 없어 비를 맞으면서 A동을 찾았다. 비에 온 전신이 젖어 앉지도 서지도 못할 노릇이었다.

"무슨 '이바구'(이야기)인데요?"

노인 표본을 만나 장황한 얘기를 시작하려던 참에 그의 천진한 질문에 할 말을 잃었다. 그는 아직도 자기가 나고 자란 A동 밖을 벗어나 본 일이 없다고 했다. 정말로 법 없이도 살 사람이었다. 그런 착한 노인 분들은 법의식에 관한 질의응답을 하는 일이 어쩌면 사치같이 느껴지는지도 모르겠다.

그는 선산의 불편한 교통에 관한 속사정을 설명해 주기도 했다. 옛날 경북선 철도를 가설할 때 경북선이 무을면 앞을 지나가도록 설계가 되어 있었는데, 그때 마을 노인들이 동리 앞에 기차가 지나가면 동리가 망한다고 하여 당초의 계획 지점인 그곳을 못 지나가도록 한 것이 원망스럽다는 것이었다.

그것은 그때 일이라고 쳐도, 내가 그곳을 방문한 1964년에도 동리 앞에 있는 논둑을 막아 저수지를 만들면 많은 사람들이 이득을 볼 수 있을 터인데도 동리 어른들이 결사적으로 반대하는 바람에 그 일을 진행하지 못했다고 했다.

돌아오는 길에, 남 씨 집성촌인 M동에서 유식한 처녀 표본과 질의응답을 했다. 일사천리 격으로 대답해 준 그녀도 51개의 질의서 문항에 대해 인터뷰를 마친 후에는 땀이 나고 목이 마른 모양이었다. 화장기 없는 얼굴의 그녀는 옷고름으로 이마와 코에 묻은 땀을 연신 닦았는데 그 모습이 양 볼에 난 솜털보다 더 소박하게 보였다.

경상도의 저력을
품은 낙동강

김천으로 가는 길인 감천강둑에서는 연일 내리는 비에 논보리가 침수되어 누렇게 썩어가는 참혹한 광경을 보았다. 옛날부터 감천강이 말라야 선산 아주머니들이 풍년이 들었다고 밥주걱을 들고 춤춘다고 하지 않았던가?

감천강을 다시 가야 했지만, 낙동강 건너편이기 때문에 물이 불어난 지금은 강을 건너기 어렵다고 해서 포기했다. 하는 수 없이 대구행 버스를 타고 왜관 앞의 긴 낙동강을 건넜다.

무능하기 짝이 없는 강이라고 낙동강을 원망하는 사람들도 많다. 예로부터 "7백 리를 흘러가면서 제힘으로는 세 마지기의 논에도 물을 대지 못한다"고 놀림을 받는 강! 근래 안동댐과 임하댐이 건설되기 전까지 낙동강은 발전소 하나도 건설하지 못할 정도의 완만한 유속으로 그냥 느릿느릿 흘렀다.

이러한 무능함 때문에 사투리의 고장 사람들에게 버림받아 왔지만, 누란의 위기 때마다 국란을 타개할 힘을 보인 위력은, 참다못해 마지막에 용단을 내리는 경상도 사람들의 성품에 부합하는 것이었다. 1950년 6·25 전쟁으로 공산군이 노도처럼 밀려와 준비 없던 우리로서는 그들을 막아낼 길이 없어 속수무책이었을 때, 낙동강은 적군을 막아 주는 데 성공적 기여를 했다. 그 많은 적을 자기의 품속으로 삼켜 준 그 힘 말이다.

낙동강은 무능한 강이 아니고 겸허한 강임에 틀림없다.

'달구벌' 대구에 대한
동경과 회한

아이는 '담보물'이
안 되는 대구행 버스

선산에서 떠나는 대구행 버스 속에서 진풍경이 벌어졌다. 술에 취한 사람이 아이 둘과 함께 버스를 타고 차비는 자기가 내리는 대구 근교의 정거장에서 주겠다는 것이었다. "되지 않겠느냐"느니, "안 된다"느니 하는 차장과의 시비가 그 세 사람이 내리는 목적지까지 계속되었다. 술에 취한 그 승객은 정신없이 횡설수설했고, 여차장은 차장대로 화가 나서 다른 승객들은 아랑곳하지 않고 소리를 질렀다.

그 당시 열차, 버스 등에서 승객 안내와 차량 운행에 관계된 일을 맡은 사람을 '차장'이라고 했는데, 일명 '안내양'이라고 부르기도 했다.

술에 취한 승객과 차장과의 싸움 등쌀에 정신없이 버스는 왜관 가까이까지 왔다. 차장은 재빨리 버스요금을 내라고 했지만, 술에 취한 그 승객은 읍에 들어가서 요금을 구해올 터이니 차를 좀 세우고 기다리라는 것이었다. 차장은 그 말을 믿을 수 없으니 기다릴 수 없다고 했다.

술에 취한 그 승객은 두 아이를 차장에게 맡길 것이니 만일 요금을 가져오지 않으면 아이들을 차장 마음대로 하라고 했다. 그 승객은 두 아이들을 마치 그의 마지막 '담보물'로 생각하는 것 같았다.

그러나 딱한 것은 차장은 아이를 담보로 받기는커녕 구차한 생활을 하는 사람이 아이를 주체할 수 없어서 버리는 기회로 이용하려 한다고 믿는 것이었다. 차장으로서는 후에 두 아이를 처리하는 것이 차비를 떼이는 것보다 더 골치 아픈 걱정거리라고 생각하는 것이었다. 전에도 한 번 그런 일을 당한 경험이 있는 것 같아 보였다.

아무리 못난 부모일망정 어버이 된 자가 자식을 담보물로 맡기는 그 심정이 얼마나 안타까울까 생각하니 총각인 내 마음도 무겁기만 했다. 그러나 국민의 연평균소득이 2만 달러가 넘는 지금과는 달리 당시는 국민의 연평균 소득이 1백 달러이던 시대로 에티오피아보다 더 가난했던 때였다. 그래서 자식들을 먹이고 입힐 것이 없어서 굶어 죽도록 두기보다는 차라리 누군가 그들을 맡아 키워 줄 사람이 나타나기를 기다리는 가난한 부모들이 종종 있었다.

무엇보다도 부모가 사랑하는 자식을 담보로 맡기겠다는 애원마저 거짓으로 생각하는 세상의 인심이 싫었다. 그런 하소연을 거짓이라고 해석해야만 똑똑한 차장이라고 취급받는 세상인심이 야박하게만 느껴졌다. 소녀 버스차장이 어린 나이에 세상을 너무 많이 아는 것 같아 싫어졌다.

그럴 때다. 허름하게 차려입은 늙은 승객이 이 딱한 사정을 듣고 이 3부자의 차비를 선뜻 내주었다. 그것을 보고 그 어른이 그렇게 고마울 수 없었다. 나에게 동정을 베푸는 이상으로 고마웠다.

왜관은 그곳에 주둔한 미군들 덕분에 그곳에서 대구까지는 도로가 잘 포장되어 있었다. 그것도 다른 곳에서 흔히 보듯이 길 가운데 부분만 포장한 것이 아니고 길 전체를 다 덮어 포장했다.

'신동'이라는 곳을 지날 때 차 안에서 누군가가 열심히 설명하기를 그곳에 터를 넓게 잡고 나병환자癩病患者를 집단으로 수용하는 건물이 있다고 했다. 나병환자는 나균癩菌에 의해 생기는 만성전염병인 나병에 걸린 환자를 말하는데, 나환자 혹은 한센Hansen인이라고 부르기도 했다.

그들이 사는 곳에도 교회가 있고, 다방도 있고, 학교도 있으며, 없는 것이 없이 거의 모든 것이 다 있다고 했다. 한 사회 내에서 다시 어떤 특수사회를 구성하여 살아야 하는 나병환자들. 비록 생활이 불편하고 주거나 이전이 자유롭지 않더라도 자기네들의 사회 내에서는 동료의식이 강하고, 폭력이 난무하지 않으며, 부정이나 불화, 그리고 시기와 협잡이 없다는 말을 듣고 위로가 되었다.

차는 점차 대구로 접근해서 팔달교를 건넜다. 6·25 전쟁 때 인민군 선발대가 이 다리까지 왔었지만, 대구사람만큼 억센 이 팔달교는 공산군의 도강渡江을 허락하지 않았다. 대구는 서울, 부산과 함께 한국의 3대 도시다운 위용이 있었다. 팔공산 밑 분지의 질펀한 평지는 아직 다 메워지지 못한 채 도사리고 있지만, 지금 그대로의 대구도 작은 도시는 아니었다.

'가지 않은 길'에
대한 회상

나는 개인적으로 대구에 연민憐憫의 정과 함께 회한悔恨도 가지고 있다. 6·25 전쟁은 내가 국민학교 6학년이 되던 해에 일어났다. 전쟁으로 모두가 피란민이 되었으니 6학년 과정을 공부하는 학생도 있었지만, 대부분의 학생들은 그 과정을 제대로 이수할 수 없었다. 특히 서울 학생들은 피란지에서 피란민 학교를 다니는 둥 마는 둥 했다.

그래서 나라에서는 하는 수 없이 시험성적으로 등급을 매기는 '국가고시'를 통해 이들의 실력을 가늠하기로 했다. 그래서 우리 세대는 한국에서 국가고시를 쳐 본 첫 세대가 되었다.

그 당시 공부 잘하는 학생들이 많이 몰린 서울과 경인지역은 공산 치하에 들어가는 바람에 그곳 학생들은 제대로 공부할 수 없게 되었다. 나는 요행히 안전한 시골에서 공부에 몰두하여 국가고시에서 남보다 좋은 성적을 받을 수 있었다. 대구는 공산군이 점령하지 못한 지역으로 공부하기 좋은 환경이라서 대구 학생들은 다른 지역 학생들에 비해서 실력이 좋았다. 그래서 대구의 명문중학교의 입시 경쟁률은 전국에서 가장 높았다. 그러나 나는 운이 좋아 높은 점수를 받은 덕에 대구에서 제일 명문 중학교에 합격했다.

그런데 문제는 대구 명문중학교에 입학허가는 받았지만, 대구에서 학교를 다니려면 삼촌댁에 얹혀살아야만 한다는 것이었다. 그런데 그 당시 삼촌은 이미 은퇴하신 상태였고, 당신의 자녀 6남매를 보살피기도 어려웠다. 내가 더부살이할 만한 형편이 못 되었다.

입학시험을 치기 위해 대구에 와 있는 동안 삼촌댁에서 며칠을 살아 보니 도무지 가능한 일이 아닌 것 같았다. 내가 끼어서 잘 만한 물리적 공간마저 없었다.

결국 나는 대구에서의 사치스러운 중학생활을 포기하고 '봉화'로 돌아갔다. 그 후, 휴전이 되어 서울로 오기까지 나는 봉화에 있느라고 중학교에 다니지 못했다.

내가 대구 유학을 포기한 것을 아는 친구들은 지금까지도 만일 그때 입학이 허가된 대구의 그 명문중학교를 졸업했더라면 1980년대에 한국의 정계와 관계를 주름잡던 이른바 'TK'(대구와 경상북도의 이니셜을 합성한 약어) 덕을 보았을 것이라는 농담을 하기도 한다. 내 생각에도 그때 다른 결정을 했더라면 인생 여정이 바뀌었을 수도 있을 것 같다. 또, 내 첫사랑이자 짝사랑인 '단발머리' 여학생도 중학교까지는 대구에서 학교를 다녔다. 그런 이유로 지금까지도 나는 대구에만 가면 남다른 감회에 젖곤 한다.

소년 시절 나의 '꿈의 도시'였던 대구. 그곳을 생각할 때마다 로버트 프로스트Robert Frost의 〈가지 않은 길〉The Road Not Taken의 한 구절을 떠올려 본다.

숲 속에는 두 갈래의 길이 있었고
나는 사람들이 적게 다닌 하나의 길을 택하였다고
그리고 그것은 모든 것을 달라지게 했노라고.

대구의 삼다三多
약방, 극장, 에누리 택시

그런 회한이 많은 대구에서 새롭게 발견한 사실은, 다른 도시에 비해 어디에서나 찾을 수 있을 정도로 약방이 많다는 것이었다. 한 지방도시에 약학대학이 둘씩이나 있으니 그럴 법도 하지만 대구 중심가에서는 거짓말 조금 보태면 열 발자국만 떼면 약방을 볼 수 있으니 말이다.

대구는 양약뿐만이 아니라 한약 약재상이 많은 곳으로도 유명하다. 대구의 약령시장은 조선 후기 때부터 300년간 내려오는 전통을 자랑하는 곳이다. 한때는 이 약령시장이 동남아시아와 유럽 약재상들까지 영향을 미쳤다고 한다.

비록 6·25 전쟁 이후 약령시장은 쇠퇴했지만, 약재상이 모였던 골목은 아직도 그 명성을 유지하고 있고, 1978년에 다시 개설되었다고 들었다. 옛 약령시장의 자랑은 퇴색했지만 '신 약방'이 그 전통을 계승하여 성시를 이루고 있었다.

또, 대구는 다른 지방도시에 비해 극장이 많다. 비록 지정좌석이 있거나 냉방시설을 갖춘 극장은 드물었지만, 극장 수만은 많았다.

그러나 대구에는 '미터기'를 갖춘 택시가 없었기 때문에 대구 택시 요금은 비싼 편이었다. 처음 가는 사람은 어느 곳까지가 한 구역인지를 몰라 그 구역만 넘어가면 한 발자국을 더 가도 구역요금을 내야 했다. 전체 거리라고 해 봤자 서울의 기본요금 구역을 넘을 것 같지 않았지만, 몇 구역을 넘다 보면 바가지요금을 내는 결과가 됐다.

대신 대구에는 '합승'을 의미하는 일본말에서 그 명칭이 유래된 '아이노리'あいのり라는 유사택시의 일종이 있었는데, 요금은 당시 택시의

유명한 대구의 약령시장. 조선시대에 성황을 이루었고 일제 강점기에 명맥이 끊겨졌다가 1978년에 다시 개설되었다. 출처 : 국가기록원 (관리번호 : CEN0001120)

한 구역 값이 7원보다 저렴한 5원이었다. 그래서 그 이름을 아이노리라고 부르기보다는 '에누리'라고 하면 더 맞을 것 같다고 생각했다.

버스를 타려고 버스 정거장에서 기다리다 보면 이 에누리 택시가 와서 멈춘다. 버스비에 태워 줄 테니 타라는 권유다. 합승 정거장에 서 있지 않고 버스 정거장에만 서 있어도, 열 번이면 열 번 다 버스비에 에누리 택시를 탈 수 있었다. 편리하고 요금도 저렴했다. 버스와의 경쟁 때문에 빈 차로 다니기보다는 버스요금이라도 받고 사람을 태우는 융통성을 발휘하는 것이었다.

행방불명된 공문과
좌충우돌 인터뷰

대구를 위시한 경상북도 북부지방에 면접하러 다니면서 느낀 가장 큰 문제는 내무부에서 장관 명의로 우리가 진행하는 법의식 조사에 협조하라는 내용으로 발송한 공문을 도청을 위시한, 시, 군, 면에서 받은 일이 없다고 하는 것이었다.

유독 경상북도 북부지방만 그것도 특정 군이나 면사무소가 아니라 전 지역에 걸쳐 공문의 존재를 모르고 있다면, 도청에서 공문 처리를 해주지 않았거나 중요하지 않은 공문으로 분류한 것 같았다.

답답한 일이었지만 사실을 확인할 길도 없고 결국 고생만 갑절로 하게 되었다. 매번 각 관서에 직접 가서 일일이 사정을 설명해야 했던 것이다.

실제로 대구 중구의 구청 공보담당 직원과 함께 D동을 들러서 물으니, 동장의 말은 야유 반, 농담 반이었다.

"그런 공문이 안 왔는데예…"

"그래서 내가 직접 왔잖심껴?"

구청직원의 대답이었다.

"자네가 공문인가?"

흥미 있는 얘기다. 관청 공문 송달이 '사발통문'이 된 셈이라, 동장의 야유도 무리는 아니었다.

어떻든지 간에 D동은 대구의 중심가였다. 아마 서울로 치면 '다동'이나 '명동' 정도는 족히 될 만했다. 표본들은 주로 식당이나, 요정, 여관 등에 일하는 사람들이 많았다.

병원도 포함되었지만 그 표본은 의사가 아니라 의사의 사모님이었다. 주소를 보고 가정집이 딸린 병원을 찾아가 조심스럽게 문을 두드리며 물었다.

"계십니까?"

"계십니더. 들어오이소."

안에서 표본의 남편인 듯한 남성의 담담한 목소리가 들렸다. 그런데 막상 내가 들어가자 그의 태도는 돌변했다.

"뭐요? 뭐하는 사람이오? 왜 그래?"

무뚝뚝할 것이라고 각오했지만, 그 정도로 불친절할 수는 없었다. 그는 부인이 없다고 딱 잘라 말했다.

"그럼 사모님이 언제쯤 돌아오시나요?"

"모르겠심더. 작정 없어예. 바쁘니 그만 가이소!"

아무리 변두리 동네 의사라도 병원 간판을 내걸었으면 대학은 나왔을 터인데, 대학을 나온 사람 같은 교양을 갖추지 못했다. 4년도 아니고 6년이나 걸리는 대학교육을 받았을 터인데 말이다.

만일 내가 "환자인데요?"라고 말했더라면 그 의사의 반응은 분명히 달라졌을 것이다. 동행한 구청직원도 분개하는 표정이었다. 부인이 집에 있다는 사실을 숨기는 의사를 이해하기 어려웠지만, 그렇다고 그 집을 조사할 수도 없는 일이었다. 어쩔 수 없이 구청 사무실로 돌아가 선거인단 명부 중에서 대체표본을 다시 추출하는 번거로운 과정을 거쳐야만 했다.

이번에 찾아간 곳은 어느 요정이었다. 면접해야 할 표본의 성과 이름이 좀 독특하게 '성매란'이었다. 표본의 직업은 접대부인 것으로 보이나 이름은 고급기생 같았다. 의사 사모님에게 거절당한 경험을 되풀이하지 않기 위해 온갖 교태를 다 부리면서 물었다.

"성매란 씨 계세요?"

나는 시골로 쏘다닌 탓에 피부는 검게 그을리고 몰골이 흉측해졌으므로 어느 모로 보나 요정을 출입할 정도의 대구 신사로는 보이지 않았을 것이었다. 내가 '매란'이를 찾는 소리를 듣고 의아한 눈초리의 아가씨들이 이 방 저 방에서 나왔다. 불청객을 보는 듯한 의심에 찬 눈빛이었다.

병원에서 거부당한 것에 난처했던 안내를 맡은 구청직원이 우리가 매란이를 찾는 이유를 장황하게 설명했다.

"어데서 왔심껴?"

그 요정의 '마담'인 듯한 비만한 체구를 가진 여인이 흘겨보며 묻는다.

"서울서요."

"서울?"

깜짝 놀라면서 반가운 낯빛으로 응수하는 여인은 바로 우리가 찾던 매란이었다.

"왜? 또 누가 언니 찾아왔수?"

서울말을 쓰는 여인이 화장실에 갔다 오면서 참견했다. 아마 매란이라는 여인은 남자들에게 인기가 대단한 모양이었다. 약간은 건방진 태도로 답했지만 세상 풍파를 다 겪은 듯한 느낌을 주는 그녀는 6·25 전쟁의 소용돌이에 휩쓸려 서울에서 대구까지 내려온 것 같았다.

그녀는 유흥세의 불합리성에 대해 조목조목 설명했고, 그런 까다로운 세법제도가 오히려 탈세를 조장한다고 강조했다. 현실에 합당치 않는 불합리한 법으로 인해 법에 대한 신뢰나 존경을 상실하게 된다고도 했다.

거의 20여 분을 '공주'들 틈에 끼어 애기를 나누다 보니 오랜 여로에 젖은 총각 냄새가 화장품 냄새에 중화가 된 것 같았다. 흡사 '여탕'에 잘못 들어간 것 같은 어리둥절한 기분도 들었다.

"그렇게 다니면, 돈을 얼마나 받는 기요?"

그중에서 제일 박색인 여인이 말을 걸었다.

"글쎄요 ···. 그냥 연구 조사하는 거니까요."

예상치 못한 질문에 내가 좀 당황하자 그녀는 다시 되받아쳤다.

"피로회복제 통이나 마셔야 되겠네에···."

동정하는 말씨치고는 거칠기만 했다. 그녀는 말은 하지 않았지만, 돈이 생기지 않는 연구를 우습게 생각하는 것 같았고, "왜 소득 없는 그 따위 짓을 하는 데 정력과 시간을 낭비하면서 남을 귀찮게 구느냐?"고 묻는 것 같이 보였다.

목사가 설교를 하고도 돈을 받는 세상이니 세상에 돈으로 산정되지 않을 것이 없기는 하지만, 돈과의 친분이 너무 대단하게 보였다.

요정에서 곤혹을 치른 후 만난 B동의 젊은 남성 표본은 매우 친절하여 이전 면접과는 달리 수월하게 진행할 수 있었다. 21명의 대식구가 사는 정미소 집의 아들로, 법학을 전공하였고 가톨릭 신자였다. 대구에는 놀랄 만큼 가톨릭 신자가 많으며 가톨릭이 인기가 있는 것 같았다. 그는 법학도답게 법과 관련된 자신의 의견을 내세웠는데 요즈음 범죄가 많은 것은 법이 너무 관대하기 때문이라는 것이었다. 범어동 등지에는 특별히 절도가 많은데 도적의 손가락을 잘라 버리면 이 문제를 해결할 수 있다는 식의 과격한 논리를 폈다.

다음 목적지인 P동을 가기 위해 동촌서부터 묻기 시작했는데, 25리
는 족히 된다고 했다. 원래 달성군이던 곳이 대구시로 승격 편입됐다는
것이었다. 과수원 사이를 지나 6 · 25 전쟁 격전지 팔공산을 끼고 그냥
걸었다. 대구에서 보기 드문 유원지인 동화사를 가는 손님의 대열에 끼
어서 P동으로 향했다.

그런데 P동으로 가는 길에 본 풍경은 동화사의 그것과 비교해도 전
혀 손색이 없었다. 규모는 크지 않았지만 폭포도 있었다. 물이 좋고 길
좌우편의 벼랑도 절경이었다. 조금도 더운 기가 없었다. 동화사만 좋
다고 찾아가는 대구 시민들이 안타까웠다. 아마 그들은 숨은 명소인 이
곳을 모르기 때문이리라. 개천이 여러 번 길을 가로질러 흘러가기 때문
에 신발을 여러 차례 벗어야 했지만, 그 물에 발을 담그는 것이 꺼려지
지 않았다. 모르는 사람의 눈에도 좋은 곳임에 틀림없었다.

알고 보니 P동을 가는 길 사이에 옛 고려 문종 때 지은 부인사符仁寺의
절터가 있었다. 부인사는 팔만대장경의 초판이 있었던 곳이지만 몽골
침략 때 불탔다고 했다. 이른바 '오랑캐'의 발자국이 그곳까지 미쳤다
고 생각하니 마음이 음울했다. K대학의 노력으로 예전에 소실되었던
기왓장은 찾았지만, 아직 주춧돌을 찾지 못해 절의 정 위치를 모른다
고 했다.

확실히 부인사는 팔만대장경을 보관해 둘 만한 곳이었다. 그렇게 먼
곳이 대구시로 편입되었으니 찾아가기 힘들긴 했지만, 직접 가 보니
대구시가 왜 그런 욕심을 냈는지 충분히 이해할 수 있었다.

조사하면서 알게 된 대구는 완고한 도시였다. 외부의 변화에 민감하
지 않고, 무언가를 자기 속에 넣고 그 안에서 용해시키려는 고집이 강

한 도시처럼 보였다. 새로운 형태의 건축이나 장식에 큰 관심을 두는 것 같지도 않았다. 그냥 현재 자기 상태를 보존하는 데 더 열중하는 것 같았다.

대구는 무쇠라도 자기 품속에 넣고 녹여내는 자신만만하고 패기 있는 도시이자 대륙성 기질을 지닌 육중한 도시였다.

영천 가는 길에
어느 노인의 갓을 부수고

손님이 토박이에게 한
'점심 접대'

대구와 영천 사이의 버스는 서울 시내버스 못지않게 자주 다녔다. 그 버스 중에는 붉은 글씨로 '직행'이라고 표시한 버스도 있었다. 도중에 하차할 필요가 없어서 급행을 탔지만, 대구를 떠나 10분 정도 지나자 버스기사는 '직행'이라는 표지를 떼 버리고 마음대로 손님을 태웠다. 졸지에 완행으로 변한 버스를 타고 영천에 닿았다.

표본지역인 J동은 읍에서 10리 정도 되는 거리에 있었고 인근에는 과수원이 많았다. 보통 '대구사과'라고 하지만, 실상 사과는 경산, 영천 등지에서 생산되는데 생색은 대구가 내는지도 몰랐다. 표본이 된 마을사람들, 특히 여성 표본들을 만나기 힘들어서 물었더니 동네의 거의 모든 사람들이 경주로 봄나들이를 갔다는 것이었다.

면접이 끝난 J동에서 멀지 않은 고경면으로 갔다. 포항으로 가는 국도변이라서 교통이 편리했다. 그러나 도와주기로 한 면사무소의 총무

264

계장이 기술적으로 나를 피해 버렸다. 마침 내가 가야 할 C마을 이장이 면사무소에 용무가 있어서 와 있던 참이라 그의 도움을 받기로 했다. 그는 마을에 가면 음식이 마땅치 않으니 점심 '요기'를 하고 가자고 했다.

그리고 식당에서 호기롭게 큰 소리로 닭곰탕 두 그릇에 막걸리까지 시켰다. 남의 동리에 면접하러 가면서 술 냄새를 풍길 수 없어 술잔을 거절했더니 그는 혼자서 막걸리를 들이켰다. 나는 그곳 면접을 마치고 다음 예정지로 가야 하기 때문에 바삐 서두르고 싶었지만, 그는 도무지 일어설 기세가 아니었다.

사정하다시피 하여 겨우 일어섰는데, 그는 계산도 안 하고 그냥 나가 버리는 것이었다. 하는 수 없이 내가 점심 값을 부담하게 됐다.

지금까지 거의 1년을 넘도록 지방 조사를 다녔지만 우리 연구의 안내를 맡은 공무원이나 동장, 이장들은 나를 대접할 여력이 없으면 끼니때에는 아무 말 하지 않든지 아니면 "미안하다"고 말하는 경우가 대부분이었다. 그때마다 나는 내 여비를 줄여서라도 그들에게 감사의 뜻을 표시했는데, 이번에는 마음이 좀 편치 못했다.

부탁을 했으니 점심 정도의 대접을 하는 것은 당연하지만, 그래도 자기 마을을 찾아온 손님인데 빈말이라도 자기가 점심 값을 낸다고 했다면 얼마나 더 유쾌했을까?

옛날에 경찰관과 신문기자, 그리고 기생이 함께 술을 마셨는데, 그 술값은 결국 기생이 치렀다는 농담이 생각났다.

청송행 버스에서 벌어진
'오 마이 갓' 소동

화북면에 가야 했다. 그곳까지는 합승이 자주 다닌다는 혹자의 말은 맞지 않았다. 영천읍에서 화북까지 다니는 몇 대의 합승은 나들이 다니는 사람들의 전세용으로 유원지와 관광지를 향해서 떠난 상태였기 때문이다. 청송으로 가는 버스가 와 닿았지만, 출발지가 대구라서 버스 안은 비좁았다.

　복잡하고 혼잡하였지만 대개의 시골 장거리 버스가 그렇듯이 좌석 위쪽에 여행용구를 실을 수 있는 선반이 갖추어져 있어서 편리했다. 나는 넓은 갓을 쓴 두 할아버지가 앉은 좌석 위쪽 선반에 내 여행가방을 얹고 그 옆에 서 있었다.

　두 할아버지는 이야기를 하느라고 주위를 살피는 것 같지도 않았다. 아마 상가에 문상 가는 조문객인 듯했다. 그런데 갑자기 버스가 영천읍의 뒤 고갯마루에서 크게 동요했다. 눈 깜짝할 사이에 선반에 올려놓은 내 가방이 아래로 떨어지면서 한 할아버지의 갓을 쳤다.

　그 바람에 갓 테가 부서지면서 떨어져 내려 할아버지의 목에 걸리고 갓 윗부분만 머리에 남게 되었다. 그 할아버지는 노발대발^{怒發大發}했다. 갓은 쓸 수 없게 망가졌으며, 점잖은 어르신이 문상길에 맨 머리로 가게 된 셈이었다.

　화가 머리끝까지 치민 할아버지는 펄펄 뛰었다.

　"이 짐 뉘긴 기요? 응 응 ⋯ ."

　온 차 안이 발칵 뒤집혔다. 할아버지는 들었던 지팡이로 내 가방을 쑤셔댔다. 당장 주인 나타나라고 호통을 쳤다. 하도 노기가 등등하여

266

그 가방 주인이 나라는 사실을 말할 용기가 선뜻 나지 않아 망설이는 틈에 기회를 놓치고 말았다. 몇 푼의 변상을 한다고 해서 해결될 문제 같지도 않았다.

기왕에 바로 얘기를 못했을 바에야 그 어른의 노기가 좀 가라앉은 다음에 사과하기로 작정했지만, 그것이 옳지 않다는 것도 알았기에 내심 죄송스럽기 한이 없었다. 그러는 사이에 할아버지의 지팡이는 내 가방을 사정없이 쑤셔댔다.

나는 아예 시치미를 떼고 할아버지를 달랬다.

"할아버지 이렇게 노여워하시면 겁나서 가방 주인이 나오겠습니까? 주인이 있어도 가만있을 게 아닙니까? 조용히 말씀하시면 주인이 나오겠지요."

할아버지는 자기 갓을 부순 가방 주인이 나타나지 않는다면, 그 가방을 차창 밖으로 던져 버리겠다고 했다. 족히 던지고도 남을 기세였다. 우선 그 가방을 선반에 다시 얹어 두는 것이 안전할 것 같았다. 그래서 나는 그 할아버지께 다시 말을 붙였다.

"그럴 수야 있습니까? 우선 선반에 얹어 놓고 따지셔야지요. 그 가방이 다시는 떨어지지 않도록 제가 잡고 가겠습니다."

옆에 앉은 할아버지는 젊은 양반의 얘기가 옳다며 떠들면 떠들수록 주인이 나타나지 않을 것이라고 거들었다.

"젊은 양반, 자기 짐도 아닌데 와 자꾸 카능교?"

당사자인 할아버지는 못마땅해 했다. 아직도 그 가방 주인이 나인 줄 모르는 모양이니 굳이 내 것이라고 밝히기에는 너무 늦은 감이 들어 좀더 안정되기를 기다렸다.

옆 좌석에 앉은 여학생은 전 과정을 지켜본 터라 배꼽을 잡고 웃고 있었다. 가방의 주인치고는 너무 태연하게 시치미를 떼는 내 행동과 할아버지가 발을 동동 구르는 모습을 번갈아 보았다.

그 와중에 화북에 도착했다. 두 할아버지는 내릴 준비를 했다. 나도 그곳에서 내려야 했다. 다행히 갓이 부서진 할아버지의 노기가 가신 듯해서 내가 그 가방의 주인임을 이실직고^{以實直告}하고 잘못을 빌었다.

"어르신께 죽을죄를 지었습니다. 문제를 일으킨 가방이 제 것입니다. 얼마를 드리면 변상이 될까요?"

그러나 그 할아버지는 그간에 노여움이 풀렸는지 오히려 미안해하는 눈치였다.

"젊은이가 고의로 한 짓도 아이고, 가방이 떨어져서 그런데 마 우짜겠노. 배상은 무신 배상, 그러나 내가 너무 그 가방을 지팡이로 막 쑤셨응께 … ."

나는 그 참에 그 할아버지 앞에서 내 가방을 풀어 보았다. 긴 여행길에 내 유일한 '친구'요, '동반자'였던 소형 '소니 트랜지스터'는 할아버지의 지팡이에 찌그러졌고, 비누통이 두 동강이 나 있었다.

할아버지는 너무나 당황했다. 갓 테가 부서진 것보다 내 가방 속의 물건이 손상되어 입은 피해가 더 컸기 때문이었다. 피차 운수가 사나운 날임에 틀림없었다.

복잡한 차 안에서 내 다리 하나라도 떼어 버리고 싶은 마음이 생길 때도 있었는데 한 사람의 자리를 차지할 정도의 폭 넓은 갓을 쓰고 혼잡한 버스를 타는 것이 시속^{時俗}에 맞는 것일까. 요즈음 도시의 어린이들에게 갓은 그 이름마저 상실한 채 만화 속에 나오는 '홍길동 모자'로 통하고 있다. 그러나 아직도 완고한 영남의 여러 마을에서는 백의^{白衣}에 이러한 홍길동 모자를 쓴 연만한 노인 분들의 모습을 종종 볼 수 있다.

'동반 여인'을 찾아 준
영천군 대창면의 친절

도로보다 재실이 우선인
보수적인 S리

화북면의 C동에 있는 표본을 찾아갔으나 그 표본은 공교롭게도 해산을 위해 진통 중이었다. 면접은 못했지만, 아들인지 딸인지 궁금해서 동리 입구에서 물어보았더니 아들을 낳았다는 소식이었다. 그 말을 듣고 아기 아버지가 내게 와서 "선생님이 방문해 주셨기 때문에 재수가 있어서 아들을 나심더" 하며 좋아했다.

버스를 타고 화남면 S리에 가기 위해 심창에서 내렸다. 권 씨 일족이 사는 집성촌이었다. 권 씨가 아니면 처신이 어려운 마을이었다. 전날에 내린 비 때문에 개울물이 상당히 불어 있어서 마을로 들어가기가 쉽지 않을 것 같았다.

"다리가 어디 있습니까?"

"저기 보이지예?"

나를 동행한 면사무소 직원은 내 질문에 자꾸 웃기만 하다가 동리

쪽을 가리키며 말했다.

권 씨 마을은 재실 공사가 한창이었다. 많은 돈을 들여서 소용없는 큰 재실을 신축하면서도 당장 필요한 마을 입구 통로는 내지 않고 있었던 것이었다. 면사무소 직원의 말에 의하면, 지금까지 많은 씨족마을과 가 성들이 어울려 사는 타성 미을을 비교해 본 결과, 집성부락은 타성부락에 비해 협동의식이 덜하다는 것이었다. 그리고 동리의 역사가 오래되면 오래될수록 그 경향은 더 현저하다는 것이었다.

어떻든 그 동리를 들어서서 여자 표본에게 질의하려고 할 때였다.

"뉘시오?"

두건을 쓴 점잖은 할아버지가 나타나 훈수를 두기 시작했다.

"매사에 묻는 것은 바깥사람에게 물을 것이지, 안사람에게 무례하게스리…."

그분은 옛날 규범에 어긋난다고 일갈했다. 겨우 조사를 마치고 드센 양반마을을 벗어나니 마음이 한결 가벼워졌다.

D동 면사무소 직원이
찾아 준 '동반 여인'

그러나 다시 가야 하는 대창면까지는 교통이 불편했다. 국도에서 정반대 방향인 남쪽으로 꺾어진 동네이기 때문이었다. 그렇게 뻔질나게 다니는 버스도 이곳에서는 늦게 들어가서 일찍 나오니 타기 힘들었다. 4백 원이라는 거액으로 택시 신세를 질 수밖에 없다. 하루를 더 자면 숙박비가 그 택시비를 능가하기 때문에 과분한 택시를 이용할 때도 있었다.

다행히 대창면 D동이 면소재지와 다름없어서 예정대로 면접을 마쳤지만 30리 길을 돌아갈 생각을 하니 아득하고 막연했다.

벌써 여름 기분이 나는 날씨에 봄옷이 무거워졌다. 면사무소 직원의 점심 대접이 미안해 대신 빙수 집에 들어가서 얼음으로 답례했다.

"30리 길을 혼자 지겁어서(지루하고 따분해서) 못 갑니더."

내가 30리 길을 걸어간다고 하니 기겁한 총무계장이 말했다.

"그러나 차편이 없으니 할 수 없지요."

나는 큰 기대 없이 말했다.

"혹 동행이 있으시면 좀 나으실지예?"

총무계장은 진심으로 하는 얘기였다.

"저 … 이거 참 선생님께 해도 될 얘긴지예?"

난처한 얼굴로 묻는다.

"뭔데요? 말씀하시지요."

나는 총무계장에게 안도감을 주었다.

"그럼, 좀 나가시지예."

그렇지 않아도 더운 날씨인데 또 술이라도 권하면 어쩌나 고민되었다. 그는 음식점 겸 요정인 집 앞에 나를 세워놓고 안으로 들어가 무언가 한참 얘기하고 나왔다. 나와 같이 걸어가 줄 동행이 구했다는 것이다.

점심식사 때 면장과 지서장이 함께 들른 곳에 접대 역을 하던 곱상한 여인이었다. 한 번 봤지만 구면임에 틀림없는 이 여인이 금호까지 동반자가 되어 준다는 것이었다. 조금 부담스럽기도 했지만 호의를 무시할 수도 없었다.

면사무소 직원과 작별하고 '동반 여인'과 둘이서 대창면 소재지를 떠나 금호를 향해 걸었다. 그러나 뜻하지 않게 우리 일행은 그 소재지의 모든 사람들에게 화젯거리가 됐다. 미장원의 여자들이 내다보고, 지서의 순경도 의아한 눈으로 주시했다.

"숙이 가나?"

양조장의 배달원은 자전거를 끌고 따라오며 묻는다. 아마 같이 살던 남편이 찾아와서 데리고 가는 줄 안 모양이다.

"남편 두고 왜 이런 곳에 와 있었을까?"

미장원의 미용사가 우리 들으라는 듯이 큰 소리로 떠들었다.

"오빠가 아닌가?"

옆의 여인이 맞장구를 쳤다.

"왜 옷가지는 안 가져가지?"

"집 주인이 주겠어?"

"숙이 보러 얼마나 많은 손님이 모이는데 … ."

입방아는 계속 이어졌다.

숙이는 대창에서는 인기 있는 여인인 듯했다.

"아가씨와 같이 가니 나는 심심하지 않지만, 돌아올 때는 어떻게 오겠소?"

짐짓 못 들은 체하며 차편을 묻자 그녀는 저녁 7시에 돌아오는 버스 편이 있다고 했다.

우리는 쓸 말 하나 없는 화제로 노닥거리며 걸었다. 그녀는 자신의 원래 고향은 상주인데 고등학교를 다닐 때 이상하게 길을 잘못 들어 그만 아직까지 술집을 전전하며 벗어나지 못하고 있다고 술회했다.

전형적인 스토리였지만 가슴이 무거워졌다. 심심하니 금호까지 유쾌하게 여행하라던 면사무소 직원의 말과는 달리 오히려 거북하고 지루했다.

마침 그날이 금호 장날이어서 대창 사람들이 금호 장을 보고 오는 길에 반대 방향으로 걷는 '우리'를 보게 되었다. 모두 숙이를 보지 않고 나를 바라보았다. 내가 천하의 '난봉꾼'으로 보였나 보다. 오죽하면 술집 여자나 꼬여갈까 하는 눈치였다. 제발 7시가 가까워서 차를 태워 보내고 혼자 걷고만 싶었다.

그러나 숙이의 이야기는 점점 더 열을 띠었다. 이제는 어두운 생활을 청산하고 새로운 삶을 찾아보고 싶으니 제발 일자리를 얻어 달라는 것이었다. 서울서 왔으니 어디 좋은 곳에 일자리라도 주선해 줄 수 있으려니 생각하는 듯했다.

오히려 혼자 걷기보다 더 지루하고 거북했다. 먼 언덕의 보리밭 이랑에 흰 버스의 얼굴이 보였다. 억지로 등을 밀다시피 하여 태우니 마음이 한결 후련하고 가벼워졌다. 혼자 걷는 것이 훨씬 편하고 좋았다.

과수가 꼭 메워진 과수원 사이의 비좁은 도로로 차분히 걸었다. 낙조가 사과나무 그늘에서 길어졌다. 사과 크기도 제법 오동나무 열매만 했다. 나날이 토실토실 살이 오른 것이 귀엽다.

꼭 사람 키만 한 크기의 탱자나무 담장이 꽉 들이차 있어 귀신도 빠져나가기 힘들 것 같았다. 그러나 그것이 밀집해 있어서 위에 덮개가 없는 터널 속을 걷는 것 같았다.

향수郷愁가 사과나무 열매가 자라듯이 짙어져만 갔다.

괴산면에서의
'병풍 너머' 인터뷰

병풍 인터뷰를 요구한
완고한 S리

괴산의 T여관에서는 숙박계를 쓸 필요가 없다고 해서 생략하고 그냥 잠을 청하다가 순경의 임검을 받고 시비를 가리게 되었다. 여관주인이 쓰지 않아도 된다고 해서 안 썼다고 말했지만, 순경은 "뭐냐 말이오?" 하며 시종일관 반말로 야단을 쳤다.

젊은 혈기였고, 자다가 선잠을 깨서 하마터면 큰 소동이 벌일 뻔했다. 그러나 여관주인이 "제가 긁어서 부스럼을 낸 것"이라고 사과해서 순경도 마지막에는 아량(?)을 베푸는 선에서 일단락되었다.

괴산면의 인터뷰를 위하여 다음날 괴산 면사무소를 찾아가서 인사를 하고 협조를 구했다. 면장은 무척 친절했다. 면사무소 직원 중에서 대학을 졸업한 사람이 있다면서 학사 직원을 소개해 주었다. 학사 직원과 동행이 된 나는 '신기재'를 넘어서 S리로 향했다.

도로 사정이 열악해서 자동차는 물론 자전거로도 다니기 어려웠다.

게다가 그런 길도 수리하고 구호대상자들에게 일거리도 준다는 취지에서 도로공사를 하고 있었다. 그런데 인부들은 일을 하는지, 그냥 졸고 있는지 알 수 없을 정도로 소극적이었다. 가난한 사람들은 근로의욕도 왕성하지 못한 것 같이 보였다. 못 먹고, 못 입은 채 구호에 생사를 맡기는 사람들을 보는 것이 민망할 지경이었다.

S리는 동성동본 집성촌이었다. 마을 규모도 꽤 컸다. 그런데 하필이면, 표본으로 추출된 사람이 젊은 새댁이었다. 그 여인의 시할아버지는 새댁이 외간남자와 인터뷰하는 것이 좋지 않으니 자신이 대신하겠다고 했다. 안내하는 학사출신 면서기도 보기에 딱한지 안타까워했지만, 어떻게 할 수 없는 난처한 처지였다.

비록 그때가 남녀 사이에 엄격한 거리를 두어야 했던 시절이었지만 그 마을은 유별나게 창창한 '양반'兩班 마을이었다. 속으로 왜 '충청도 양반'이란 말이 나왔는지 알 것 같았다.

하지만 내가 굳이 졸라대니 그 할아버지도 어쩔 수 없는 모양이었다. 대신 사랑방에다 병풍을 쳐서 막아 놓고, 나에게 그 반대편에서 질문하라는 것이었다. 그날 완고한 분위기를 고려하면 그 정도의 허락도 대단한 것으로 생각하고 질문을 시작했다.

그런데 병풍에다 대고 "이 세상에서 만일…" 운운하는 질문을 해야 했으니, 허공을 향해 말하는 것 같아 싱겁기도 했다. 병풍 때문에 인터뷰하는 사람의 얼굴조차 살피지 못하고 묻고 대답하니 갑갑한 노릇이었다.

풍습도 중요하지만, 그때도 서울에서는 시내버스에서 남녀가 한 몸처럼 붙어 앉는 것을 예사로 생각했다. 서울의 내외하지 않는 풍습과 비교하면서 딴 나라 같고, 별세상에 온 것 같은 느낌을 받았다. 행여 병풍에 구멍이라도 없나 하고 살펴보았지만, 구멍은커녕 틈도 보이지 않았다.

학사 면서기가 말하는
괴산의 변화상

돌아오는 길에 학사 면서기와 이곳 사람들의 변화한 인심에 관한 얘기를 나누었다. 외지에서 온 사람과 말할 때는 병풍을 드리울 만큼 완고하면서, 다른 한편으로는 놀랄 만큼 세속화되어 있다는 것이었다.

관공서 사람의 말을 잘 듣지 않는 것이 민주주의인 줄 오해하는 사람도 많다고 했다. 반항을 잘해야 똑똑하다는 평판을 얻고 다른 사람들의 존경도 받는다는 것이었다. 면사무소 직원도 정부시책을 신랄하게 비판해야만 똑똑한 공무원으로 대접받고 동민들의 동정과 협조도 받는다고 했다.

먼 길을 걸어오느라고 학사 면서기와 환경 얘기도 했다. 이 지역은 예로부터 느티나무가 많은 산간지역이었기에 괴산槐山이라는 이름이 붙었지만, 지금은 느티나무를 찾기 어렵다고 했다. 멸종되다시피 했다는 것이었다.

그 좋은 느티나무가 시집가는 새아씨의 장롱감으로 다 쓰였는지는 알 수 없지만, 느티나무가 사라진 지금의 괴산은 '괴산'이 아니라 '무괴산'이라고 했다.

또, 한때 괴산에는 느티나무 못지않게 뽕나무도 많았다고 했다. 원래 양잠이란 뽕나무를 키워 누에를 먹일 때 고치를 바라는 것은 물론이지만, 나뭇가지를 잘라서 뽕잎을 따는 것이니 나무는 땔감으로 쓰고, 누에똥은 비료로 쓰고, 심지어 번데기까지 사람이 먹든지 아니면, 닭 사료로 쓰니 버릴 것이 하나도 없이 좋은 것이라고 했다.

그러나 그 면서기의 말에 따르면, 면사무소가 뽕나무 심기를 권하고 그 묘목을 나누어 주면 그해에 당장 수지가 맞지 않아 뽑아 버린다는 것이었다. 그래서 뽕나무 많기로 유명했던 괴산이 이젠 뽕나무도 느티나무와 함께 없어져 간다고 했다.

그 학사 면서기는 대학 다닐 때 농학을 공부한 것은 아니지만, 1년 이상 면서기 일을 하다 보니 농사일에도 전문가 가 다 된 것 같다고 했다. 또, 면사무소 일은 '외무부' 일을 제외하고는 12부(당시 정부 부서의 수) 일을 거의 다 해야 하므로 말단 행정부서와 비슷하고 늘 일손이 모자란다는 것이었다.

하기야 그때는 정부가 한일국교 정상화를 위한 한일회담을 하고 있었고, 서울에서 대학생들이 국교 정상화에 대한 반대시위를 할 때여서, 일선 행정관서에서는 한일회담 홍보까지 담당하면서, 12부 부서 일을 다 맡아 하는 격이라고 했다. 그 말을 듣고 보니 흔히 동장(혹은 이장)을 12부 장관이라고 하는데 이 말이 나오게 된 것도 무리는 아닌 것 같았다.

또, 학사 면서기는 우리나라의 일반 통계수치가 잘 맞지 않는 이유도 설명해 주었다. 농토면적 문제만 해도 단순하지 않다는 것이다. 가령, 하천부지나 임야를 개간하여 버젓이 농사에 활용하는 땅이 있더라도 이를 통계상 무조건 농토에 포함시킬 수 없다는 것이다. 그것을 농토로 인정하여 세금을 부과하면 반발이 극심하기 때문에 묵인하는 경우가 많지만, 다른 각도에서 비료를 할당할 때에는 그것을 농토로 계산해야 하므로 늘 숫자상 차질이 생긴다는 것이었다.

결국 무엇이든지 그 통계집계의 목적이 어디에 있는가에 따라 가감이 생기니 어느 쪽에 기준을 두고 계산해야 할지 모르겠다고 딱한 사정을 털어놓았다. 또한 무슨 통계이든지 당초의 계획을 이렇게 맞지 않는 통계를 토대로 하여 수립하니 나중에는 상상도 못했던 큰 차질이 생긴다는 것이었다.

게다가 상급 고급관료가 지방의 미묘한 실정을 모르거나 알고도 방관하여 여러 가지 딱한 일이 생기는 경우도 많다면서 중앙관서는 철저하고 정확한 현상파악 노력이 부족한 것 같다고 했다.

그날 학사 면서기와 나눈 긴 대화는 농촌의 실정을 이해하는 데 큰 도움이 되었다.

동남부 편

푸른 꿈이 출렁이는 삶의 바다에서

'강철왕국'이 되기 전
유전油田을 꿈꾸던 포항

가나안의 축복을 꿈꾸던
영일유전 개발지역

그 당시의 관행으로는 '관광용'이라고 쓴 버스도 관광객만을 전문적으로 취급하는 것이 아니었다. 그런 관행 때문에 대구에서 포항으로 떠나는 관광버스도 정기적인 시간을 정해 놓고 일반 손님으로 빈자리를 메웠다. 사실은 어떤 면에서는 모든 승객이 다 관광객이 될 수도 있겠지만, 관광버스와 일반버스의 사정이 크게 다를 바가 없다는 말이다.

승객들도 각양각색이라서 짐을 태산같이 싣는 사람이 있는가 하면, 은행으로 옮기는 현금궤짝을 버젓이 싣는 사람도 있었다.

종교계 모임, 학술연구, 관광여행 이외의 목적을 가진 사람들은 그 버스를 타지 못한다는 자체의 약관은 편의상의 규정일 뿐이었다.

나는 버스표를 사지 않고 관광객을 모집하는 형식인 서식에 인적 사항을 기입했다. 주소며, 직업이며, 여행목적까지 기입하도록 되어 있었다. 내가 여행목적을 기입하지 않고 있으니 접수하는 사람이 '휴양'

1967년 7월 POSCO 종합제철 공장의 입지가 결정되기 이전의
포항 마을 전경. 출처: POSCO 역사관

이라고 대신 기입해 주었다. 휴양을 다닐 처지면 얼마나 좋겠는가?

영천을 경유하고 안강을 빠져나와 형산강을 안고 지나갔다. 쾌속으로 질주하니 정말 휴가 가는 기분이 들었다. 포항시 인터뷰는 포항시청 직원이 기민하게 활동했고, 성의껏 협조해 준 덕에 예상보다 훨씬 빠르게 두 시간 안에 끝났다.

표본으로 추출된 처녀가 '연애' 사건으로 자기 아버지에게 꾸중을 듣던 중에 질의를 진행했으므로, 그녀의 대답은 퉁명스럽기 그지없었다. 입을 열고 싶은 마음이 없는 것 같아서 면접하는 데 어려움을 겪었다.

지금의 포항은 완전히 지각변동이 일어나서 새로운 공업도시로 탈바꿈했지만, 그 당시의 포항은 여느 시골마을과 다르지 않았다. 포항제철공장(POSCO)이 포항에 설립된 것이 1968년이고, 생산을 시작한 것이 1973년인데, 내가 법의식 조사를 위해서 포항을 찾아간 것이 1964년이니, 그때 그곳에 지금과 같은 '강철왕국'이 건설되리라고는 상상조차 하지 못했었다.

1990년 포항시와 POSCO 전경. 출처: POSCO 역사관

내가 법의식 조사차 찾아간 포항은 그저 소규모의 어촌도시에 불과했다. 특기할 만한 것조차 발견하지 못하여, 영덕행 버스를 타고 동해 바다를 즐기기로 했다.

그러나 포항을 벗어나 조금 더 북상하자 해안에서 순경의 불심검문이 시작됐다. 간첩들이 주로 해안을 통해 침투하기 때문이라고 했다. 너무 자주 검문을 당하고 보니 신분증을 주머니에 넣지 않고 차라리 이마에 붙이고 다니는 편이 더 편리할 것 같았다. 간첩을 경계하고 색출하려는 목적은 충분히 이해하지만 이런 불심검문의 방식으로 과연 몇 명이나 간첩을 잡았는지 궁금했다.

내가 탄 버스는 한동안 석유가 나는 것 같다고 떠들썩했던 영일만을 지나갔다. '영일유전 개발지역'이란 표지판이 뚜렷이 보였다. 만일 석유가 제대로 나와 준다면 궁한 살림살이에 복음이 될 것만 같았다. 맞은편 언덕에는 '가나안 목장'이라는 표지판도 붙어 있었다. 목초밭도 보이지 않고 소나 양 한 마리도 보이지 않은 것을 보건대, 목장은 도로변에서 꽤나 들어간 곳에 있는 것 같았다.

연일유전 제2광구 유전탑 2.
출처: 국가기록원
(관리번호: CET0035423)

    기적 같은 일이겠지만, 그곳에 석유가 솟아나오기만 한다면 그 지역 주민들에게 얼마나 많은 혜택을 줄 수 있을까? 가까운 울산에 정유 공장이 있으니 편리하기 그지없을 것 같았다. 석유가 나와 주기만 한다면, 길 건너 목장도 실로 '젖과 꿀'이 흐르는 가나안 땅처럼 될 것이다. 차에 탄 승객들이 모두 하나같이 목을 늘이고 금시라도 하늘을 찌를 듯한 석유가 솟아오르기를 바라는 것 같았다.

해녀들의 삶이 흐르는
동해의 풍경

지도의 모양으로 보아서는 호랑이 꼬리 같은 안쪽 영일만을 지나 호랑이의 등과 같은 길을 따라 북상했다. 지도를 볼 때는 그 부분이 그냥 아무렇게나 죽죽 그어 넣은 것 같았지만, 막상 그곳을 차로 지나면서 보니 그렇게 단순하지만은 않았다. 포항을 떠나면서부터는 바다를 안고 북상할 것으로 생각했지만, 상당한 시간 동안 실망스러울 만큼 육지로만 내달렸다.

청하라는 곳을 지나서야 비로소 바다가 조금씩 보이기 시작했고, 남정면에서 강구항까지는 바다 위를 달리는 것 같은 기분을 느꼈다. 남정의 풍경은 그야말로 한 폭의 그림 같았다. 서해와 남해에 비하여 동해의 물이 맑은 것을 모르는 바는 아니었지만, 그냥 수평선이 맞닿는 끝까지 거칠 것이 없었다. 바위가 솟은 육지에 면한 곳에서는 미역을 따느라 젊은이, 늙은이 할 것 없이 모두 분주했다.

"친정 가는 제수씨와 함께 남정을 지나가던 시숙이 제수씨가 함께 남정면의 바다경치를 한참 보고 있다 보니, 어느새 새색시인 제수씨가 시숙의 품속에 안겨 있고 시숙의 손은 제수씨의 허리에 가 있더라"는 그곳 사람들의 옛날이야기가 실감 날 정도로 아름다운 곳이었다. 남정면의 바다 경치를 보고 있노라니 불륜不倫에 관한 그런 이야기도 나올 법하다고 생각될 만큼 아름다웠다.

이 아름다운 바다에, 멀리 제주도에서 출장 온 해녀가 열심히 자맥질을 하고 있었다. 근처에는 이것을 구경하기 위해 일부러 학생들을 그곳으로 인솔해온 국민학교 교사도 있었다. 소풍치고는 그야말로 좋은 곳을 택한 것 같지만, "살지 못해 들어가, 죽지 못해 다시 나온다"는 해녀들의 애환이 티 없이 맑고 철없는 동심의 눈에는 어떻게 비쳐질까?

아무리 호색한 남자라도 벌거벗은 해녀의 몸을 보고 시쳇말로 "육체미 좋다"고 할 사람은 없을 것이다. 항상 염수鹽水에 젖어 있고, 자외선에 익은 피부는 붉다기보다는 검붉어 안쓰러워 보였다. 그 광경을 '구경'한다고 보기에는 너무 안타깝게 느껴졌다.

그런데 학생들을 인솔하고 온 여선생님은 자기의 흰 피부가 조금이라도 탈까 무서워서 파라솔(양산)을 쓰고 해녀들의 고달픈 삶을 '감상'하고 있었다.

강구는 포항을 떠난 이후로는 영덕에 이르기 전까지는 제일 큰 어항이었다. 제법 큰 방파제가 있고 통탕거리는 '통통선' 소리가 요란했다. 웃음을 띤 다방 아가씨가 문밖에서 행인을 희롱했다. 생선회에 약주 한잔을 걸치고 해풍이 밀어다 주는 '오존' 냄새나 맡으며 부둣가를 둘러보고 싶었다. 그러나 영덕으로 가는 길을 재촉해야만 했다.

영덕에서는 대구 도청에서 내 조사에 협조하라고 보낸 공문을 받은 일이 없다고 했다. 영덕 면소재지가 표본지역에 포함되지는 않았지만, 거기서 하루를 지내는 수밖에 없었다.

여관방에서는 영림서 직원들과 지칠 정도로 얘기를 나누었다. 해변에 수목을 울창하게 만들 방안을 논의해 보았지만, '탈모증'에 걸린 붉은 산을 푸르게 할 방법이 말처럼 쉬운 것 같지는 않았다. 관청의 손님이 들었다고 여관은 '평양골'에 감사든 것처럼 분주했다.

'셋바람에 게들이 눈을 감춘'
영덕의 후포항

서울 방송이
나오지 않는 영덕 여관

영덕의 여관방은 상부에서 온 공무원을 접대하느라 공무원 '배지'를 단 남방셔츠 차림의 젊은 공무원들로 붐볐다. 공무원들이 상사 모시기에 골몰하며 시중드는 모습을 보면서, 부하도 상사도 없는 젊은 서생으로서의 내 신세가 더 편한 것 같다고 생각해 보았다.

그래도 시골 여관방에서는 할 일이 별로 없었다. 영천에서 노인의 갓을 부순 대가를 치르느라고 망가진 트랜지스터라디오를 수리했으니 서울 소식이나 들을 겸 해서 다이얼을 맞추어 보았으나 감감소식이었다.

고장이 아닌 것을 재확인하기 위해서 다른 '채널'channel에 맞추어 보았더니 온 여관이 떠나갈 듯이 시끄러운 소리가 들렸다. 그런데 우리 방송이 아니고 일본 방송이었다. 다른 채널로 돌렸더니 이번에는 평양 운운하는 북한방송이 들렸다. 한창 극에 달한 학생들의 데모를 선동하는 흥분한 아나운서의 숨 가쁜 목소리였다. 임검 오는 순경에게 걸리기라도 하면 큰일 날 일이었다.

황급히 다른 채널로 돌렸더니 이번에는 유엔군 방송이었다. 혹 서울이나 대구 방송의 주파수가 바뀌었나 하고 다른 눈금에 맞추어 봐도 '찍' '찍' 소리 몇 마디만 들릴 뿐이었다.

평양의 '괴뢰 방송'(당시는 북한방송을 '괴뢰방송'이라고 했다)과 일본 방송까지도 선명하게 들리는데 민간방송, 관용방송 등 몇 개의 서울에서 오는 방송들은 모두 다 나들이를 갔나 하고 "비 맞은 중처럼" 혼자 투덜거렸다. 소형 트랜지스터의 성능 때문일 것이라고 생각하고 여관에서 심부름하는 총각을 불러 물어보았다.

그 총각의 대답은 서울에서 내보내는 방송은 으레 들을 생각을 하지 않는다는 것이었다. 그의 설명에 의하면, 나이 30이 넘은 사람들이라면 으레 일본 방송을 듣는다는 것이었다. 잘 들리니 어쩔 수 없다는 변명이었다. 그러면서 대구 방송국은 좀 거리가 있으니 포항쯤에 중계소를 두었으면 좋겠다는 개인적 의견을 피력했다.

일본 방송과 북한 방송은 들리는데 서울방송은 들리지 않는 것이 전력이 약하기 때문이냐고 물어보았다. 그제서야 여관주인도 이해가 가지 않는다고 하면서 그의 말대로 전력문제는 아닌 것 같다는 것이었다. 그때는 전기가 풍족하여 무제한 송전이 가능했을 뿐만 아니라 정부가 전열기를 써도 좋다고 선전할 때라서 논리가 맞지 않는다는 것이었다. 하지만 나는 방송국의 전파에 관한 전문지식이 없는 문외한이라 아직까지도 그에 대한 의문을 풀지 못했다.

가족계획 변천사를
돌아보며

다음날이었다. 영덕 북쪽에 위치한 병곡면을 남정면보다 먼저 가는 것이 훨씬 더 편안한 여정이 될 듯하여 병곡면을 찾았다. 군청에서 연락을 잘해 주었기 때문에 삼읍을 안내해 줄 공보담당 직원과 가족계획을 홍보하러 가는 가족계획 계몽지도원 여직원까지 동행했다. 그때는 산아제한을 계몽하기 위한 가족계획 담당부서가 있었다.

여기서 원래의 원고에는 없는 사족을 단다면, 오늘날 우리나라의 신생아 출생률은 세계 192개국 중에서 최하위에 속하지만, 그 당시에는 이런 일이 있으리라고는 상상조차 할 수 없었다. 이런 출생률 저하 때문에 나라의 장래를 걱정하게 되어 근래에는 오히려 출산을 장려하게 되었으니 말이다. 1964년 법의식 조사 때 가장 큰 사회적 쟁점은 산아제한을 통한 가족계획이었다.

이러한 가족계획은 내가 한국을 떠난 이후에 가속도가 붙어 1970년대에는 자녀는 아들딸 구별 없이 둘만 낳아 잘 기르자고 했다가, 1980년대에는 둘도 과하니 아들딸 상관없이 한 자녀만 두자로 변했다.

그러던 것이 내가 2001년에 귀국한 이후부터는 저출산으로 야기되는 문제로 인해 "자녀는 많이 두는 것이 좋다"고 하는 표어가 실린 포스터가 눈에 띄고 있다.

이처럼 가족계획의 표어도 지난 50년 사이에 여러 차례 변한 것을 보면 세상의 변화는 짐작하기 어려운 일이다. 여기서 한국 가족계획의 변천사를 옛날 포스터를 통해 알아보는 것도 흥미로울 것 같아 3가

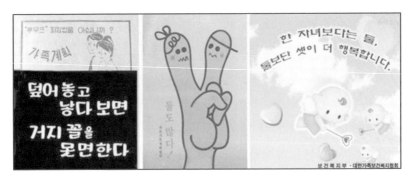

한국의 가족계획 변천에 따른 포스터의 변화.

지 포스터를 제시해 보았다.

　지금은 영덕에서도 출산을 장려할 것이고, 다산多産을 하는 가정에
는 포상을 하지 않을까. 이렇듯 '시간'이라는 것은 같은 '공간'에서도
정반대의 문화현상들을 생성해 낸다. 시간이 해결하지 못하는 일이
이 세상에 있을까?

동해바다,
그 오묘한 빛에 빠져

울진행 버스를 타고 이런저런 생각을 하는 중에 어느덧 후포항 어구의
금곡다리에 도착했다. 거기서 내려서 삼읍으로 걸었다. 점점 높아만
가는 언덕 위에 서니 넓은 동해가 펼쳐졌다.

　선글라스를 벗어 봐도 바다의 색은 알 수 없었다. 바다색을 '푸르다'
고 말한 사람이 있다면 그 사람은 색맹色盲인지도 모른다. 바다색은 삼
색도 아니고, 오색도 아니었으며, 칠색도 아니었다. 무슨 색이라고
말해야 할 지 모를 오묘한 색이었다.

원래 원고에 없는 바다색에 대한 이야기를 덧붙여 보고자 한다.

나는 미국 유학을 가서 인류학을 전공하면서 바다색에 관한 논의가 오래 전부터 있었다는 것을 처음 알았다. 미국 인류학계의 대부이자, 미국에서 가장 영향력이 있는 《국화와 칼》The Chrysanthemum and the Sword의 저자 루스 베네딕트Ruth Benedict와 마거릿 미드Margaret Mead 같은 제자를 길러낸 독일계 미국 인류학자 프란츠 보아스Franz Boas가 독일 키엘Kiel 대학에서 1881년에 발표한 물리학 박사학위 논문 제목이 "물의 색깔"Contributions to the Understanding of the Color of Water에 관한 것이었다.

나는 보아스가 이미 지적한 것을 83년 후에 영덕 바다를 보면서 느낀 셈이다. 세상의 현상에 대해 느끼는 것에도 지각遲刻했지만, 나는 그런 논문이 근 한 세기 전부터 이미 존재하고 있었다는 사실을 배우는데도 지각했다.

"영덕 대기여! 영덕 대기여!"('대기'는 경상도 사투리로 '대게'를 뜻한다) 하는 게장수들의 소리를 어렸을 때부터 들어왔기에, 대게를 판 수입은 어떠냐고 나를 동행한 직원에게 물어보았다.

"셋바람에 게눈 감추듯 한다"는 옛말처럼 올해는 이상한 셋바람(서풍을 뜻하는 경상도 방언)이 불기 시작하여 영덕의 대게 수입은 저조하다고 했다. 대구의 큰 시장에서도 대게를 사기 힘들었던 이유를 알게 되었다.

20여 리를 걸어 찾아간 삼읍에서 만난 동장은 짜증부터 냈다. 나같이 찾아온 조사 연구원을 만나기 귀찮은 듯했다. 사연을 들어보니 월급은 고사하고 현물로 받는 몇 푼의 수입에 찾아오는 손님이 많아 농사를 폐농하게 생겼다는 것이었다.

내가 그를 찾아가기 조금 전에도 영림서 직원이 동장을 괴롭힌 모양이었다. 12부 장관들이 쏟아내는 지시사항을 부하직원 한 명도 없이 혼자서 모두 처리하는 동장의 소임에 동정이 갔다. 동장 옆에 있던 팔순 할아버지도 거들었다.

"뭐니뭐니 다 치우소, 마… 쌀 한 가마니에 5천 원 가는 세상에 당신이나 나나 살면 뭐할게고… . 무신 흉년이네 무신 흉년이네 해도 이런 꼴은 처음 보겠다. 마… 우리야 죽어도 아까울 게 없지만, 이 아이들이 살아나겠는 기요?"

그 할아버지는 영양실조가 된 듯한 손자의 배를 가리키며 술회했다. 그러면서 동행한 가족계획 직원을 야단치기도 했다.

"먹고살 방법을 연구하는 데 예산을 쓰지 않고 아이들 수를 줄이는 데 돈을 낭비하는 기요?"

그 할아버지는 동행한 가족계획 직원을 야단쳤다. 그 동리에서만도 5명이 정관수술을 했다고 불평했다. 이미 그 할아버지는 미래에 우리가 저출산으로 걱정할 것을 예견했는지도 모른다.

옛 보부상 길 대신
울진의 온정(백암) 온천으로

환갑잔치에서 벌어진
가족계획 논쟁

영덕군의 일정이 끝나면 다음의 표본지역은 경주였기 때문에, 남정면에서 인터뷰를 마치고 다시 영덕읍으로 돌아가야 했다. 버스 편이 없어서, 구호용 밀가루를 운반하는 대한통운 소속의 트럭 운전수에게 사정하여 트럭 뒤에 타고 영덕군의 병곡면을 지나서 도로변에 있는 W리에 도착했다.

때마침 그 마을에 환갑잔치가 열리고 있어서 부추와 고춧가루가 듬뿍 든 전형적인 경상도식 '개장국'에 밥을 말아 주는 개장국밥을 대접받았다. 서울에서 먹는 '보신탕'과는 요리법이 판이하게 달랐다. 내가 경상도 출신이라 그런 개장국이 더 입에 맞아서 땀을 닦아가면서 배불리 먹었다.

환갑잔치가 벌어지는 마당 한구석에서는 가족계획 계몽원들이 부녀자들을 모아 놓고 가족계획에 대해 열심히 설명하고 있었다. 그 계몽

모임에 참석했던 한 부인이 가족계획에 관해 설명하는 계몽원에게 한숨 섞인 푸념을 늘어놓았다.

"아참, 우리에게만 그러지 말고 우리 바깥주인 좀 만나서 설명해 주소. 만날 우리한테만 설명하면 무신 소용이 있는 기요?"

부인들의 가족계획 세몽에 대한 불민은 늘 여성 계몽원이 부녀들만 모아 놓고 일방적으로 지도하려 한다는 것이었다. 그들의 불평도 일리는 있는 것 같았다. 그녀들이 이구동성으로 하는 말은, 부인들이 조심하는 것만으로는 큰 성과를 얻지 못한다는 것이었다. 하기야 사랑이네 동침이네 하는 것은 여성만이 아니라 남녀 모두에게 해당되는 문제이므로 그들의 반론은 충분히 일리가 있는 것이었다.

그러나 현실적으로 여성 계몽원들이 남성들을 모아 놓고 가족계획에 대해 설명한다는 것은 거북한 일이다. 반대로, 남성 계몽원이 여성들에게 가족계획이나 피임에 대해 설명하는 것은 더더욱 어려운 일이다. 결국, 가장 합리적인 방안은 남녀 계몽원이 한 조를 이루어 활동하는 것인데 그때까지 나는 남성 가족계획 지도원을 만난 일이 없었다.

불령계곡의 보부상 길 대신
울진행 버스를 타고

그러는 사이 벌써 오후 5시가 지났다. 이제 영덕 쪽으로 내려가는 버스 편은 없다고 했다. 북으로 가는 울진행 차편밖에는 없다는 것이다. 울진이 내 고향과 이웃하는 군이라 그런지 자꾸 울진 쪽으로 가는 것에 마음이 끌렸다. 전에도 안동까지 가면서 고향에 들르지 못한 것이 못내 서운했는데, 태백산을 사이에 두고 이번에는 태백산의 동남쪽에 왔으면서도 그곳에 가 보지 못한다면 아쉬운 마음이 클 것 같았다.

만일 울진에만 간다면, 옛날 십이령 보부상褓負商들이 울진의 흥부장, 울진장, 죽변장에서 해산물을 구입해 봉화와 영주, 그리고 안동 등 내륙지방으로 행상할 때 다니던 길이 있다고 한다. 이때 썩을 것을 걱정하여 소금을 많이 친 고등어가 지금의 유명한 '안동의 간고등어'이다. 그런데 옛 보부상 길은 산세가 험하고 구간이 길어 아무리 고향이 그리워도 걸어 볼 마음이 나지 않았다.

그렇게 말로만 듣던 울진이 전에는 강원도에 속해 있었으나 내가 그곳에 가기 1년 전인 1963년 1월 1일부터 행정구역상 경상북도에 편입되었다. 그래서 울진은 경상도로 '시집' 왔을 뿐만 아니라 봉화, 영양, 영덕과 함께 단 한 명의 국회의원을 선출하는 단일 국회의원 선거구가 되었으니 이 4개 군이 얼마나 가지런히 놓여 있는지 짐작할 수 있었다. 이 행정구역 변경과정에서 온정면 B리는 영양군 수비면에 편입되었다고 했다.

나는 불령계곡을 가로질러 보부상 길을 가 볼 엄두는 내지 못했지만, 울진까지는 가 보고 싶어서 울진행 버스를 탔다.

버스 안에서 승객들의 말을 들으니, 울진까지 가지 않고 평해에만 가더라도 숙식할 곳이 많다는 것이다. 차 안에서는 차 시간을 걱정하는 사람들이 많았는데, 그들은 모두 백암산에 가는 승객들이라고 했다. 평해에서 백암으로 가는 차 시간을 정확히 아는 사람이 없고, 모두 짐작만 했다.

정확한 차 시간을 아는 사람이 없다고 하더라도 그들의 말에 의하면, 평해에 한 30리쯤 떨어진 곳에 온정(백암) 온천이 있다는 것이었다. 기왕이면 오랜만에 온천에서 몸이라도 쉬는 것이 울진으로 가는 것보다 훨씬 더 나으리라 생각하고 평해에서 내렸다.

다행히 평해에서 온정 가는 버스가 떠나지 않고 있었다. 승객이 별로 없어서 승객을 모아 떠나려는 것 같았다. 차가 연착된 것이 우리에게는 다행이었지만, 우리가 오기까지 차 안에서 거의 두 시간이나 기다린 사람들은 무척이나 지루했을 것 같았다.

평해에서 온정 온천까지가 30리밖에 되지 않는다면, 두 시간을 기다리느니 차라리 걷는 것이 더 빠르고 수월하지 않겠는가 생각도 해봤다. 그러나 평해를 떠나 온정 온천을 향해가는 버스를 타고 가면서 왜 사람들이 두 시간을 기다려서 온정행 버스를 타는지 알 것 같았다.

버스는 자동차라기보다는 험한 산길을 오르는 등산객처럼 힘겹게 나아갔다. 무료하게 느낀 내 옆 좌석의 승객이 "이곳은 얼마 전만 해도 강원도 울진군 온정면이었는데 경북으로 옮겨진 곳"이라고 설명했다.

울진은 행정구역상으로 경북에 편입되기 이전에도 봉화, 영덕, 영양, 그리고 안동, 영주, 예천 울진 등지에 이르는 지역과 거의 같은 경상도 사투리를 썼다. 경북 동북부 지방 사람들의 풍속이나 방언 등은 경상남도보다는 울진과 같은 동남부 강원도 사람들의 그것에 더 가까우니 울진이 경상도로 편입된 것은 당연한 일인지도 모르겠다.

나는 1년이 조금 넘는 비교적 짧은 기간 동안 우리나라를 여행하면서 근래에 행정구역이 개편된 곳을 두 군데나 보았다. 충남이 된 금산, 그리고 경상북도가 된 울진이 그런 곳들이었다.

운전하는 이에게는 힘든 길이었지만, 주위의 산천과 경관을 보기에는 더 없이 좋았다. 산이 좋고, 냇물이 맑고, 거기에다 적당한 온도의 온천이 있으니 말이다.

　나는 온정 온천을 찾았지만, 나를 안내해 준 사람은 백암 온천장이라는 곳으로 인도해 주었다. 그곳은 온양이나 부산의 동래 온천 등과 같이 좋은 설비는 갖추지 못했지만, 온천물의 온도가 적당하고 부드럽게 느껴졌으며, 온천 여관의 산채도 일품이었다.

　이 온천에 좀더 투자하고 도로만 잘 정비한다면 울진은 훌륭한 관광지로 거듭날 수 있을 것 같았다.

대낮에 찾아든 '신라'의 경주

경주행 기동차에서 들은
양동양반 풍자담

경주는 포항을 거쳐 갔다. 우선 포항과 경주 구간은 차편이 잦다. 기동차(한 량의 객차(특수객실)를 갖추고 철도 위에서 운행되던 기차와 유사한 전동차), 기차, 관광버스 등 없는 것이 없었다.

나는 관광버스를 택했다. 내가 탄 관광버스가 안강을 좀 못 미쳐서 형산강 다리를 건너갈 때였다. 얘기하기 좋아하는 듯한 옆 좌석의 한 중늙은이 승객이 내게 옛날이야기를 해 주겠다는 것이었다.

마침 우리가 탄 버스가 잉어가 많이 잡히는 곳으로 유명한 '유금'이라는 곳을 지나 양동(양좌동 혹은 양동마을이라고도 한다)을 지날 때여서 양동 출신 양반을 풍자하는 이야기였다.

양동은 경주 강동의 설창산에 둘러싸인 양반마을로 월성 손 씨와 여강 이 씨들이 600여 년간 함께 살아온 동성마을이다. 나와 대학을 함께 다닌 친구가 이 마을 출신이기도 해서 학부 때 그 마을에 두 차례나

2012년 양동마을의 일부. 출처: 경주시청.

간 적이 있고, 또 그 친구가 군대에 있을 때 급한 서류를 부탁해서 그 친구의 본가를 방문한 지도 오래되지는 않은 때였다.

참고로 덧붙이면, 양동마을은 내가 미국에 거주하던 시기인 1984년 12월 20일에 한국의 중요 민속자료 189호로 지정되었다. 그리고 내가 귀국한 이후인 2010년 7월 31일 브라질 브라질리아에서 열린 유네스코 세계유산위원회에서 안동의 하회마을과 함께 유네스코 세계문화유산으로 등재된 유서 깊은 양반마을이다.

다시 옆 좌석 승객이 들려준 이야기로 돌아오면, 그것은 한 청년이 양동양반을 욕보인 내용이었다. 양동마을의 어느 이 씨 양반 노인이 동리 앞 형산강을 건너야 했는데, 양반 체면에 신발을 벗고 강물 속에 들어가 건너기가 양반답지 않아서 망설이고 있었다. 그때 한 건장한 청년이 물을 건너려고 신발을 벗고 있기에 그 양반 노인은 그 청년에게 자기를 좀 업고 건너 달라고 사정했다.

노인의 청에 따라 그 청년은 그 노인을 업고 물길 가운데에 이르렀는데, 그때 고향을 묻는 노인에게 청년이 "포항"이라고 대답했다. 양반 노인은 해변가 사람이면 으레 '뱃사람'이라고 천시하던 옛 습관대로, 하대下待했다.

"그럼, 나는 자네에게 말을 '놓겠네.'"

"그럼, 나도 놓네."

그 청년도 지지 않고 응수하며 등에 업힌 그 노인을 강물 가운데서 내려놓았다는 이야기였다.

그 이야기를 듣고 박장대소拍掌大笑할 것으로 기대했던 내 옆 좌석의 '이야기꾼'story-teller은 내가 자기의 이야기에 별 반응이 없는 것을 보고 몹시 멋쩍어 하며 더 이상 말을 건네지 않았다. 나도 만일 그 해학적인 이야기를 처음 들었더라면 배꼽을 잡고 웃었을지 모른다.

그러나 나는 전에 그와 비슷한 이야기를 도산의 의인에서 들은 일이 있고, 또 하회마을에서도 들은 일이 있어서 별로 재미있다고 생각되지 않았다. 특히, 하회탈 중에는 양반을 해학적으로 풍자하기 위한 양반탈도 있으니 말이다. 그렇다고 내가 그런 이야기를 전에도 들은 일이 있어서 별로 재미없다고 말할 수도 없는 노릇이었다.

진외가 최 부잣집의 '조선판 노블레스 오블리주'

옆 좌석의 이야기꾼과는 어색한 동행이 되었지만, 어느새 목적지인 '신라'의 수도 경주까지 다다랐다. 내가 찾아간 신라는 한낮이었다.

고교시절, 경주에 수학여행 와서 매료되었던 신라왕릉. 출처: 경주시청.

신라와 경주를 노래하는 옛 노랫말에 담겨 있듯이, 신라와 그 고도^{古都}
경주는 아무래도 '달밤'에 봐야만 제격인 듯했다.

대낮에 보는 경주시가는 한 왕조가 천년 동안 이어온 수도라고 하기
에는 그 짜임새가 어울리지 않아 보였다. 관광버스 정거장 길가에서
하품을 하는 한가한 엿장수 할아버지를 보니, 경주는 한가한 지방의
소도시임에는 틀림없어 보였다.

그러나 시가지에 듬성듬성하게 보이는 왕릉의 전경은 예나 지금이
나 다른 고도와 다른 이색적인 느낌을 주었다. 내가 경주를 첫 방문한
것은 고등학교 시절에 2박 3일로 수학여행을 왔을 때였다. 그때 나는
불국사, 첨성대, 석굴암, 안압지와 같은 유명한 유적지보다 웬만한

최 부잣집 대문(왼쪽). 안채를 둘러보는 저자 내외(오른쪽). 출처: 김중순.

산봉우리에 버금갈 만하게 크고 우람한 신라왕릉에 매료되고 압도되었던 기억이 난다.

틈만 나면 고향인 봉화보다 경주에 가고 싶어하는 내 마음을 친척들은 이해하고 있었다. 그분들의 이야기에 따르면, 나와 경주의 특별한 관계는 가족 내력으로 형성된 것이라고 했다. 가족과의 인연을 따진다면, 경주 교동에 있는 이른바 '최 부잣집'으로 알려진 집안이 내 증조曾祖할머니의 친정댁이다. 최 부잣집은 나에게는 진외가陳外家(아버님의 외가)인 것이다.

경주 교동의 최 씨 댁은 신라 최치원이 조상인 경주 최 씨 문중이다. 조선조 중기부터 후기까지 12대에 걸쳐 3백 년간 부를 계승한 유서 깊은 가문으로 알려져 있기도 하다. 부에 못지않게 오랫동안 이어온 명성과 전통을 지켜나가기 위해서 시쳇말로 '노블레스 오블리주'의 정신을 담은 6가지 가훈家訓을 성실하게 실천해왔다. 조선시대

302

부터 내려온 그 가훈은 다음과 같다.

1. 진사進士 이상의 벼슬을 하지 말 것.
2. 재산은 만 석 이상 모으지 말 것.
3. 흉년에는 재산을 늘리지 말 것.
4. 과객을 후하게 대접할 것.
5. 사방 백 리 안에 굶어 죽는 사람이 없게 할 것.
6. 최 씨 가문의 며느리는 시집온 후 3년간 무명옷을 입게 할 것.

최 씨 가문의 외손인 나의 할아버지는 종 9품에 해당하는 벼슬인 참
봉에 그쳤지만, 벼슬 자체보다는 당신의 외가인 경주의 능참봉陵參奉
이라는 것에서 더 큰 의미를 찾으셨다.

그런 나와 경주의 인연이 내 DNA 속에 남아 있는지도 모르겠다.
그래서인지, 나는 지금도 경주에 가면 마음이 평온해지고, 왕릉의 금
잔디를 보면 겨울에도 나를 포근히 감싸주는 것 같은 따뜻한 정을 느
낀다.

다시 1964년의 경주로 돌아가 보자.

나는 경주시내에서 주말을 보내기로 했지만, 사람들은 기왕이면 여
관시설이 더 좋은 불국사로 가라고 권했다. 불국사까지는 합승이 만
원이었지만, 관광을 가는 어느 서양사람의 '지프'에 한 자리를 얻어 불
국사까지 무임승차無貨乘車를 하게 됐다.

학부 1학년 때부터 '현대영어'라는 과목을 수강하며 영어회화를 배
운 덕을 톡톡히 본 셈이었다. 그 당시로는 드물게 연세대에서 "신촌에

서는 개도 영어를 할 수 있다는 말이 나와야 한다"며 영어교육을 강조한 덕을 본 셈이었다. 그래도 그 시절에 귀동냥한 영어로 간단한 대화는 할 수 있어서 서양사람과 함께 불국사로 향했다.

경주 H동의 선비동장

불경기 속에서
휴식 중인 불국사

불국사 가는 길은 서양사람의 '지프차'를 얻어 탔기에 어쩔 수 없이 초
보적이고 간단한 대화rudimentary conversation 몇 마디를 나누었지만, 경주
유적지에 관해 설명하는 것은 식은땀이 날 정도였다. 차라리 경주시
내에서 불국사까지 걸었더라면 이토록 진땀이 나지는 않았을 것 같았
다. 가까스로 불국사 근처에 도착했다.

　머물 곳을 찾아다니는 중에 벌써 내 호주머니는 명함으로 가득 찼
다. 자기 여관을 소개하는 명함 공세가 이만저만이 아니었다. 어떤 명
함은 거짓말을 조금 보태면 '대문짝'만 한 것도 여러 장 있었다.

　내가 오랫동안 지방을 다니며 관공서 등을 방문하였으므로 어떤 사
람은 나도 '연세대학교 사회과학연구소 연구원'이라고 적힌 명함을 건
네주면 신뢰가 좀더 가지 않겠느냐고 권하는 사람도 있었다. 그러나
우선 연구의 책임을 맡은 선생님도 오랜 미국생활 습관으로 인해 명함

을 갖고 다니지 않으셨으니, 내가 명함을 갖고 다닌다는 것이 우선 쑥스럽고, 무엇보다도 나는 명함을 들고 다니며 돌리는 사람을 제 자랑하는 사람같이 여겨져 별로 탐탁하게 생각하지 않았다.

명함으로 선전공세를 하지 않은 여관을 찾은 것이 H여관이었다. 그곳은 2층이었고 규모도 작지 않았지만 방이 거의 비어 있었다. 손님이라고는 나 한 사람뿐이었다. '명함 등으로 선전하지 않았기 때문일까'라고 내심 생각해 봤다.

예순은 됐을 만한 여관주인이 자신은 불국사 근처에서 태어나서 젊어서부터 여관을 했는데 올해 같은 불경기는 처음 겪는다고 했다. 생활이 곤궁하니 사람들이 여유가 없게 되고, 그래서 먼 곳에서 오는 손님은 거의 없다는 것이었다. 단지 하루 다녀가는 인근 주민들이 고작이라고 했다.

더욱이 옛날에 비해 교통이 편리해져서 1박을 하지 않고 당일 방문하는 손님이 대부분이라고 했다. 기껏해야 멀지 않은 지역 주민들이 버스를 전세 내어 하루 놀다 가는 것이다. 교통의 발달이 여관업계를 위축시킨 것이다.

마침 석굴암은 보수 중이라 그냥 고요한 정적이 감도는 불국사 주변에서 콧노래로 밤을 즐기기로 했다.

"아 신라의 밤이여 … 지나가는 나그네여 걸음을 멈추어라 … ."

이 노래를 우리나라 방방곡곡을 다니면서 불러야 사람들이 경주로 관광을 오지 않을까 하고 생각해 보았다.

H동 양반동장의
덕치의 리더십

다음날은 표본지역인 H동에 가야만 했다. 감포 가는 길로 가다가 내려서 산협으로 한참 걸어 들어가야만 했다. 안내는 경주시청 덕동 출장소 직원이 맡아 친절하게 이끌어 주었다. 마침 H동 동민들이 협동조합장 선거를 위해 모인 터라 표본들을 쉽게 만날 수 있었다.

그러나 이상하게도 표본으로 추출된 사람들이 모두가 있는 자리에서는 질문에 답하지 않으려는 것이다. 보통 시골사람들은 큰 비밀이 없이 자기네들끼리 거리감을 두지 않았는데, 그 동리만은 표본들끼리 서로 떨어져서 응답하기를 원했다. 면접에서 말한 내용은 사적인 기밀이니 어쩌면 그들은 사회 여론조사의 원칙을 제대로 지키는 사람들이었다.

그러나 그들의 속내는 좀 달랐다. H동은 경주시에서 가난한 동리 중 하나였다. 경작할 땅은 한정되어 있고, 5·16 혁명 이전에는 허가 없이 남의 산의 나무를 몰래 베어가서 파는 도벌盜伐 등으로 생활을 유지했었다. 그래서 서로 간에 의견이 분분하고, 신뢰하지 않게 된 것을 후에야 알게 됐다. 지금은 도벌을 할 수 없어 생활이 어렵지만, 아직 아이들의 옷이 괜찮은 것은 도벌로 경기가 좋을 때 사 둔 덕이라고 했다.

특히, 5·16 혁명 이후에는 도벌이 자유롭지 못하게 되어 더욱 형편이 어려워졌다. 또, 근처의 구 황실 소유의 산이 어느 제지회사製紙會社의 법인 소유가 되자 감시가 심해져서 도벌로 돈을 벌기가 불가능해졌다는 것이다.

또, 도벌이 비교적 자유롭게 행해졌을 당시에도 서로 무고誣告하여 늘 투서와 맞고소 때문에 시청에서 골치를 앓았다고 안내하던 시청직원이 귀띔해 주었다. 아직도 마을사람들 사이에는 서로 헐뜯는 일이 많다고 했다. 처음부터 표본들끼리 서로 따로 질의응답하려고 했던 뜻을 비로소 알게 됐다.

이렇게 화합하지 못하는 마을이고 보니, 누구든 동장을 하려고 하지 않았다. 해 봤자 복잡하기만 하여 피했던 것이다. 시청은 하는 수 없이 '덕치'德治를 하는 셈치고, 그 동리에서 제일 덕망이 높은 분을 동장으로 임명하기에 이르렀다. 그분은 동장으로 임명되기 전까지 머리를 길게 기르고, 상투까지 틀고 다니던 학자이자 선비였다. 그러나 시에서 임명하여 '관리'가 된 후부터는 잦은 관청출입 때문에, 하는 수 없이 머리를 깎고 양복을 입게 되었다.

실로 '골덴'(코르덴) 재건복에 운동화를 신은 '하이칼라'(멋쟁이) 동장이었지만, 걸음걸이는 옛날 양반 노인의 걸음걸이 그대로였다. 처음에는 동장을 맡지 않으려고 고사하는 바람에 회유하느라고 고생했던 일화를 시청출장소 직원이 들려주었다. 그러나 그 '양반동장'이 부임한 이래 사람들 사이의 갈등이나 감정대립, 그리고 무고 등이 줄어들었다고 했다. 아주 양심적이고 사리에 밝은 동장이라 모두가 조심한다는 것이다.

확실히 동리사람들은 덕이 있는 동장을 만만히 보거나 함부로 굴지를 못하는 것 같았다. 역시 덕德은 약하기만 한 것은 아니었다. 법의식에 대한 연구를 한다고 다닌 길에, 덕이 법을 능가한다는 실례를 보면서 우리 질의서에 포함된 문항 중에서 "법 없이도 살 수 있는 사람이란 어떤 사람인가"라는 질문에 대한 답은 결국 "좋은 사람, 훌륭한 사람"이라는 것을 깨닫게 되었다.

이상한 분위기가 감도는 동리를 나와 혹 경주시내까지 가는 화물차 편이라도 있을까 하여 기다리느라고 파출소 앞에 서 있다가 덕동 출장 소장의 주선으로 경비하는 파출소 직원과 인사를 하게 됐다. 소장의 소개에 의하면, 그 파출소 직원은 대학을 졸업한 '학사순경'學士巡警이 라고 했다. 경주까지 40여 리 길을 걸을 수도 없고, 마지막 버스까지 기다릴 수도 없어서, 행여 나무 싣고 다니는 트럭이라도 얻어 탈까 하 는 심산으로 인사한 것이었다.

그러나 당초의 기대와는 달리 파출소 앞에 간 것이 후회막급이었 다. 그 학사순경은 교만하기 이를 데 없었을 뿐만 아니라, 시종일관 나를 심문하는 태도였다. 내 신분증을 이리저리 살펴보면서 대화 하 나하나까지 기록했다. 대학을 나왔다는 동료의식에서 자연스럽게 법 의식 조사에 관심을 가져 줄 것을 기대했는데 오산이었다.

그는 오히려 자신만이 그 시골에서 대학을 나온 학사임을 과시하며 살았는데 엉뚱하게 대학 부설연구소의 연구원이 나타난 것이 몹시 불 편한 모양이었다. 직무의 성격상 할 수 없는 일인지는 모르겠으나, 학 창을 회고하는 학생시대의 얘기를 나누었다면 훨씬 명랑할 뻔했었는 데 하는 아쉬움이 남았다. 또다시 행장을 메고 목재를 실은 트럭 위에 간신히 올라 탄 내가 초라하게 느껴졌다.

경주에서 또 한 번 〈신라의 달밤〉을 노래하고 나면 나는 울산과 부 산으로 가게 된다는 기대를 해 보았다.

울산에서 만난 여자 귀신

황금 들판이 일렁이던
옛 울산의 추억

울산으로 가기 위해 대구발 부산행 '기동차'를 경주에서 탔다. 우연히 차 안에서 고교시절부터 안면이 있는 해군중위 부부를 만났다. 그들은 휴가차 부산으로 떠나는 중이었다.

대학 때의 이야기를 주거니 받거니 하다가 신문을 파는 소년의 손에 들린 신문에서 주먹만 한 크기의 활자로 "학생들의 데모"라는 기사를 보았다. "굴욕적인 한일국교 정상화에 반대하는 학생들의 데모"라는 부제가 붙어 있었다. 우리가 대학 4학년 때 일어난 '4·19 학생혁명' 이야기를 하는 중에 기동차는 벌써 울산역에 와 닿았다.

산업화가 본격적으로 시작되면 울산에 공장이 많이 들어서고, 그러면 공장굴뚝 연기로 하늘이 보이지 않을 정도가 되리라는 말에 큰 기대를 걸던 시기로, 가난에서 벗어나기 위해 발버둥을 시작할 때였다. 그러나 내가 처음 도착한 1964년의 울산은 아직 한가한 시골이었다.

울산공업단지 조성 상황을
시찰하러 온 고 박정희 대통령.
출처: 국가기록원(관리번호: CET0018713).

이제 막 공업단지 조성을 위한 정지작업이 시작되었을 때이고, 석유
화학단지 조성을 위해 기자재를 실은 선박들이 드나들 때였다.

울산에서의 면접을 시작하기 전에 우선 숙소를 정해야 했다. 구두
닦이 소년에게 물어서 찾아간 숙소의 이름은 S 호텔이었지만, 실은
여관이었다. 그러나 깨끗하고 조용했다. 짓궂게 내리던 비도 그쳤다.
우선 여장을 여관에 맡기고 울산시청에 들러 협조도 구하고, 표본지
역인 Y동에 가기 위해 시의 병영출장소에 도움을 요청하기로 했다.

누런 보리밭의 물결이 깔린 Y동의 경치는 아름다웠다. 정유공장을
건립하면서 세워지던 정유공장 굴뚝과는 직선거리에 놓여 있었는데
아직 공장지대로서의 면모는 갖추지 못하고 있었다. 공장에 대거 고

용되지 못한 울산 원주민(토박이)들은 공업단지 설계와 시설 등으로 부담만 지게 되었다고 불평한다는 이야기도 들었다.

그러나 농촌출신인 나는 무엇보다 누렇게 물든 보리밭에 정신이 팔렸다. 모든 식물들이 녹색으로 짙어만 가는데 무슨 팔자로 보리만은 누렇게 물들어가는 것일까? 식물의 생리를 잘 이해하지 못하지만, 유독 보리만은 '조로증'^{무老症}에 걸렸음에 틀림없다.

새벽 악몽에 나타난
괴이한 여인

그날 면접 일정을 비교적 편안하게 끝낸 후 숙소로 돌아와 늘 버릇처럼 하는 일을 되풀이했다. 면접한 사람들의 반응과 특기사항들을 질의서 표지의 넓은 여백에 기입하고, 울산 우체국 소인이 찍힌 편지를 보고 싶은 사람 몇 명에게 쓰는 일이었다.

그러고 나니 시간은 벌써 새벽 2시에 가까워졌다. 몸이 몹시 피로했다. 침대에 기댄 채 잠을 잔 것도 아니고, 그렇다고 그냥 깨어 있지도 않은 상태로 있었다. '비몽사몽'^{非夢似夢}간이라는 말이 맞을 것 같다.

그때였다.

"여보!"

머리를 산발한 상반신만 보이는 젊은 여인이 긴 손톱으로 내 얼굴을 막 할퀴려는 것이다. 깜짝 놀라 소스라쳐 깼다. 아무리 눈을 뜨고 방안을 휘둘러보아도 방안에는 아무것도 없었다. 그러나 침대 밑을 들여다볼 용기는 나지 않았다. 악몽을 꾼 것이라고 생각했지만, 그 꿈이 너무나 생생하여 다시 잠을 청할 용기가 나지 않았다.

"여봐요!"

다시 자는 둥 마는 둥 하는 찰나에 그 여인이 또 나타났다. 그러나 정신을 차리고 둘러보면 전과 다름없이 사라져 버렸다.

잠깐이라도 눈을 붙이려고 세 번째 시도를 할 때 똑같은 여인이 또 나타났다. 이번에는 그녀가 자신의 상반신을 나에게 기대는 것 같았다. 너무 소스라치게 놀라서 큰 소리를 쳤다.

"왜 그러시는지요?"

여관 보이가 내 방으로 뛰어와서 물었다. 그 보이의 눈을 보니 나보다 더 놀라는 것 같았다. 내 방은 원래 별실로 되어 있어서 여관 사무실과는 상당한 거리가 있었는데도 부리나케 뛰어온 것을 보면 내가 꽤나 큰 소리를 친 모양이다.

보이는 내가 악몽을 꾸어서 그런 것이라며 괜찮으니 어서 가서 자라고 했다. 그러나 혼자 누우려니 무섭기만 했다. 눈만 감으면 그 여인이 또 나타날 것 같아서 아예 잠을 자지 않기로 작정하고 잠옷을 입고 방안을 서성거렸다. 새벽의 일이고 보니 아침이 되려면 오래 기다려야 할 것 같았다.

적막함이 깊어갈수록 몸이 으슬으슬 춥기 시작했다. 초봄에 겨울 잠옷을 그냥 입고 있었는데도 몸은 떨리기 시작했다. 침대에 앉아 담요를 뒤집어써도 한기는 여전했고 전신에 힘이 빠지면서 두통이 시작되었다. 그래도 누워 잠을 청할 용기는 나지 않았다. 잠들지 못하는 밤은 길게 느껴진다는 말은 들었지만, 밤이 그토록 긴 줄은 몰랐다.

그 일이 있은 후부터 식욕도 없고 힘도 없었다. 법의식 조사를 위해 전국을 돌아다니기 시작한 이후 몸이 아파 본 것은 처음이었다. 가까운 동래 온천에 가서 땀을 흘리고 푹 쉬면 좋아질 것이라고 권하는 사람도 있었다. 그러나 심신의 충격이 컸기에 온천에서 쉬는 것만으로는 치유하기 힘들 것 같았다.

우선 의사를 만나 보아야겠다고 생각했다. 그러나 낯모르고 또 한 번도 면식이 없는 의사를 찾아가기보다는, 대구로 가서 그때 경북대 의대 교수 겸 의대부속병원장을 하던 사촌형에게 물어보기로 하고 대구행을 결심했다. 사촌형의 진단은 감기몸살 같으니 아스피린이나 '에이·피·씨'(이것이 무슨 약이었는지 아직도 모른다) 이외에는 별 약이 없다는 것이었다. 그러나 혹자는 이럴 땐 한약이 좋을지 모른다고 하여 한약방도 가 보았다. 그리고 대구에 사는 둘째 누님 댁에서 3일 간을 쉬고 나니 정신이 좀 드는 듯했다.

끝마치지 못한 울산지역 면접을 위해 다시 울산으로 갔다. 그러나 같은 여관으로 갈 생각이 나지 않아서 다음 면접지역인 상북면으로 가기에 편리한 여관을 정했다. 다음날 상북면으로 가려고 할 때 울산에서는 작은 소동이 났다. 이발관에서 들은 바에 의하면, 내가 악몽을 꾼 그 여관 옆방에 들었던 젊은 청년 투숙객이 변사變死를 했다는 것이었다. 이제 막 개발을 시작한 공업센터를 중심으로 사업을 하던 청년이라고 했다.

뜻밖의 죽음이었으므로 그 원인을 둘러싸고 수많은 추측들이 오갔다. 어떤 사람은 그가 사망한 것이 그날 궂은비가 와서 연탄불을 피웠으므로 연탄가스 중독일 것이라고 했고, 어떤 이는 음독자살일 것이라고 했다. 또 다른 사람은 몇 년 전에 젊은 여인이 죽은 바로 그 방이라 원귀가 씐 것이라고도 했다.

그 이야기를 듣자 온 전신에 소름이 끼치고 오싹했다. 왜냐하면 바로 그 방에서 내가 여자 귀신鬼神을 세 번이나 만나고, 병까지 얻은 것이 불과 3~4일 전이었으니 말이다.

물론 내가 만난 악몽 속의 여인이 귀신이라고는 믿지 않는다. 또, 변사체로 발견된 그 청년도 자살인지, 타살인지, 연탄가스 중독인지도 모를 일이다. 그렇다고 청년의 사인이 규명될 때까지 내가 울산에 머물러 있을 수도 없었다.

그러나 그 여관방에서 변사체가 나온 것과 내 꿈에 보인 그 여자가 무슨 연관이 있지나 않을까 하는 호기심이 발동했다. 행여 그 청년 투숙객이 어떤 원귀冤鬼가 나타나자 그만 기절해서 죽지 않았을까 생각도 해 보았다. 나는 시골 오지奧地 출신이고 무딘 성격 덕에 살아난 것은 아닐까?

내가 비몽사몽간에 본 여인이 귀신이라고 생각하지는 않지만, 그런 유의 사람에게 홀리게 되는 경우를 "도깨비에 홀렸다"고 하는 것은 아닐까? 피로와 과로는 마음도 허약하게 만든다는 학습을 한 셈이었다.

임의 도하渡河를 기원하는
석남사 여신도

해를 닮은 구릿빛 사내,
바다를 닮은 투명한 여인

울산의 U동은 온산면에 속하는 바닷가 마을이었다. 당월행 버스 종점에서 걸으면 15분 정도 걸린다. 언덕으로 둘러싸인 동리는 바다와 면해 있고 근방에 고운 모래가 깔려 있어 해수욕장 같았다. 가지각색의 바다 빛깔도 아름다웠다.

할아버지는 어망을 깁고 있었고, 손자는 할아버지의 등을 타고 놀고 있었다. 뒷집에서는 보리타작이 한창이었다. 물새가 날고 돛단배가 동구 앞에 넘실대는 평화로운 마을이었다. 농어촌을 겸한다는 것은 이런 마을을 두고 하는 말인 것 같았다.

E동에서 국민운동 간부라는 사람이 질의 때 나를 골탕 먹인 것과는 달리, 솟은 힘줄과 굵은 팔뚝, 그을린 구릿빛 피부, 그리고 넓고 억센 어깨와 사지를 가진 박 씨는 생김새답게 꾸밈없이 소탈하게 대답해 주었다. 바다 사나이다운 호방한 성격이 탐났다.

316

이번에는 젊은 아주머니의 차례였다. 바다로 향한 아담한 집은 마루가 깨끗하고 바다로 향한 전망이 시원했다. 마루를 가로질러 매어놓은 요람 위에는 아기가 잠들어 있었다. 아기를 깨울세라 조심조심 얘기를 나누었다. 바다를 마주 대하고 사는 사람 같지 않게 얼굴색이 투명하고 깨끗한 여인이었다.

소매 없는 겉저고리인 소데나시 (그곳에서는 우리말 '민소매' 대신 일본말 '소데나시'를 그대로 사용했다) 차림이라 좀 부끄러운지 시선은 그 넓은 바다로 향했다. 젊은 외간 남자와 마주 보기가 민망하고 수줍은 듯한 태도였다. 꾸밈없이 소박한 차림이 그토록 매력적인 줄 처음 알았다.

파도는 마을 둘레에 부드럽게 선으로 그으며 쓰다듬는 것 같았다. 보통 어촌이 농촌보다 더 살기 어렵다고들 하는데, 이 U동은 어느 농촌 못지않게 생활에 여유가 있어 보였다.

E동 앞바다도 아름다웠지만, 울산으로 돌아오는 길에서 멀지 않은 동백섬인 '추강'의 놀이터에서 보는 동남해의 해안선도 어루만져 보고 싶도록 아름다웠다. 소라의 추억 같은 지난날도 간절하게 생각났다. 역시 바다에 와야 사랑에 대해 일러 주는 스승이 없어도 사랑하는 것을 배우는가 보다.

다음날의 일정은 상북면 마을이었다. 그런데 버스는 D리를 가기 위해 언양에서 두 시간 동안 쉬었다가 간다고 했다. 성미가 급하기보다는 일정에 쫓겨 상북면까지 20리 길을 걸었는데 차보다 먼저 도착했다. 다행히 그곳은 면장이 우리의 법의식 조사에 관심이 많아서 협조를 잘해 준 덕분에 면접이 순조롭게 진행되었다.

두 시간 후에 온 차로 D리에 가게 됐다. 걸어온 덕에 쓰지 않은 표

울산의 석남사 전경. 출처: 울산광역시청.

를 보여주었더니 내가 걸어온 거리에 해당하는 구간의 버스비를 공제해 주었다. 버스기사가 보여준 승객에 대한 배려에 놀랐다.

남편의 극락행을 비는
석남사의 할머니 신도

D리는 경상북도와의 접경이며 석남사가 있는 곳이다. 조사기간에 관광지를 찾지 않는 것이 원칙이었지만, 석남사가 가까이에 있는 마을이니 굳이 피할 필요는 없었다.

　청운교란 돌다리를 건너 소나무 우거진 숲 속에 위치한 이 절은 신라 현덕왕 때(824) 세운 것으로 크다기보다는 아담했다. 비구니의 수도처修道處로 알려진 절이라 그런지 곳곳에 금지조항이 많이 붙어 있었다. 주변 풍경을 둘러보니, 아늑히 쌓여진 바위며 원시림이 볼만했다. 이름이 널리 난 사찰보다도 조촐한 규모의 이 사찰이 더 매력적으로 느껴졌다.

겨울철에 연인과 함께 온다면 산 꿩을 꼭 만날 것만 같았다.

절 안으로 들어가 보니 연만한 안노인네들이 부처를 향해 합장 배례를 하고 있었다. 그리고 무언가를 나지막이 암송하고 있었다. 불공을 드리는 그들의 목소리가 '염불' 같지는 않아서 얌전하게 생긴 여승에게 물어보았다.

"저분들이 중얼거리는 말이 무슨 내용입니까?"

"저분들은 모두 다 연세가 많으신 분들인데, 자기가 남편보다 먼저 죽게 해 달라고 기원하는 것입니다."

할머니들의 입 모양을 보니 그 여승의 말이 맞는 것 같았다. 과잉애정의 발로일까?

그러나 유독 한 할머니의 입놀림은 다른 할머니와는 달라 여승에게 다시 물어보니 그 할머니는 남편 되는 할아버지가 먼저 죽게 해 달라고 불공을 드린다는 것이었다. 부부 간에 정이 없는지, 할아버지를 더 주체할 수가 없든지, 아니면 옛날부터 애정이 식어 버려서 그렇게 되었든지 무슨 곡절이 있는 듯했다.

젊은 나이 탓이었을까? 아니면 후에 인류학자가 될 것을 예견이라도 해서였을까? 궁금증이 발동하여 염불이 끝나고 나오는 그 할머니를 쫓아다녔다.

드디어 계단 근처의 돌구유水槽石 옆에서 할머니에게 얘기할 틈을 얻을 수 있었다. 나는 정색을 하고 물어보았다.

"법당에서 부처님에게 빌 때, 할머니는 다른 할머니와는 달리 왜 할아버지를 먼저 돌아가시게 해 달라고 비셨는지요?"

할머니는 깊이 파진 주름진 얼굴에 미소를 짓다가, 곧 투박한 경남 사투리로 대답했다.

"영감이 미워서 먼저 죽으라고 했제."

할머니가 이야기하는 폼이 진심 같지 않아서 다시 차근히 물어보았다. 그러자 할머니는 이상하다는 듯이 반문했다.

"젊은 양반은 그런 것은 와 묻노?"

"제가 남자니까 궁금해서 묻는 것이지요."

내가 자못 진지하게 말하자 할머니도 진지하게 대답해 주었다.

할머니의 설명은, 만일 할아버지가 먼저 돌아가시고 할머니만 남게 되면 좀 슬프기는 해도 그냥저냥 지낼 수 있을 것이고, 안방에서 무엇을 하든지 얻어먹을 수 있다는 것이다. 몸이 아프더라도 며느리와 손자들이 늘 보는 안방에 눕게 되면 그들이 당장 알 수 있으리라는 것이었다.

그러나 만일 할머니가 먼저 돌아가시고 할아버지가 홀아비가 될 경우, 옷가지를 찾아 입는 것도 마땅치 않으려니와 사랑방 구석에 쪼그리고 앉아 있으면 안방에서 자식들이나 손자들이 할아버지가 아픈지 건강한지도 잘 몰라서 세심하게 보살펴 드릴 수 없을 것이기 때문이었다.

사려 깊은 그 할머니에 따르면, 사람이 나이가 많아지면 어린애와 같아진다는 것이었다. 즉, 노인은 타인의 손길이 많이 필요하다는 것인데 할머니가 떠나면 할아버지는 옆에서 챙겨 줄 사람이 없으니 행색이나 생활이 비참해지리라는 것이다. 그리고 그런 몰골이 되는 것은 아무리 자식이 효심이 있더라도 어쩔 수 없는 것이라고 했다.

비록 서양과 달리 대가족제도 속에서 살지만 궁극적으로는 부부중심이요 부부간이 제일 가깝고 살뜰한 정이 있다는 것이었다.

내 질문에 속사정을 털어놓은 할머니는 이번에는 자신이 질문할 차례라고 생각했는지 나에게 물었다.

"젊은 양반, 장가갔는 기요?"

"아직 못 갔습니다."

"그러면 애인은 있는 기요?"

"한때는 있었다고 생각했는데, 지금은 확실히 없습니다."

그러자 할머니는 충고하기 시작했다.

"장가를 가이소, 고만. 여자는 혼자 살 수 있어도 남자는 안 된다 아입니꺼."

할머니는 고담古談을 인용하면서 나를 설득했다.

"홀어매가 살다가 죽은 곳에 가면, 쌀이 서 말 나오지만 홀애비가 살다 죽은 곳에 가면 이가 서 말 나온다 카잔 심껴."

인생의 황혼 길에서 자신이 세상을 떠난 후 벌어질 광경을 걱정하는 주름진 얼굴의 할머니. 그러나 죽음과는 인연이 없는 것처럼 사는 20대 청년인 나에게는 그 걱정들이 실감 나게 와 닿지 않았다.

석남사를 빠져나와 30분을 걸어 D리에 닿았다. 그곳에서는 모판에 농약을 뿌리는 젊은 청년과 농사 이야기를 했다. 20여 두락斗落(시골에서 '마지기' 대신 쓰는 말)에 벼농사를 짓는다는 그에게 "그 농사로 생활은 할 수 있습니까?"라고 묻자 그는 농사일은 수지타산收支打算이 맞아서 하는 '업'이 아니라고 했다.

그는 외국에서는 농사도 기업처럼 수익사업이지만, 한국에서는 수지타산과 관계없이 천직으로 알고 한다고 했다. 작년에 진 빚을 올해 농사로 갚고, 내년에는 또 다른 빚을 얻을 수밖에 없다는 설명이었다.

총명하게 생긴 그가 얼마나 오랫동안 D리에 남을 수 있을지 생각하면서 울산발 부산행 합승을 타고 경상도의 땅끝 부산으로 향했다.

해운대 모래에는
발자국만 남겼다

부산 J동에서 만난
지게꾼 아저씨와 꼬마 딸

"왜 합승에는 요강 (실내에서 오줌을 받는 그릇. 놋쇠나 양은 혹은 사기 따위로 만든 작은 단지 형태의 변기) 을 준비해 놓지 않나? 응 …"

술에 취한 중년 신사가 울산발 부산행 합승 안에서 차장에게 시비를 걸었다. 특급이라 도중에 정차하지 않으니 과음한 사람의 용변 사정도 급하고 딱하기는 한 것 같았다.

그러나 취객의 주정은 점점 심해졌다. 차장이 견디다 못해 운전수에게 자기 사정을 전달해 주기를 원했는지 온 차 안이 떠나가도록 떠들어댔다. 옆에 앉은 부녀자들은 창피해서 고개조차 들지 못하고 있었다. 다른 남자 손님들은 웃기만 했다.

염치없고 예의 바르지 못한 사람을 가리켜 "술 취한 개 같다"는 표현을 쓰지만 사실 개는 술을 마시고 취하면 죽은 듯이 조용히 있는 법이다. 그래서 개를 먼 곳까지 차에 태워 데려가려면 술을 한잔 먹이는 것이 좋다. 제법 신사 체모를 갖추느라고 '목댕기'(넥타이)까지 맨 중년신사의 체통이 말이 아니었다.

"아저씨, 조용 좀 하이소, 마!"

참다못한 혈기왕성한 젊은이가 소리쳤다. 그러자 취객도 지지 않고 맞받아쳤다.

"당신도 백 원 내고, 내도 백 원을 냈지 않은 기요. 다 마찬가지 아인 기요, 누가 누구를 주의시키는 기요!"

마음 같아서는 당장 백 원을 안겨 주고 차창으로 동댕이쳐 버리고 싶은 생각이 들었다. 그러나 그냥 듣기만 하기로 했다.

세상이 자기만을 위해 존재하는 것 같이 믿고 사는 술주정꾼의 생활신조가 부럽기도 했다. '1년이 가깝도록 먼 길을 여행하다 보니 별별 일을 다 당하고, 별별 사람들을 다 만나게 되는구나' 생각했다.

내 옆자리에 앉은 승객은 부산의 지리에 생소한 나에게 기왕이면 부산시내의 여관으로 가지 말고 동래에서 내려 온천장으로 가라고 했다. 그러면서 친절히 차장에게 온천장에서 나를 내려 주라는 부탁까지 했다.

마침 동래에는 합승 정거장이 있었고, 나 이외에도 내리는 승객이 있었기 때문에 술 취한 주정꾼이 '요강'을 찾는 것처럼 억지를 부리지 않아도 됐다. 쉽게 발견한 동래 온천장에서 B여관에 묵으면서 오랜만에 온천욕도 해 보았다.

그러나 내가 부산의 크기를 과소평가한 것이 문제였다. 온천에 관심을 두다가 면접을 위한 이동 거리를 감안하는 것을 잊고 만 것이다. 다음날 면접해야 할 지역은 동래에서는 거리가 먼 J동이었다. 게다가 J동 조사 때는 동료 연혜정 씨가 서울에서 내려와 합류하기로 했기 때문에 좀더 일찍 가서 만나야 했다. 동래에 여장을 풀고 온천을 즐긴 덕에 조금은 불편한 하루가 될 것 같았다.

다음날 찾아간 J동은 산에 매달려 있는 것 같은 가난한 동리였다. 상수도도 없었지만, 하수도가 없는 것이 더 딱해 보였고, 화장실 청소를 잘 하지 않아서 넘쳐난 오물 때문에 심한 악취가 풍겼다. 한국에서 두 번째로 큰 도시이고, 남해의 관문이자 직할시라는 부산은 그 명성에 걸맞게 내부의 정리 정돈이 시급한 것 같았다.

게다가 도움을 받기 위해 찾아간 J동의 동장은 면접 대상자 명단을 보여주자 머리를 내저었다. 그곳은 찾아가기도 쉽지 않을 뿐더러 표본과 질의응답도 순탄치 않으리라는 것이었다.

동장의 말은 틀리지 않았다. 고부랑 산길로 끊임없이 오르내리다가 간신히 집을 찾으면 면접해야 할 사람은 일터로 일하러 가고 없었다. 아주머니 표본을 만나면 온 이웃의 아주머니들이 다 모여 수다를 떨었다. 면접한 사람에게 인사로 건네주는 수건을 보고는 모두 자신들도 표본이 되겠다고 야단법석을 떨었다.

부끄러워하며 말을 아끼는 수줍은 시골의 젊은 여인들보다는 면접하기에 나을 것 같기도 했지만, 수다스러운 이곳 아주머니들을 대하는 것도 쉬운 일은 아니었다. 그들의 왁자지껄한 이야기를 오래 듣고 나면 두통에 시달려야만 했기 때문이다.

어느 날은 장년의 남성 표본의 집을 찾아갔는데 딸인 듯한 아이만 혼자 있었다. 그 아이는 심심하기도 하고 배도 고픈 모양이었다. 배고픈 아이에게 수건 선물을 줄 수 없어서 달랠 것을 찾아보니 캐러멜뿐

1960년대 초의 해운대 (출처: 부산광역시청).

이었다. 그것을 건네주며 물어보았다.

"아버지 어디 가셨니?"

캐러멜 덕분인지 그 아이는 대단히 협조적이었다.

"우리 아버지예? 직장에 가셨는데예."

"직장이 어딘데?"

"내 따라 오이소."

아버지의 직장으로 나를 안내하겠다는 것이었다.

한참 고부랑길을 돌아 전차표 파는 가게 옆에 다다르자 꼬마아이는 큰 소리로 아버지를 불렀다.

"아부지예!"

그 소리에 한 남자가 소스라치게 놀라면서 일어섰다. 그가 바로 그 아이의 아버지인 듯했다. 꼬마가 이야기했던 아버지의 '직업'은 날품

2010년 해운대 전경 (출처: 해운대구청)

팔이 지게꾼이었고, '직장'은 전차역 앞 길가였던 것이다.

그는 마침 일거리가 없어서 지게 위에서 낮잠 한숨을 자는 중이었는데 꼬마 딸에게 들켜 민망한 기색이었다. 햇빛에 그을려 검은 피부는 뼈에 그냥 달라붙어 있었다. 그 팔다리로 짐을 지면 아래 종아리가 부러질 것만 같았다.

해운대 바다에서 돌아본
그리운 얼굴들

다시 다대포를 가기 위해 감천 발전소의 언덕에 버스를 타고 올랐다. 바다가 훤히 보이고 멀리 보일 듯 말 듯한 것이 대마도(쓰시마 섬) 라고 했다. 그간 서울, 인천, 그리고 서울 서북 몇 군에 면접을 전담하다가 막바지에 부산 면접에 지원 온 연혜정 연구원을 환영할 겸해서, 저녁에는 해운대海雲臺를 찾았다. 연 연구원은 우리 연구팀에서는 유일하게 사회조사에 경험이 있는 연구원이었다.

관광호텔을 짓기 전 어느 겨울에 와 본 적 있는 해운대는 많이 변해 있었다. 관광호텔은 규모도 컸지만, 돈을 많이 들인 흔적이 역력했다. 연구비가 바닥이 날 지경이어서 호텔라운지는 생각도 못하고, 호텔의 바깥문으로 바다와 모래사장으로 통하는 통로를 찾았다. 바로 해운대 앞바다였다.

해운대라는 이름은 통일신라 시대 말기의 신동神童으로, 12세 때 당나라에서 유학하고 당나라의 과거시험인 '빈공과'(당나라 때 외국인들이 보던 과거시험)에 합격했으며, 후에 대석학大碩學이 된 최치원이 벼슬을 버리고 가야산으로 가던 중에 이곳에 들렀다가, 절경에 심취하여 자신의 호인 해운海雲 두 글자를 동백섬 남쪽 암벽에 새긴 것에서 유래하였다. 예나 지금이나 아름다운 해운대의 경관에 대해서는 더 이상 설명하지 않아도 될 것 같다.

천막을 치고 바람을 막는 음식점이 즐비했지만, 아직은 삼복더위 때가 아니라 피서객이 많지 않아 조용한 분위기였다. 검은 밤의 그림자 속에 흰 물결이 밀려와 육지에 부딪혀 부서질 때마다 파도소리와 흰빛이 장관을 이루었다. 바다에 가까운 노점을 골라 맥주 한잔으로 흥을 돋우어 봤다.

연혜정 연구원은 구두에 세사細砂가 들어가서 불편한 모양이었다. 의사인 청년과 곧 결혼하여 미국으로 간다는 그녀의 말에 축하하는 마음보다는 서운한 마음이 앞섰다.

1년이 넘도록 전국을 다니다가 반도 남단의 끝자락에 와서야 비로소 내 자신을 돌아볼 기회가 생기는 것 같았다. 산에서는 그곳의 신비로 인해 자신까지도 잊게 되지만, 바다는 사람에게 사랑을 깨우쳐 주는지도 모른다.

그리운 얼굴도 스치고 지나갔다. 남들이 동반한 연구원을 연인 사이로 오해하지 않도록 빨리 자리를 뜨기로 했다.

그러나 해운대의 모래 위에는 발자국을 남겼다.

관동편

하늘과 맞닿은 천년 숲의 신비

고향같이 느껴지는
관동의 풍물

맑은 소양강과 향기로운 밤나무 숲이
마중 나온 강원도 길

내 고향에서 산허리 하나만 돌아 넘어가면 강원도이지만, 나는 그때까지 그곳에 발을 디뎌 본 일이 없었다. 그러면서도 강원도로 향하는 발걸음이 가볍기만 했던 것은, 강원도가 이번 조사에서 마지막 도道이고, 내가 쓰는 말씨조차 그곳 사람들이 쓰는 말씨와 비슷하여 '사회적 거리'social distance가 가깝게 느껴졌기 때문이다. 또 관동關東의 풍물에 대한 나의 기대도 한몫했다.

청량리역에서 춘천행 기동차를 탔는데 춘천으로 가는 어느 미군 병사와 함께 앉게 되었다. 휴가에서 돌아오는 우리 사병들은 헌병의 검문에 시달려 풀이 죽어 있었는데, 그 미군 사병GI은 자기네 헌병MP의 검문에도 기세가 당당했다. 갓 스물의 나이니 패기와 생기가 넘치는 것은 당연하겠지만, 자신만만한 그의 언행이 비단 젊음에서 비롯된 것만은 아닌 것 같았다.

원래 명랑하고 활발하게 태어났기 때문인지, 아니면 그런 것이 그가 속한 나라의 문화인지는 모를 일이었다. 그의 행동을 보노라니 무례하게 느껴지는 면도 있었지만 너무나 천진난만하게^{innocent} 보였다. 내가 우리 국민의 법의식을 조사하러 다닌다는 말을 듣고 그 병사는 자신도 대학 재학 중에 입대했다고 히면서, 고등교육을 받은 미군 병사다운 질문도 했다.

"한국 사람들의 법의식을 한마디로 간단히 요약한다면 어떻게 말할 수 있습니까?"

"한국 사람들은 일상생활을 하는 데 법을 적극적으로 활용하기보다는 나와 상관없이 먼 거리에 있어 주기를 바라고, 그러면서도 먼 곳에서 나를 보호해 주기를 바라는 것 같습니다."

나는 성의껏 대답해 주었는데 그 미군병사는 이해가 잘 가지 않는 것 같아 보였다. 내 영어가 변변치 못하여 이해하지 못했는지, 아니면 그 당시 한국 사람들의 법의식이 희박하다는 것을 이해할 수 없었는지, 아니면 두 가지 이유 모두 때문인지 알 수 없었다.

어려운 영어를 구사하는 사이, 내가 탄 기동차는 청량리역에서 멀찌감치 떠나 울창한 밤나무 숲의 향기가 짙은 강원도 땅을 질주하고 있었다. 소양강이 시작되면서부터 기동차는 소양강과 길동무를 하듯이 줄곧 옆에서 나란히 달렸다.

고산준령高山峻嶺이 나타나는 것으로 보아, 내가 강원도 땅에 있음이 분명해졌다. 소양강 물은 맑고 굴곡은 심했다. 강원도 쪽의 정거장을 거쳐 갈수록 기동차는 3등 승객들로 초만원을 이루었다.

아름다운 인심과
풍경이 어우러진 춘천

춘천은 난생처음 가는 곳이었다. '양구행' 간판을 든 합승차장들이 소리를 외쳐댔다. 역사驛舍의 위치를 정할 때 합승회사들과 담합이라도 하고 정하는 것이 아닌가 의심스러울 정도로 시내와 역 간의 거리는 멀었다.

또 하나 새로운 경험은 도청에서 도지사와 만나게 된 것이다. 전국을 다니면서 도백道伯의 사무실에 들러서 도지사에게 인사해 보기는 강원도에서가 처음이었다. 자연스럽게 도지사실도 처음으로 구경하게 되었다.

군 장성 출신이라는 강원도 도지사는 거구장신巨軀長身이었다. 진심으로 반가워하며 호의를 베푸는 품이 믿어지지 않을 정도였다. 도의 지방과 과장은 조사방법에 조예가 깊은 듯이, 각별한 관심을 표명했으며 안내도 친절하게 해 주었다.

방사선 같은 다섯 갈래의 길이 훤히 보이고 춘천시의 전경이 한눈에 보이도록 신축한 도청 건물은 춘천시에서는 제일 우뚝 솟아 보였다. 지금은 철거되었지만 일제 강점기 때 조선총독부로, 한때 중앙청으로 쓰였던 옛 석조건물에 비견할 만큼 우람스럽게 보이는 건물이었다.

춘천은 아름다운 풍경과 인심을 가진 도시지만 그 역사적 행로는 순탄치만은 않았다. 6·25 전쟁 때 가장 시달린 도시 중의 하나로 아군과 북한군이 다섯 차례나 밀고 밀린 곳이었다. 역사적 사실에 근거해 전쟁의 소용돌이 속에 휩쓸렸던 황폐한 몰골의 도시일 것으로 예상

춘천 중심가에서 여행봇짐을 들고 선 저자의 모습. 배경으로 춘천도청 청사가 보인다.
그곳에도 반공사상 계몽 플래카드와 표어들이 시내 곳곳에 나붙어 있었다. 출처: 김중순

했으나 막상 그곳을 둘러보니 점차 전쟁의 상처를 치유하고 그 흔적을 씻어가는 듯이 보였다.

폐허가 되었던 자리에 새 건물이 들어서서 도시의 미관은 깨끗한 인상을 주었다. 일본 사람들이 남겼던 일본 문화의 잔영도 사라졌고, 우리의 힘으로 세운 새로운 형태의 건물들이 즐비했다.

무엇보다도 가장 많이 눈에 잘 띄는 것은 '여관'이었다. 도시의 규모에 비해 여관의 밀도가 높았다. 여관이 많다는 것은 결국 외부인들의 출입이 잦다는 뜻일 것이다. 군인들이 많이 드나들면서 수복지구를 중심으로 건설 붐이 일어난 것 같았다.

J동 여자 포주의
'묵묵부답'의 의미

조사해야 할 지역은 J동이었는데 시의 중심에 자리 잡았음에도 불구하고 추출된 표본들은 모두 다 구호대상자들이라고 했다.

"도시에서 어떤 여자들이 돈을 받고 몸을 파는 매춘행위를 하는 것에 대해서 어떻게 생각하십니까? 나라에서 벌을 줘야 한다고 생각하세요?"

찾아간 한 아주머니 표본에게 질문지에 있는 그대로 물었는데, 대답이 없었다.

후에 안내해 준 동사무소 직원의 말에 의하면, 그 여자가 바로 '포주'라는 것이었다. 포주는 성매매를 주선해 주는 사람인데, 그녀에게 그런 사람의 처벌문제를 묻는다는 것이 말이 될 턱이 없었다.

그 면접 대상자가 나에게 "자신의 몸을 자기 마음대로 하는데 왜 다른 사람이 상관합니까?"라고 물었더라면, 나도 대답이 궁할 수밖에 없었을 것이다.

아무리 매춘행위가 인류가 시작한 최초의 '상행위'商行爲 중의 하나였더라도, 이제는 그런 행위의 종말이 와야 할 것 같았다.

그러나 당시 서울의 중심가인 이른바 '종삼'(당시 종로 3가 지역을 지칭한 말)에도 '적선구역'赤線區域('홍등가'紅燈街로 불리기도 했다)이라고 하여 매음상賣淫商들이 버젓이 영업을 하고 있었다. 법으로는 '윤락행위 금지법'이 있었지만, 적선구역에서는 사실상 매음을 묵인하고 있는 것이 현실이었다. 결국 적선구역 내에서는 사창私娼이 공창公娼이 되는 셈이었다.

그래서 법전 속에 기록된 법과 현실 사이에 얼마나 큰 괴리乖離 현상이 존재하는지 알아보려는 것이 이 법의식 조사의 목적이었다.

나는 난생처음 직업이 '포주'인 여자와 가까이서 이야기를 나누는 것이 편하지 않았다. 또, 그녀도 나 같은 사람과 처음 얘기해 보기 때문인지, 내 질문에 대답하지 않으려고 했다.

골목길을 지나가는 행인들이 내가 어느 특정한 여인을 두고 '상거래'를 한다고 오해받는 것이 두려워서, 그 자리를 도망치듯이 피하고만 싶었다. 몹시 곤궁하니 포주 노릇도 하는 것이겠지만, 그 장사 역시 불경기에는 어쩔 수 없는 것 같았다.

이후란 관직도 사업도 말고
나무장수만 하여라

분단의 비애가 서린
삼팔교를 지나며

춘천에서 양구로 갈 때는 옆집 가듯이 훌쩍 건너갈 수 있었다. 매시간 합승이 '군축도로'軍築道路를 따라 질주하고 있었다. 포장되지 않은 도로라 조금 불편했을 뿐 광화문 네거리보다 더 넓은 길이 시작됐다. 먼지 때문에 눈을 뜰 수 없었고, 군용트럭이 옆으로 지나가면서 일으키는 모래바람에 모래가 씹힐 지경이었다.

"여기 먼지는 영양가가 있습니다."

옆에 앉은 선글라스를 낀 신사가 전쟁을 규탄^{condemn}하고 조소하는 '냉소적 농담'cynical joke을 던졌다. 그의 설명에 의하면, 그곳에서는 6·25 전쟁 때 피아의 공방전으로 수많은 인명이 희생되었는데, 그토록 죽어간 많은 사람들의 뼛속에 있는 '인'燐이 먼지에 섞여서 산 사람의 인체에 도움이 된다는 것이었다.

그런 섬뜩한 이야기를 하던 신사는 오해받을까 봐 걱정이 됐는지 자신도 그 전투의 참전용사라고 토를 달았다. 그러나 그는 적군을 죽이고, 전우도 희생되었던 때의 일을 마치 남의 이야기처럼 했다.

"저게 삼팔교三八橋입니다."

그는 내게 소양강 줄기를 가로지르는 조그마한 철제 다리를 가리켰다. 6·25 전쟁이 발발하기 전에는 그 다리를 경계로 국경 아닌 국경을 쳐 놓고 그 다리 건너편에는 장총을 맨 북한군(내 필드노트에는 '괴뢰군'으로 기록되어 있다)의 그림자가 있었을 것이고, 색다른 러시아군과 중국군(내 필드노트에는 당시의 표현 관행을 따라 '중공 오랑캐'라고 기록되어 있다)의 눈초리도 매섭게 빛났을 것같이 느껴졌다.

그러나 자주 드나드는 행인이나 자동차 운전수들은 아무렇지도 않게 드나드는 것처럼 보였다. 휴전 후 남한에 편입되기 전부터 있었을 초가집이며, 산천초목은 옛날 그대로일 것으로 보였다.

그때 내가 본 삼팔교가 1년 후인 1965년에 춘천댐 건설로 인해 수몰되었다는 말을 후에서야 들었다.

삼팔교에 관한 사진은 '국가기록원'에도 존재하지 않지만, 내 기억 속에는 아직도 그대로 남아 있다. 삼팔교 이북에서부터의 도로는 좁아 보였다. 그 교량의 오른편으로는 소양강이 흐르고, 왼편으로는 암석으로 된 산이 있어서 도로를 확장하기에는 힘들 것 같았다. 그러나 길 폭을 좀 확장시켜 보려는 공사가 군인들에 의해 행해지고 있었다.

문제는 자연조건이었다. 자연부락이라고 해도 인가가 밀집해 있지 않았다. 그곳 사람들의 말로 '이웃'이라는 것은 5~10리 거리는 족히 되었다. 김매는 사람에게 길을 물어서 대답하는 사람이 앉은 채로 "바로 저기"라고 하면 한 10리로 생각하면 되고, 일어서서 가리키면서

"저~기"라고 하면 한 20리는 되는 것으로 생각하면 된다고 했던 공보실 직원의 말이 생각났다.

여기에 덧붙여, 내가 미국에 살면서 1974년부터 1978년까지 미국의 원주민인 인디언American Indians부족들에 대한 현지조사를 할 때 겪었던 비슷한 경험을 소개해 보고자 한다.

그 당시 나는 오클라호마Oklahoma주 시골사람들이 "내 이웃사람들이 말하기를…" 하는 이야기를 듣고, 아무리 주위를 둘러보아도 이웃이 보이지 않아서 물은 적이 있다.

그랬더니 그들이 말하는 이웃이라는 것이 때로는 50마일(약 70여 리) 밖에 사는 사람인 경우도 있었다. 어쨌든 자기가 사는 곳에서 가장 가까운 곳에 사는 사람이므로 '이웃'이라고 하는 것이다. 광활한 반사막 지역인 넓은 땅 오클라호마 주민들에게 이웃은 그렇게 멀리 떨어져 사는 사람들인 것이다.

'구름에 달 가듯' 사는
나무꾼 이야기

양구는 휴전 이후에 수복된 지역이기 때문에 특별히 조심해야 할 사항이 있느냐고 군수 영감에게 물어보았더니, 그는 웃기만 했다. 공보담당 직원은 그곳은 전쟁터였으므로 그때 매설한 지뢰가 아직 남아 있는 곳이 있어서 행인들의 왕래가 없는 곳은 피하는 것이 안전하다고 일반적인 주의사항을 줄 뿐이었다.

그러나 조사지역인 W리로 가는 길을 물으니, 양구 앞을 막은 태령을 넘어서 가면 20~30리 정도의 거리인데, 그 고개는 넘어가기는 너무 힘드니 그곳으로 가지 말도록 권했다. 울고 넘지 않을 수 없는 영嶺이라고 했다.

유일한 통로는 화천으로 통하는 저수지의 수로를 이용하는 것이라고 했다. 왕복 80여 리의 저수지를 배로 건너야 한다는 것이다. 화천발전소의 전기를 만드는 원천인 화천저수지의 물이 이 양구에서 시작된다고 한다.

나무하러 다니는 나뭇짐 배로는 꼬박 4시간을 가야 W리 입구에 닿을 수 있다고 했다. 화천저수지는 옛날 계곡에 불과했던 곳이 화천댐을 건설함에 따라 저수지가 된 곳으로, 양쪽에 깎아내린 듯한 벼랑이 있고 그 골짜기에 물이 있어, 저수지나 강이라고 부르기보다는 바다라고 하는 편이 맞을 것 같았다.

강원도 하면 산이 떠올라서 산을 타고 넘고 돌 것으로 생각했다. 그런데 강원 내륙에서 배를 탈 줄이야! 노를 젓는 배니 한세월 없이 미끄러지고 강과 물의 흐름이 없는 잔잔한 호수라 느리다.

"왜 이쪽으로 갑니까?"

배가 호수 가운데로 가지 않고 한쪽으로 기울어지게 가기에 사공에게 물어보았다.

"저기 뭐 보이지요?"

그는 멀리 보이는 건물을 가리키며 국군 X사단의 창설기념으로 지은 대통령 별장이라고 말했다. 그러면서 별장보호를 위해 군인이 해상수색을 하기 때문에 그곳을 미리 들러서 가야 한다는 것이었다.

그런데 신분증 검사 중에 내 주소를 본 군인은 자신의 서울 본가도 같은 동네라면서 반가워했다. 그러면서 한동네 주민으로서 대통령 별장 구경을 시켜주겠다고 했다.

2011년 보수한 화진포의 성 (김일성 별장). 출처: 한국관광공사.

대통령의 별장은 조그만 한옥이었지만, 내부는 수세식 변소와 2인용 침대double bed가 놓여 있었다. 이승만 대통령이 쓰던 칫솔과 치약도 그대로 있었다. 전망과 운치도 좋았고 통나무로 만든 사교장까지 있었다. 촬영이 금지되어 있었고, 외부인의 관람도 금지되어 있었지만, 나는 경비원의 특별 배려로 좋은 구경을 했다.

바로 아래에 김일성이 쓰던 목조건물의 별장도 있었는데 옛 모습을 그대로 보존하기 위해 복구도 하지 않았다고 했다. 별장은 낡고 퇴색한 모습이라 세월의 흔적을 느낄 수 있었다. 경호군인은 내가 그곳을 방문했던 기념이라면서 낡고 삭은 커튼 조각을 찢어 주었다.

근래 이 두 별장은 깨끗하게 수리되어 옛 모습은 내 기억 속에만 남아 있다.

내가 탄 배는 다시 W리로 향했다. 흡사 영화 속에 나오는 노예선을 타고 가는 기분이었다. 그늘을 드리울 포장도 없는 알몸의 나뭇짐 배를 타서 햇빛에 저려지는 것 같았다. 고생스럽게 노를 젓는 뱃사공에게 고향을 물어봤다. 억양이 강원도 억양이 아니었기 때문이었다.

그는 고향이 부산이라고 했다. 부산 태생이 양구 W리에서 나무꾼이 된 데는 사연이 많았다. 실로 그의 이력은 간단하지 않았다.

그는 군에서 제대한 후 어느 회사에 취직했지만, 생활을 유지할 정도의 월급이 되지 않아, 고철을 모으는 고철상을 차렸다. 처음에는 수입이 괜찮았지만, 규모를 늘리다가 낭패를 봤다. 더 이상 도시에 머무르며 할 일이 없어서 군대에 복무할 때 봐 둔 양구에 와서 나무장수를 시작했다. 하루 수입이 보통 6백 원은 넘고, 한 달이면 평균 1만 8천여 원을 벌 수 있었다. 무엇보다 윗사람에게 아부할 필요도 없고, 남에게 속고, 남을 속일 필요도 없는 것이 좋았다고 했다.

그의 이야기를 들으니 문득 그와 비슷한 삶의 태도를 보여준 장만張晩 (1566~1629)의 시조가 떠올랐다.

풍파에 놀란 사공 배를 팔아 말을 사니,
구절양장九折羊腸이 물도곤 어려왜라(물보다 어려워라).
이후란 배도 말고 말도 말고 밭 갈기만 하여라.

조선 중기 문신이자 무장인 장만은 여러 벼슬을 두루 거치다가 병조판서와 도원수까지 지냈다. 그러나 1627년 정묘호란 후에 삭탈관직을 당하고 나서 세상에 널리 알려진 시조를 남겼다.

장만의 시조 중에서 "이후란 배도 말도 말고, 밭 갈기만 하여라"라는 구절을 "이후란 취직도 사업도 말고, 나무장수만 하여라"라고 한다면 장만의 농사일 예찬론에 버금가는 양구 호반의 '나무꾼 예찬론'이 됨 직해 보였다.

죽은 나뭇가지만 모아 팔아도 생활은 된다는 그 나무꾼. 그 소박한 무욕無慾의 삶이 한적한 강원도 대자연에 어울렸다.

깊은 산골 인제 기린면에 분
개화의 바람

발전소와 한일회담을
홍보하는 버스차장

"인제만 하여도 산중인데 하물며 기린면까지 …"
인제군 기린면이 우리 조사의 표본지역으로 선정되었다는 말을 듣고 도청의 공보실장이 동정 섞인 눈으로 나를 쳐다보았다. 인제가 산중이라고 걱정하는 눈치였다.

그러나 산골마을 봉화 출신인 나는 '산중'이라는 말이 별로 겁나지 않았다. 얼마 전만 하여도 기린까지 차가 없었으나 요즈음(1964)은 하루 두 번씩 차가 왕래한다고 그곳 출신인 고등학생이 원통에서 군축령을 넘으면서 이야기했던 기억이 났다. 휴전선과 접한 귀농선 지대라며, 기린면의 지세도 설명해 주었다. 역시 산골임에는 틀림없었다.

아직 자리가 완전히 잡히지 않은 엉성한 소읍인 인제는 산으로 쌓인 분지마을이었다. 그러나 다방도 있고, 미장원도 활기를 띠고 있었다. 한국 땅 전역에 미장원 수만큼 공장이 서 있다면 실업자들이 다

취직할 수 있을 것 같았다. 이가 빠진 군수 영감이 얌전하고 차분하게 관내 지도를 들고 잘 설명해 주었다.

기린으로 가는 막차에 손님이 많았지만, 좌석제를 택했으므로 우선 좋은 자리를 차지하려고 싸울 일이 없어 편했다. 차표를 파는 창구에서 확인해 보니 기린면은 인제 중에서도 산중인 모양이었다.

"엽전으로 주시오."

앞으로의 여정을 계획하면서 창구 옆에 서 있는데 한 젊은이가 차표를 산 후 거스름돈을 1원짜리 지폐 대신 동전으로 달라는 말을 그렇게 재미있게 표현한 것이다.

"지폐나 동전이나 다 같지 않나요?"

표를 파는 직원의 말에 그 젊은이는 심각한 표정으로 대꾸했다.

"우리 동네에서는 1원짜리는 엽전이래야 받아요."

엽전이라는 말이 농담인 줄 알았는데 그 사람이 사는 동네에서는 실제로 동전을 엽전이라고 한다고 했다. 하기야 '인플레'니 '통제'니 '재정 안정 대책'이니 하며 '유솜'USOM (United States Operations Mission의 약자로 미국 대외원조기관을 뜻한다) 과 유솜 처장의 의중을 살피면서 경제정책을 구상하는 오늘날보다는 해동통보와 같은 엽전을 쓰던 세월이 편했는지도 모른다.

기린으로 가는 도로는 도중에 차 두 대도 옆으로 지나갈 수 없을 정도로 좁은 곳도 있었지만, 버스는 잘도 갔다. 소양강 상류천을 우측에 끼고 왼쪽으로는 준령에 매달려 갔다. 넘어도 넘어도 산은 끝없이 펼쳐졌다. 계곡을 따라 강이 된 물소리가 버스의 엔진소리에 버금갔다. 기암이 있고, 절벽도 보였으며, 침엽수로 된 밀림도 있었다.

차는 이제 위도 38도선 이북에서 약간 동남향으로 가고 있었다. 차 안에는 차장 이외에 마땅히 대화를 나눌 사람이 없어서 그녀를 불렀다. 강원도의 버스차장은 유난히 친절했다.

내가 그곳에 초행길이라고 배려해 주었고, 땔감을 팔고 돌아오면서 지게를 버스 뒤에 싣거나 옆에 매달 수 있게 해달라는 사람들, 차비를 에누리 하는 사람들에게도 인내심을 갖고 부드럽게 설득했다.

나는 그런 친절한 차장에게 기린면으로 향하는 강둑을 가로질러 쳐 놓은 케이블카의 줄 같은 것이 있어서 무엇이냐고 물었더니 그녀는 수심을 측정하는 기구라고 했다.

"수심을 측정한다"는 말이 궁금하여 다시 물어보았더니 그녀는 이곳에서는 수심과 용량을 계산하여 '발전소'를 건설할 계획이라고 했다. 그런데 "발전소"라는 말에 차 안의 모든 승객들이 화들짝 놀라는 표정이었다. 나를 제외한 대부분의 승객이 그 지역 주민들이었는데 그 소식을 처음 듣는 것 같았고, 모두가 환호하는 표정들이었다.

질문은 내가 하였는데, 정작 차장과 대화는 그곳 주민들이 독차지했다. 차장은 발전소에 대해 한참 설명하다가 주의를 주듯이 말했다.

"헌데 발전소 건설이 성사되려면 한일국교 정상회담이 순조롭게 진행되어야 합니다. 만일 한일회담이 실패하면, 발전소고 뭐고 다 안 되는 겁니다."

그리고는 당부처럼 덧붙였다.

"모두 한일회담이 잘되도록 바라세요 … ."

그 말에 아무도 별다른 말을 하지 않았다. 그러나 모두 차장의 말을 따라 기원이라도 할 듯한 자세였다.

한일국교 정상회담에 대한 홍보PR는 인제 버스의 차장이 가장 효과적으로 하는 것 같았다. 홍보는 거창한 구호를 내걸고 강연 등을 통해 전달하기보다는 차장처럼 자연스럽게 하는 것이 효율적임을 배웠다. 누가 시킨 것인지, 아니면 나름대로 한일회담에 임하는 어떤 견해가 서 있기 때문인지 알 길은 없었지만, 선전의 효과만은 대단했다. 늘 그런 식으로 버스 한 대씩 홍보한다면 그 성과는 대단하리라 예상되었다.

기린면 가설극장의 〈해님 왕자와 달님 공주〉

기린면이 위치한 곳은 고지대였지만, 평지같이 보였다. 면사무소도 있었고, 여인숙도 있어서 반가웠다. 내가 도착했을 때는 〈해님 왕자와 달님 공주〉라는 영화를 상영하기 위해 한창 가설극장을 꾸미고 있었다. 가까운 곳에 극장이 없으니 영화가 사람을 찾아오는 격이었다.

면사무소 소재지 사람들은 오랜만에 영화를 감상한다는 꿈에 부풀어 있었다. 비단 그들뿐만 아니라 그곳에서 30여 리 밖에 떨어진 곳에서도 영화구경을 온다고 했다.

영화를 들여온 홍행업자는 모여든 사람들에게 6개월 후에는 〈평양 감사〉라는 영화를 상영할 계획이라며 다음 영화에 대해 선전했다. 나는 속으로 6일 후의 일도 장담을 못하는 세상에 6개월 후에 상영할 영화의 관람 계획을 어떻게 세울 수 있을까 생각했다.

그리고 홍행업자에게 1년에 몇 번이나 이런 영화를 상영하는지 물어보았다. 홍행업자는 1년에 1회 이상, 보통 1~2회 정도 상영한다고 했다. 어쩌다가 한두 번 상영하는 것이니 6개월 후의 것을 선전할 수밖에 없겠다고 생각했다.

홍행업자는 덧붙이기를, 처가가 바로 기린면이라서 특별히 배려하여 이 깊은 산골마을까지 와서 영화를 상영하는 것이라고 했다. 인제나 양구를 나가지 않는 한 영화조차 관람할 수 없는 곳이 기린면이니, 모처럼 기회가 주어지면 놓치지 않으려고 주민들이 많이 모여든다는 것이었다.

나는 밤 9시 40분에 상영하는 영화를 관람할 양으로 기린 앞에 있는 강에서 보트를 타다가 밤 10시에 돌아왔다. 그러나 가설극장 천막 안에는 10명 정도만 앉아 있었고, 대부분은 천막 밖에 모여 있었다. 입장료 20원이 부담스러운 시골사람들은 할인을 기대하며 영화가 상영되기 직전까지 기다린다는 것이다. 그들은 주머니 형편은 여의치 않았지만 모처럼의 영화구경 기회는 놓치고 싶지 않았던 것이다.

원거리 관객을 위해서 통행금지(당시는 밤 12시부터 다음날 새벽 4시까지 일반인과 차량의 통행을 금했다)도 해제되고, 이윽고 막을 올린 〈해님 왕자와 달님 공주〉는 밤이 지새도록 기린면을 사로잡았다.

기린면에서는 영화만큼이나 영화배우도 '신격화'神格化 되었다. 만일 어느 배우가 이곳에 실제로 나타난다면 어떤 일이 일어날까 상상도 해 보았다. 화천댐 저수지에서 만난 부산 사나이가 모든 것을 다 버리고 나무장수가 된 것처럼 나도 이 연구나 조사나 학자가 되려는 꿈도 다 버리고 영화배우가 된다면 얼마나 좋을까 생각해 보았다.

그러나 천성이 배우감으로 태어나지 않았고, 속마음과 다르게 꾸며서 '연기'演技를 할 줄 모르니 배우로서의 자격이나 소질이 전혀 없다는 것을 스스로도 잘 알고 있었다. 결국 내가 잘할 수 있는 것은 공부이니 그것이 내 천직이라고 여겨졌다.

그리고 장래에 무슨 직업을 갖든지 간에, 우선 이 법의식 조사의 임무를 완수해야만 했기 때문에 나는 다시 현실로 돌아왔다.

"갈수록 태산"須彌山이라는 말이 기린면에서는 실감이 나는 것 같았다. 특히 J리는 기린면 소재지에서 근 20여 리를 더 들어가는 백두대간白頭大幹의 준령을 향하는 곳이었다.

험한 산길에 발걸음이 무거웠다. 그런데 안내를 맡은 면사무소 직원은 이 깊은 계곡에서 나오는 산삼이라도 먹었는지 날아갈 듯이 힘들이지 않고 걸어갔다. 도심에서 오래 살아서 약골이 된 걸까? 산이라면 어디든 갈 수 있다고 생각한 자신감의 대가를 톡톡히 치르는 것 같았다.

J리로 가는 길에 들른
'큰손님'의 쉼터

산길을 걷는 데 능숙한 기린 면사무소 직원의 체력에 감탄하면서 그를 쫓아가느라고 나는 주변을 살필 겨를조차 없었다. 그러던 중에 그가 양지바른 곳에 자리 잡은 이름 모를 어느 묘지 옆서 잠시 쉬어가자는 것이었다. 산길을 걷는 데 그토록 익숙한 사람도 몸이 지치기는 지치나 보다.

"6·25 전쟁 이전에는 여기가 '큰손님'들이 종종 쉬어갔던 곳이지요."

담배 한 대를 피우면서, 그는 태연스럽게 말했다. 그리고 나에게 겁을 주려는 듯이 한마디 덧붙였다.

"지금이라고 호랑이가 다 없어진 것은 아닙니다."

6·25 전쟁 이후에는 우리나라 산천에서 호랑이가 거의 사라졌다는 말에 다소 안심은 되었지만, 그래도 호랑이 이야기에 등골이 오싹해졌다.

내가 호랑이라는 말만 들어도 무섭게 느껴졌던 것은 내 어릴 때의 기억 때문이었다. 동물원에서 본 것을 제외하고는 나는 산 호랑이를 직접 본 일은 없지만, 앞에서 말했듯이 봉화의 내 시골집에서 호랑이가 포효^{咆哮}하는 소리는 종종 들었다.

6·25 전쟁 이전에 밤이 되면 가끔 호랑이가 우리 집 뒷산에 나타나서 '어흥' 하고 소리를 치면 짖어대던 개들도 '쥐 죽은 듯이' 고요해졌다. 그렇게 호랑이가 소리를 치고 간 다음날이면 몇몇 집의 돼지들이 물려갔다는 이야기를 들었다.

우리 마을의 나무꾼들은 가끔 산에서 큰 나무에 올라가 잔가지를 치다가 아래를 내려다보면 호랑이가 나무 밑에 앉아 떨어지는 나뭇가지들을 세는 것 같은 시늉을 하는 것을 종종 목격했다고 했다. 어떤 나무꾼은 정신이 혼미하여 나무에서 떨어질까 두려워서 허리띠를 풀어서 자기 몸을 나무에 묶어 놓고 있다가 호랑이가 떠난 후에 나무에서 내려왔다는 얘기도 심심치 않게 들었다.

나도 소학교(초등학교의 옛 명칭) 1학년 때 장기결석으로 학교에서 퇴학을 맞고 해방될 때까지 마땅히 할 일이 없어서 집에서 마련해 준 작은 지게를 지고 우리 집에 일하던 '머슴'(집에서 가사노동을 담당하던 남성 고용인)을 따라 태백산맥에서 뻗어 나온 봉우리 중의 하나인 매봉산에 나무를 하러 자주 갔었지만, 다행히도 호랑이와 직접 조우^{遭遇}한 일은 없었다.

묘지 옆에서 잠시 쉬고 난 후, 면사무소 직원을 따라 '메뚜기 바위'라는 바위틈을 지나고 나니 소나무의 껍질(경상도 사투리로는 '굴피')로 기왓장을 대신한 집들이 보였다. 당장 비가 샐 것 같았다. 그러나 비가 적게 내리면, 축축해진 나무껍질이 엉기면서 틈이 메워져 방수防水하기에 충분하다고 했다.

　이러한 이점 때문인지 나무껍질로 지붕을 한 집은 보통 소가 몇 마리씩 있고, 감자를 수백 가마 정도 수확하는 부잣집이라고 했다. 부잣집이 아니고서는 나무껍질로 지붕을 삼는 이른바 '너와지붕'을 할 수 없다는 것이었다. 일반 마을의 기와집을 연상하게 했다.

J리에서 본
전쟁의 두 얼굴

J리에 도착하니 마을 앞에 나온 동장이 10명의 일꾼을 데리고 일을 시키고 있었다. 구호대상자들을 돕기 위한 '구호공사'인 듯했다. 지각한 사람을 놓고 동장은 못마땅한 표정으로 일갈一喝하고 있었다.

　"길이 멀어서 …"

　동장의 꾸중에 말끝을 흐리며 사과하는 총각은 제대로 먹지도 못해 영양실조가 된 듯이 보였다.

　"길이 얼마나 멀기에 그러오?"

　"30리 길을 걸어서 왔습니다."

　드높은 하늘과 맑고 오염되지 않은 공기가 더없이 좋았지만, 몇십 원의 임금을 벌기 위해 30리 길을 걸어온 '시계 없는' 총각을 생각하니 마음이 무겁고 어둡기만 했다. 그 먼 거리를 걸어온 그 총각의 종아리는 너무 파리하고 앙상해서 위험해 보이기까지 했다. 도시에서도 그렇게 먼 길을 걸어서 출퇴근 하는 사람이 있을까? 설령 있더라도 매일 지각하는 것이 곤란하여 아예 사표를 내지 않았을까?

그러나 당시는 국무회의 결정사항으로 정부에서 공식적으로 걷기를 권장하여 〈걷기 노래〉가 방송을 통해 널리 보급되던 시절이었다. 또한 국민들 버스요금 인상을 두려워하던 때이기도 했다.

구호대상자 총각의 초라한 행색은 오랫동안 내 마음을 아프게 했지만 J리 자체는 내 고향 봉화보다 더 개화한 것 같아 보였다.

전쟁은 인간에게 분명히 최악의 시련이지만 그것이 끝나면 새로운 변화가 생기는 것도 틀림없는 사실이다. 전쟁 이후에 둘러본 우리나라의 두메산골 중에서 옛 풍속을 그대로 고수하는 곳은 없는 것 같으니 말이다. 전쟁 이전에는 J리와 같은 두메산골에는 상투를 튼 사람이 없지 않을 터인데, 조사차 방문한 J리에서는 그런 노인이 눈에 띄지 않았고, 외부 세상과 절연하고 사는 것 같은 사람도 드물었다.

나는 궁금증이 발동하여 물어보았다.

"신문이 배달됩니까?"

배달되지 않을 줄 알고 물어본 것이었는데 실상은 달랐다.

"좀 늦기는 하지만 배달됩니다."

30여 리 길이지만, 우체국의 배달원이 가져다준다고 했다. '신문'新聞이라기보다는 '구문'舊聞이지만, 며칠 묵은 이야기도 처음 들으면 새로운 소식임에는 틀림없다.

내가 참여한 연구조사가 '법의식'에 관한 것이라고 설명하자 등기 문제 때문에 종종 피해를 본다는 사람들이 불평을 토로했다. 실제 생활과 그것을 규제하는 법률 사이에는 괴리도 있고, 모순도 많다는 불평들이 쏟아져 나왔다. 이렇게 강한 법의식에 대한 토론을 도시가 아닌 강원도의 한 벽촌에서 들을 수 있다는 것이 의외였다.

한 연만한 분은 농지 등기와 관련해 피해를 본 사정을 하소연했다. 그는 그곳의 임야와 하천부지 일부를 개간하여 엄연한 농지로 만들어서, 일제 강점기 때 '불하'拂下도 받았다. 그러나 그 당시에 등기하지 않았더니 시간이 흐른 지금은 등기할 수가 없게 되었다는 것이다. 나는 딱하기도 하고 궁금하기도 하여 그에게 당시 상황을 물었다.

"그때가 일제 강점기이긴 했지만 그래도 관청에서 받은 무슨 문서라도 있지 않았습니까?"

"전쟁 중에 그런 문서들을 들고 다닐 수도 없었고, 그런 사실을 증명하는 문서도 없었지요. 개인이 가진 문서뿐만 아니라 관청에 비치되어 있을 법한 문서조차도 전쟁 중에 사라져 버렸으니 … ."

결국 답답한 것은 그런 사실을 증명하지 못하는 개인인 것 같았다. 의젓한 농토가 문서에는 아직 임야로 그냥 남아 있다는 것이었다.

문서 형식에만 집착하는 등기의 '형식주의'는 6·25 전쟁과 같은 큰 전쟁을 겪은 우리 실정에는 맞지 않는 것 같았다.

내 주위에도 비슷한 예가 있어서 충분히 공감이 갔다. 우리 처가의 본적지가 경상북도 상주군의 어느 면인데, 그 면사무소의 호적대장이 6·25 전쟁 때 소실되는 바람에 그것을 복원하는 과정에서, 우리 처형은 나이가 실제보다 한 살 많게 등재됐고, 우리 처제는 성별이 남자로 기록되어서 입영 영장을 받은 일이 있으니 말이다.

대륙법계가 가진 모순도 많은 것 같다. 예컨대 거의 모든 한국 사람들은 결혼한 실제의 날짜와 혼인신고를 한 날짜 사이에 차이가 있기 마련이고, '호적'戶籍(2008년부터는 '가족관계등록부'家族關係登錄簿로 그 명칭이 바꿔었다)의 나이와 실제 나이가 차이 나는 경우가 많다.

법은 국민들의 편의를 위해 존재하는 것인데 오히려 어려움을 주는 이야기를 들으니 가슴이 답답했다. 앞으로 통일이 된다면 이보다 더 딱한 일이 일어나지 않을까 걱정스러운 마음이 앞섰다.

설악산 비선대의
처녀 낚싯대

안개와 눈에 둘러싸인
향로봉의 신비

속초를 떠나는 버스가 '원통'에서 마냥 쉬었다. 원통한 일이 많아서 원통이라고 이름을 지었을까? 지명치고는 좀 색달랐다. 휴식 후 기운을 차린 버스는 산협을 따라 계속 북상했다. 차창 밖을 바라보니 '용대리'에서부터 관동關東의 체면을 세우는 풍치가 펼쳐졌다.

그러나 안개가 짙어져서 눈앞의 전경들은 점점 사라져갔다. 헤드라이트를 켜도 앞이 안 보일 정도였다. 안개에 갇힌 버스는 산을 조심조심 기어 넘는 것 같았다. 한참을 기어올라 충혼비忠魂碑 옆에 차가 멎었다. 진부령의 정상이자 향로봉의 중턱이라고 했다.

겨울이면 으레 눈의 적설량을 말할 때 향로봉을 예로 들던 생각이 났다. 지척을 분간할 수 없도록 향로봉의 주위는 짙은 안개뿐이었다. 늘 그곳은 날이 흐려 있기 때문에 '홀리'라는 별칭이 붙여졌다고 옆자리에 앉은 부인이 설명해 주었다.

겨울에는 국기 게양대와 같은 막대기를 세우고 줄을 매달아 두는데 적설량이 지붕 높이는 훨씬 넘기 때문에 눈이 쌓인 후 줄을 흔들어 하늘과 통하고 싶은 마음을 표현한다고 했다. 옛날에는 이곳에서 사람 살기가 힘들었지만 군사상 요충지가 된 후에는 군인들이 제설작업을 철저히 해서 서주하는 주민들이 생겼나는 말도 들었다. 세법 가세도 있었다. 군인의 푼돈을 노리는 심산 같았다.

진부령은 도로 폭이 좁고 험한 영嶺이라서 두 차가 한꺼번에 교차하기가 힘이 들어 일방통행을 하고 있었다. 옆에 앉은 사람이 조금만 밀어도 버스가 강 아래로 떨어질 것 같은 느낌이 들 정도로 위태로웠다. 다행히 녹음이 우거져서 영 밑의 험로가 보이지 않았지만, 그렇지 않았다면 현기증이 날 만큼 아득했을 것이다. 그러나 한편으로는 천여 피트의 고공을 비행할 때 이상으로 스릴이 있었다.

이렇게 하늘을 나는 듯했던 버스는 사뿐히 영을 내려와 넓은 도로를 거침없이 질주하여 고성군의 소재지인 간성에 닿았다.

비 내리는 속초항에서
소금강 설악산으로

간성부터 버스는 바다를 끼고 남행하기 시작했다. 양양한 동해가 또 다시 시작되었다. 약간 비가 내리는 속초항은 어항으로 아담했다. 수복한 최북단의 시市이지만, 아직 한국전력회사의 수혜를 받지 못하고 있었다. 사설전기가 비추어 주는 도시는 밤 12시가 넘으면 어둠 속에 잠겼다.

멸치를 잡아온 어부들이 하역하면서 부르는 노래가 구슬프게 들렸다. 비가 내려서인지 속초항은 그 어느 항구도시보다 싸늘해 보였다. 제일 깨끗하다고 찾은 여관도 그리 깨끗하게 보이지 않았다.

다음날에 들른 시청의 공보실은 호주(오스트레일리아) 대사를 영접하느라고 부산했다. 대사가 주말 휴가차 설악산에 온다는 것이었다. 설악산과 같은 관광지를 가진 곳에서는 의전을 담당할 의전과儀典課가 따로 있어야 할 것 같았다.

우리 조사 일정을 밝혔더니 비로 인해 표본지역인 C동으로 가는 길은 흙탕길이 되어서 통행이 불편할 것이니 다음날 가라는 것이었다. 주위 사람들도 일요일은 설악산에서 쉬고, 월요일에 C동으로 가라고 권유했다.

처음 관광지를 만났고, '소금강'小金剛이라는 설악산을 보고 싶은 마음도 없지 않았다. 연구기간 중에는 의식적으로 관광지를 찾지 않는다는 것이 원칙이었지만, 이번 속초 조사에 합류한 전병재 선배가 이제 조사도 막바지 단계이니, 우리의 당초 원칙에 예외를 만들어 보자고 하는 말에 용기를 얻었다. 속초서 설악산까지는 도로가 잘 포장되어 있었으며, 시간마다 다니는 합승이 있었다.

기왕에 예외를 만들기로 했으니 잠자리도 예외를 만들어 보려고 용기를 냈다. 사실 두 사람의 여관비면 '관광호텔'(당시의 최고급 서양식 호텔) 비용과 별 차이가 없었다. 전 선배와 함께 한 방을 쓰면 무리가 없을 것 같아서 관광호텔로 숙소를 정했다.

호텔의 꾸밈새가 산장호텔의 분위기가 감돌았고, 전등 대신 켠 램프 불빛이 한층 더 운치가 있게 보였다. 비가 멎고 점차 안개가 걷히고 있었지만, 안개는 아직도 설악의 멧부리에는 걸쳐 있었다.

비선대에서 만난
선녀 낚시꾼

"'비선대'에 정말로 신선이 있어!"
내가 호텔에 누워 쉬는 틈에 비선대를 다녀온 전 선배가 떠들어댔다.
"신선이 날아간 곳이라고 해서 비선대飛仙臺라고 하는 거잖아요."
　나는 별 감흥 없이 대답했지만 그는 들떠서 말을 이었다.
　"그런데 날아간 신선이 다시 돌아왔다."
　언제나 새로운 것을 보면 호기심이 발동하여 참지를 못하는 전 선배는 내 팔을 끌었다. 조용한 설악의 멧부리에 쌓인 앞산 '권금성'權金城을 그냥 놓고 보고 싶은 내 마음을 전 선배는 흔들어 놓았다.
　그는 "신선은 무슨 놈의 신선…"하고 투정하는 나를 이끌고 이름 모를 야생 꽃들이 핀 골짜기로 발을 옮겨서 '와선대'의 밀국수로 배를 불린 후, 비선대의 마지막 폭포까지 단숨에 올라갔다.
　몸매도 고운 얌전한 한 처녀가 경쾌한 옷차림으로 폭포에서 떨어져 고인 물에 한가하게 낚시질을 하고 있었다. 강태공은 미끼 없는 곧은 낚시를 드리웠다고 하지만, 가끔 낚싯대를 들 때마다 지렁이 미끼까지 물린 것을 보니 강태공처럼 세월을 낚는 거짓 낚시질은 아닌 것 같아 보였다. 그러나 설악산과 같이 높은 산에 와서, 그것도 바위뿐인 비선대의 마지막 폭포에서 여인 혼자 고기를 낚는다는 것이 믿어지지 않았다.
　그제서야 전 선배의 왜 그리 놀라워했는지 이해가 갔다. 나도 이 여인의 낚시놀이가 왜 그렇게도 시선을 사로잡았는지 모를 일이었다. 이렇게 보나 저렇게 보나, 아무리 보아도 시골여인의 몸차림은 아니었다. 시골여인으로 보이기보다는 오히려 도시여인의 풍모가 풍겼다. 하지만 나는 오랫동안 서울에서 살면서도 그런 매력적인 여인의 모습을 한 번도 본 일이 없었다.

그런데 여기에 토를 단다면, 이 대목에서 낚싯대를 잡은 그 여인에 관해 좀더 자세하게 서술한 대목이 있을 것으로 짐작했는데 필드노트에서 이 부분에 해당하는 한 페이지만 사라졌다. 분명히 내가 그 '낚시여인'에 대해 좀더 자세히 썼을 것인데, 왜 하필이면 이 페이지가 사라졌을까?

더욱 이상한 것은 이 대목을 기록한 내 필드노트의 한 장이 사라졌더라도, 내 마음속 헤드노트에는 기억이 남아 있을 법한데 그렇지 않다는 것이다. 신선에 홀렸다고 생각하기로 했다.

신선이 날아갔다고 비선대라고 한다지만, 내가 보기에는 그곳에는 언제나 신선이 날아올 것 같았다.

더구나 그곳 암자에 기거하는 어느 할아버지를 만나 묵은 김치를 얻어먹은 기억은 필드노트의 일부가 사라진 후에도 지금까지 생생히 남아 있다. 그 할아버지의 암자에 묻어 둔 김치 맛은 "두 사람이 먹다가 세 사람이 없어져도 모를 것"만 같았다. 이 비선대의 참다운 맛과 멋을 알려면 꼭 그 암자에 사는 할아버지의 김치를 얻어먹고 가야만 한다고 했다.

궂은 날씨 덕에 하게 된 설악산 관광은 아직도 아름다운 추억으로 남아 있다. 그러나 그 낚시여인에 대한 글과 기억이 사라진 것은 지금까지도 아쉽기만 하다.

경포대와 대관령에서
사라진 '벽촌의 전설'

운치 있는 경포대
관광호텔의 반전

속초에서 주문진에 이르기까지는 버스 편이 좋았고, 주문진읍에서 강릉까지는 합승이 자주 있어서 편리했다. 양양은 '낙산사'를 업고 있는 명성에 대한 의기意氣가 문자 그대로 '양양'揚揚했다.

동해안을 따라 먼 거리를 쫓기듯이 급히 다녔으므로 꽤나 피로했다. 강릉시의 K동까지 조사가 끝났으므로 그곳에 더 머무를 필요가 없었다. 경포대에서 하루를 쉴 참으로 경포대의 관광호텔에 숙소를 정했다.

내가 탄 '새나라' 택시는 경쾌하게 강릉시를 빠져나가더니, 경포대가 가까워지자 제대로 뜀박질을 했다. 포장되지 않은 허술한 도로가 차를 골탕 먹이기 시작한 것이다. 흡사 목욕이라도 했듯이 차는 흠뻑 젖었고, 그처럼 '고급 승용차'인 새나라 택시도 수륙양용水陸兩用 행세를 했다. 이 때문인지, 나의 경포의 첫인상은 별로 좋지만은 않았다.

어렵사리 도착한 호텔의 객실이 만원滿員이면 어떻게 하나 했는데 기우杞憂였다. 넓은 호텔이 텅텅 비어 있었고, 마음대로 방을 골라 들어갈 수가 있었다. 호텔의 넓은 옥상은 전망이 좋아 마침 떠 있는 경포의 달을 호수에 비추어 볼 수 있어 다행이었다.

"두둥실 두리둥실 배 떠나간다 … 이 배는 달 맞으러 강릉 가는 배…"

아름다운 풍경은 노래가 절로 나올 만했다.

그러나 정작 잠을 자려고 호텔방에 들어와 보았더니 목욕이나 세수를 하려는 마음이 싹 달아났다. 수세식 변소에 샤워시설이 갖춰져 있었지만, 변기에 전날 묵었던 투숙객의 '흔적'이 그대로 남아 있었다. 그 지나간 투숙객을 실컷 욕을 하고, 물을 틀어봤지만, 물이 나오지 않았다. 자신의 흔적을 남긴 투숙객을 탓할 것이 못되었다. 물이 나오지 않으면, 그 투숙객도 어쩔 수 없었으리라.

아무리 수도꼭지를 누르고 비틀어도 물은 나오지 않았다. 세수도 할 수 없었다. 호텔의 심부름꾼을 불러서 수도꼭지를 틀어 달라고 했지만, 그 역시 어쩔 수 없는 모양이었다. 3층까지 '바케스'('버킷'을 뜻하는 일본식 옛 표현)에 물을 채워 들고 올라와서 쏟아 부었다.

교통부에서 '팁'을 받아야 하게 생겼다. 왜냐하면 당시 관광호텔은 교통부(구 부서명)에서 직접 관리했기 때문이었다. 이런 환경이라면, 한 번 다녀간 투숙객은 두 번 다시 오고 싶은 마음이 생기지 않을 것 같다. 호텔방이 빈 이유를 그제서야 깨달았다.

경포대의 관광호텔에 가면 미국의 어느 특정 지역처럼 이혼이 자유롭다든지, 아니면 '밀가루 배급표'라도 받는다는 등의 특별한 혜택이 없이는 그런 경영방식으로는 투숙객을 유치할 수 없을 것이 확실했다. 그대로의 서비스로는 제아무리 좋은 곳에 자리 잡았다 하더라도 생쥐만 오락가락할 뿐 '달러'를 쓸 외국인 관광객 유치는 공염불이 될 것 같았다.

"아직 설비 중"이라는 호텔 지배인의 말이 다소 위안이 되기는 했다. 그러나 문을 열지 않았다면 모르겠지만, 손님 접객을 시작했다면서 이렇게 준비가 엉성한 것은 이해할 수 없었다. 그것도 성미가 급한 우리의 기질 때문일까?

감자와 스키가
대관령에 남긴 것

다시 대관령을 올라섰다. 고갯길이 꼬부라진 수를 세어 보려면 주판 (전자계산기가 나오기 전에 셈을 놓던 기구로 '수판'이라고도 불렀다) 이 있어야 할 것 같았다. 돌아갔는가 하면 다시 돌아오고 하는 그런 반복이 끝이 나자 영嶺의 정상에 도달했다. 높고 험하기로 이름난 영이지만, 실제로 넘어 보니 말로만 듣던 것보다 더 높았다.

강릉시가가 비행기에서 보는 이상으로 훤히 보이고, 물과 육지가 닿아 이룬 동해안의 해안선이 확실히 보였다. 움푹 파진 듯한 곳이 경포의 호수라고 했다. 해발 800m의 고지대이므로 농촌진흥청 소속 고랭지高冷地 식물 실험소가 있고, 목장 실험소도 눈에 띄었다. 겨울이 아니어서 지금은 쉬는 '스키장'도 뚜렷이 보였다.

연구 표본지역이 평창군이었는데 그곳의 도암면의 면소재지는 도로변에 있어서 교통이 편했다.

"저분의 머리가 왜 저렇지요?"

면사무소에 볼일이 있어서 온 사람의 머리 모양이 유별나서 B리와 Y리를 안내해 주기로 한 면사무소 직원에게 물었다.

"수건을 써서 그렇지요."

"남자가 왜 수건을 쓰지요?"

수건을 쓴 사람은 횡계에 사는 사람인데 무슨 특별한 종파를 믿는 교인이라고만 했다. 그 교인은 길게 기른 머리를 땋아 늘어뜨리고 있었다.

면사무소 직원의 설명에 따르면, 그렇게 머리를 기르고 다니는 사람들에게 머리를 깎도록 권장하기 위해서 그런 사람들은 면사무소 등에서 편의를 잘 봐주지 않기로 방침을 세웠다고 했다. 그렇게 했더니 장발을 감추기 위해 흡사 인도사람이 터번을 두르듯이 수건을 써서 위장하고 오는 사람들이 종종 있는 것 같았다.

그러나 그들의 옷차림은 아주 옛것을 고집하지는 않았다. '나이론'(나일론)으로 된 옷감에 고무신 차림이었다. 부조화스러운 기이한 차림새였지만 면사무소 직원은 조금도 의아한 빛이 없었다.

원래 횡계는 아주 작은 산간벽지 촌이었는데 고랭지 마령서 원종포(감자의 한 종류)를 재배하면서 경기가 좋아지기 시작했다. 당시에 그 지역에서 감자를 재배하는 웬만한 농가는 연소득 20~30만 원은 무난히 벌어들이고 있었다.

농가 소득치고는 유족한 편이었다. 그러나 그들은 번 돈은 생활비에만 쓴다고 했다. 나머지는 전부 저축하여서 여느 부자 부럽지 않을 정도의 재산이 있다는 것이다. 그래서인지 옷차림도 폼이 났고 '라디오'도 집집마다 있었는데 그것도 아주 성능이 좋고 값비싼 것만을 쓰고 있었다.

비록 머리는 기르고 살망정, 경제적으로는 한국의 어느 지역보다 발전해 있었다. 게다가 겨울이면 '스키어'들이 뿌려 놓고 가는 돈, 그들이 전하고 가는 문화 등으로 인해 대관령의 문화는 서울과 보조를 맞출 수 있는 것 같았다. 하기야 당시에도 국도에만 나서면 서울행 버스가 매 시간마다 있었으니 말이다.

옛날에는 '도암'을 '도람'이라고도 불렀는데, 이를 우는 여자아이의 울음을 그치게 하는 데도 썼다고 했다. 즉, "울보 여자아이라도 '도람'으로 시집보낸다고 하면 울음을 딱 그친다"는 말이 있었을 정도로 도암은 모두가 무서워한 벽촌이었다.

이처럼 벽촌의 대명사였던 대관령의 '도암면' 일대도 '감자'가 불러온 돈, 강릉 가는 길이 있는 도로의 혜택, 간간히 찾아 드는 '스키어'의 덕택으로 옛날의 모습은 기억으로만 남아 있고 지금(1964)은 경제적으로 윤택한 마을이 된 것이다.

옛날의 흔적이라고는 총각들의 댕기머리에서나 찾아볼 정도로 변했다. 이젠 도암으로 시집가게 해 달라고 할 판이지 않겠는가?

돼지와 도지사

어느 강원도지사의
황당한 돼지 수배령

도암면에서 다시 돌아 강릉을 간 후 경상도를 거쳐서 서울로 가는 중앙선 밤 열차를 탔다. 밤 열차를 기다리다가 마침 전부터 안면이 있는 아주 젊은 시골의 한 면장을 만났다. 군사정권 이전 같으면 상상도 하지 못할 나이에 면장이 된 그는 서울에 개인적인 볼일이 생겨서 가는 듯했다.

한참 주거니 받거니 이야기를 하다가 그 면장의 입에서 옛날에 모셨다는 상사에 대한 욕설이 튀어나왔다.

혁명정부 당시의 이야기였다. 하루는 강원도 어느 도지사가 강원도 전역의 시, 읍, 면장을 불러 놓고 엄중하게 정부방침을 시달했다.

"농가에 가축 사육을 장려하도록 하십시오."

유축농업有畜農業의 필요성을 역설하면서 시, 읍, 면장이 책임지고 곧 매 호당 돼지 한 마리 이상씩을 확보하도록 하라는 것이었다.

만일 그렇지 못할 경우에는 관계 장을 엄중 처단한다는 단호한 방침을 표명했다. 그러나 호당 돼지의 확보 기간이 불과 2개월도 채 못 되었다.

모두가 이 도백의 엄숙한 지시에 잠자코 있을 때 한 읍장이 일어서서 물었다.

"각하의 말씀과 원래의 취지는 너무나 좋습니다. 그러나 여기서는 시간의 여유가 필요합니다. 돼지를 집집마다 확보하기 위해서는 우선 그 수요를 충족시킬 만큼의 돼지가 있어야 하는데, 지금은 그만한 수가 없으니 문제입니다. 돼지는 기계로 생산할 수 없고, 돼지가 돼지를 낳아야 하는데 어떻게 해야 할지요?"

그 말을 들은 도지사는 자못 침통한 표정으로 퉁명스럽게 그 읍장에게 되물었다.

"그래서?"

그러나 그 읍장은 도지사의 기세에 눌리지 않고 딱한 사정을 토로했다.

"돼지가 정력이 왕성하고 정상 이상으로 발정發情을 한다고 해도 불가능한 기간을 정하는 것은 불합리합니다. 아무리 우리가 급하다고 해도 사람과 돼지가 교배할 수 없는 일이니, 이것은 순전히 돼지에게 달린 문제가 아니겠습니까?"

도지사는 다시 되물었다.

"그러면 당신은 내 방침대로 쫓을 수 없다는 말인가?"

이 말에 그 읍장은 용기 있게 말했다.

"할 수 없지 않을까요?"

노기등등한 도지사은 더 이상 참지 못하고 소리쳤다.

"그럼 당신은 당신 자리를 그만두시오!"

그러고도 분이 덜 풀렸는지 덧붙여서 말했다.

"당신은 그만두는 것으로 그칠 것이 아니고, 국가 시책을 정면으로 반대한 것에 대한 책임까지 지시오!"

결국 그 읍장은 파면되었다(당시는 지방자치제가 시행되기 전이라서 도지사, 시, 읍, 면장이 모두 임명제였다).

불가능한 그 사업에 일동이 모두 그 읍장의 말을 받아들이고 동조했던들 도지사가 그렇게 무리한 지시를 고집할 수 있었을까? 그때 참가했던 장들이 조금만 더 용기를 냈더라면 과욕에 찬 도지사의 인식을 바로잡고 진정한 민주주의는 좀더 빨리 개화시켰을지도 모르는 일이었다. 그러나 그 읍장의 파면을 목격한 좌중은 그냥 맹목적인 충성을 맹세하였다.

이윽고 약정된 2개월이 지나고 도지사의 초도순시 날짜가 다가오자 당황한 각 기관장들은 제주도를 위시한 전국의 돼지를 모았다. 그러나 제주도 돼지는 강원도의 추위에 견디지 못해 상당수가 얼어 죽기도 했다. 궁여지책으로 나머지 부족량은 도지사가 다니는 마을로 돼지를 이동시키면서 충당하는 작전을 폈다. 도지사는 이미 어느 마을에서 한 번 본 돼지를 다음날 또 다른 마을에서 보게 되는 식이었다.

이렇게 하여 도지사는 돼지 수에는 만족했을지 모르지만, 늘 같은 돼지의 얼굴을 본 것은 깨닫지 못하는 희극적인 상황이 연출되었다. 이 요령으로 위기를 모면하기는 했지만, 돼지 수는 늘지 않았고 또 도지사는 속았다는 사실조차 몰랐다.

동행한 젊은 면장의 말에 의하면, 답답한 도지사가 이런 전시 행정을 몇 년간 지속했다는 것이다. 또한 조급한 성격으로 매사에 의욕이 앞선 나머지 현실을 무시하고 강행한 정책 때문에 생긴 피해가 한두 가지가 아니었다고 했다.

국가나 민족의 중흥을 위한 시동이 자기의 재임기간에 꼭 끝장을 봐야 하고 빛을 봐야 하며, 생색까지 내야 하는 그 급한 성미가 안타깝기만 했다. 그러기에 살아 있을 때 세운 동상이 죽기도 전에 헐리는 꼴이 일어나는 것은 아닐까? 자기의 공과가 수천 년 후에 평가받기를 원하는 미련할 만큼 지구력 있는 지도자를 갈망하는 것은 순전히 동행한 면장만의 욕심일까?

법의식 조사를 마치고
서울로 돌아가는 기차 안에서

"덜컥!" 기관차가 급제동을 한 곳은 경상북도 영주군 안정역에서 조금 떨어진 곳이었다. 시간은 자정이 좀 지났을 무렵이었다. 젊은 청년의 몸이 여러 토막이 날 정도로 큰 사고가 났다는 것이었다. 무척 자의식이 강한 어느 젊은이의 마지막 시위인 것 같았다.

우리는 무슨 도덕률에 기준을 삼고 살아가는 것일까?

신체발부身體髮膚는 수지부모受之父母한 것이니 불감훼상不敢毁傷이 효孝의 시작이라는 유교적 도덕률이 아니더라도 삶이란 소중한 것인데 젊은 나이에 죽은 청년이 안타까웠다. 그러나 오죽했으면 철길에 몸을 던져 스스로 목숨을 끊었을까? 기차 안의 모든 승객이 침울해졌다.

아마 죽은 이는 자의식이 너무 철저한 사람이었는지도 모른다. 이런 암울한 시대에는 자의식이 철저하지 못한 것이 오히려 도움이 될지 모르겠다. 바보가 된다면 더 좋을지도 모를 일이다. 그 철길에 토막이

난 몸의 소유자는 무슨 사연이 그렇게도 많기에 그토록 처절한 죽음을 택했을까?

죽은 이의 젊음이 아깝고, 그를 갈기갈기 찢어놓은 철마에 타고 앉은 내가 잔인하게 느껴졌다. 마지막의 자신의 목숨이 자기만의 소유인 양 믿고 세상에 한을 푸는 성격이 괘씸하게 느껴지기도 했다.

"아마 세상이 자기에게는 만족스럽지 못했던 모양이지요?"

옆자리의 젊은 면장이 입을 뗐다.

그 면장의 말대로 그 젊은 사람이 이생에 만족하지 못해 자살했다면, 저 생에서는 과연 자살하지 않고 잘 살 수 있을까? 그가 어떤 이유로 그런 선택을 했는지는 알 수 없지만 지금의 불만보다는 내일에 대한 약속이 없었기 때문은 아니었을까 생각해 보았다.

그렇다면, 나는 내일 무슨 기약이 있단 말인가? 지루할 만큼 긴 조사를 끝내고 그토록 그리웠던 서울로 돌아가지만 그곳에는 딱히 나를 반겨 줄 사람도 없는데 말이다.

내가 내일 서울에 도착하면, 그간 내게 숙식을 제공해 주었던 아시아재단의 연구비 지원도 끝이 난다. 석사학위는 받았지만, 박사학위를 받아도 전임교수 자리를 얻기란 하늘의 별 따기보다 더 어려운 시대였으니 막막한 마음이 들었다.

그렇다고 남들처럼 외국유학을 할 만한 처지도 못 되니 말이다. 나는 이제 어디로 흘러가야만 한다는 말인가?

앞날에 대해 이런저런 상념에 빠진 사이에 기차는 어느덧 중앙선의 종착역인 청량리역에 닿았다, 옹색한 전농동의 형님 댁으로 걸어가고 있는 내 행색行色이 내가 생각해도 초라하게 느껴졌다.

내 인생의 세 개의 문

나는 함병춘 선생님께서 주재하신 연구 프로젝트에 참여하면서 인생의 중대한 전환점을 맞았다. 미처 생각지도 못했던 결혼할 기회도 생겼고, 미국 유학길도 열렸다.

사실 프로젝트를 마치면서 나는 후련하기도 했지만 모든 것이 끝났다는 허탈감을 느꼈다. 앞날은 막막했고 희망은 보이지 않았다. 결혼이나 유학을 할 만한 형편도 못 되었고 취업은 '하늘의 별 따기'이던 시절이었다.

돌아보면, 나의 인생은 늘 변화무쌍했으며 내일을 위해 오늘을 살기보다는 오늘에 최선을 다하다 보니 새로운 내일을 맞이할 수 있었다. 또한, 결혼, 유학, 귀국 등 인생의 관문도 미리 계획하고 맞이했다기보다 예상치 못했던 순간들이 운명처럼 지나갔다.

운명의 좁은 문을 열고 들어가면 공간이 이동하듯이 내가 알지 못했던 새로운 세계가 펼쳐졌다. 파란만장한 모험의 연속이었다. 그 속에서도 내가 길을 잃지 않고 미지의 문을 용기 있게 열 수 있었던 것은 항상 곁에서, 그리고 가슴 속에서 나를 지켜 주시고 인도해 주셨던 함 선생님 덕분이었다.

함 선생님의 법의식 프로젝트에 참여했을 당시, 나는 연세대 대학원에서 법학 박사과정을 이수하면서 동 대학 정법대학(당시 법학과, 행정학과, 정치외교학과로 구성되었던 단과대학)의 조교 겸 사회과학연구소 연구원으로 근무하고 있었다.

그때 나는 불투명한 내 미래 때문에 결혼하여 가정을 꾸린다는 것은 생각할 수도 없었다. 당시에도 교제하던 여성은 있었고 그녀도 대학을 졸업했으니, 여성으로서는 결혼을 생각해 보았을 것이지만, 나로서는 그때 그런 것에 관해 구체적인 이야기조차 해 본 일이 없었다.

그러던 중, 공교롭게도 내가 호남지방 농촌마을에 면접 조사를 하는 동안, 그녀가 미국 유학을 떠났다는 소식을 학교에서 광주 연락소로 보내온 함 선생님의 편지를 통해 알게 됐다.

내가 전화연락도 되지 않는 곳에 있었기에 연락이 어려워 말없이 떠났다고 했지만, 유학 준비가 하루 이틀 경륜하는 것도 아닌데 그동안 유학에 관해서는 단 한마디도 건네지 않았던 것이 못내 서운했다. 당시 나는 미국 유학 같은 것은 생각조차 할 수 없었기 때문에, 우리의 '인연'因緣은 거기까지라고 생각했다.

그러나 함 선생님께서는 당신의 연구에 나를 투입시켰다가, 본의 아니게 젊은 남녀를 갈라놓게 된 것에 대해 늘 미안하게 생각하셨다고 후에야 말씀하셨다. 이미 반세기 전의 일이고, 집사람을 만나기 전의 일이며, 더더구나 대학까지 다닌 사람치고 이성 친구를 사귀어 보지 않은 사람도 드물지 않겠는가? 결혼 전에 사귄 사람과의 만남도 인연이었겠지만 적령기에 마음이 맞는 사람을 만나 결혼하게 된다는 것이야말로 '연분'緣分이라고 할 수 있지 않을까?

374

드라마처럼 찾아온
미국 유학의 기회

1965년 2월 초였다. 그때 나는 전국적 규모의 법의식 조사를 마치고, 자료를 분석하기 위해 질문지에 기록된 답을 옮겨서 정리하는 '코딩'coding 과정을 진행하는 중에, 충남에 재점검할 일이 생겨 당진 여관에 머무르고 있었다.

그런데 전화 한 통이 걸려왔다. 함 선생님께서 나에게 시외전화를 거신 것이다. 전화를 받았더니 수화기를 타고 들뜬 목소리가 들렸다.

"너 이제 미국 간다!"

나는 그 말씀이 무슨 영문인지 몰라 여쭈었다.

"누가 미국에 가요?"

"네가 미국을 간단 말이다!"

나는 속으로 아무리 농담을 하셔도 이건 너무하신다고 생각했다. 그러나 선생님은 진지한 어투로 말씀하셨다.

"곧 서울에 올라와서 몇 날 몇 시에 소공동에 있는 K다방에 가면, 로버트 랭커스터Robert S. Lancaster라는 미국인 교수가 기다릴 것인데, 그 사람과 얘기하면 미국 대학원 입학과 장학금, 그리고 최소한의 생활비인 '급여'stipend 등을 지원받을 수 있을 것이네."

미국 유학이라는 것은 나와는 상관없는 일로 알았고, 그날까지 꿈에도 생각해 본 적이 없었으며, 내 인생계획에 포함되어 있지도 않았다. 특히 미국 유학은 내가 전공하는 분야에는 큰 도움도 되지 않는다고 생각했다.

우리나라의 법과 제도는 대륙법계大陸法系에 속하는데 영미법英美法을

호인 인상인 로버트 랭커스터
부총장 부부. 출처: 김중순.

주로 가르치는 미국 대학에서 법학공부를 한들 무슨 큰 도움이 되겠는
가? 그런 이유로 인해, 법률을 공부하는 한국 사람들은 영미법계인 미
국이나 영국 대신, 주로 독일이나 프랑스 등의 대륙법계의 나라들로
유학 가던 것이 관례였다.

전통적인 미국 남부 명문가 귀족 출신으로, 버지니아Virginia에서 태어
난 랭커스터 교수는 미시간대학University of Michigan에서 법률을 공부한
후, 테네시주의 '스와니' Swanee란 작은 읍에 있는 영국 정교계통의 명문
사립대 '사우스대학' The University of the South 부총장으로 재직하고 있었
다. 그는 그해 '풀브라이트' Fulbright 교환교수로 서울대 법대에서 1년간
연구와 강의를 하며 머물고 있었다.

함 선생님의 말씀대로, 소공동에 있는 어느 다방(당시는 다방이 손님
을 접대하고 대화를 나눌 수 있는 가장 편리한 장소로 각광받았다)에서 미국인
교수를 기다리고 있었더니, 잠시 후 파이프를 입에 문 키 큰 노신사가

지정한 시간에 나타났다.

호인으로 생긴 그 부총장은 나를 보면서 말했다.

"당신 지도교수가 당신이 유능한 청년이라고 추천을 부탁해서 당신을 돕기로 했소."

이미 그때 대부분의 미국 대학은 가을학기 입학 지원서 접수를 마감하고 장학금 수여 등도 다 결정한 상태이지만, 자신의 친구가 학사 부총장으로 있는 조지아Georgia주 애틀랜타Atlanta시의 에모리대학Emory University은 자기가 추천하면, 입학허가와 장학금 수혜가 가능하다는 것이었다.

그러면서 그는 내 신상에 관한 정보를 문의했다. 말하자면, 나는 그곳에서 에모리대학 대학원 입학을 위한 면접시험을 랭커스터 부총장을 통해 치른 셈이었다.

그리고 면접 결과가 만족스러웠는지 그는 그 자리에서 다방 레지에게 부탁하여 얻은 메모지에 저드슨 워드Judson Ward 부총장에게 나를 추천하는 추천서를 써 주었다.

"시간이 없으니 당장 항공편으로 부치시오."

그는 나에게는 당부도 잊지 않았다.

그 편지를 부친 지 한 달도 채 되지 않아서 에모리대학에서 입학허가서와 등록금 전액 면제, 그리고 월 3백 달러의 급여형태 생활비를 약속하는 편지와 서류 및 서식들이 도착했다.

꿈같은 소식이었다. 한 달 생활비로 3백 달러라는 돈은 그 당시 물가를 고려하면 적지 않은 액수였다.

당시에 달걀 한 꾸러미dozen는 10센트였는데 지금은 2달러가 넘고, 12온즈oz짜리 코카콜라 한 캔은 0.5센트였는데 지금은 1달러로 올랐으

니, 등록금 이외에 월 3백 달러는 큰돈이었다. 그것은 지금의 화폐가
치로 따진다면 거의 6천 달러에 버금가는 액수로, 한화로는 6백만 원
이나 되는 셈이었다. 지금 우리나라에서도 그 정도의 월급이 보장된다
면 안정된 결혼생활을 꿈꿀 수 있을 것이다.

그런데 나같이 증명도 되지 않은 외국 학생에게 그 정도의 장학금
을 준다는 것은 믿을 수 없는 일이었다. 남들에게 이야기해도 거짓말
이라며 믿으려 하지 않았다. 미국에서 믿을 수 있는 사람이라는 추천
서가 그토록 큰 위력을 발휘하는 줄 처음 알았다.

함 선생님과 랭커스터 부총장에게 감사하는 마음보다는 오히려 두
려움이 앞섰다. 어떻게 내가 그들의 기대에 부응한다는 말인가? 겁이
나기 시작했다. 그러나 내 미국 유학은 이미 결정된 일이었다.

청춘을 걸고 맺은
결혼의 '연분'

나는 꿈에도 생각해 본 일이 없는 미국 유학수속을 하면서 우선 MBC
라디오의 주부시간에 방송된 내 필드노트를 다시 정리했다. 미국으로
떠나기 전에 책으로 출판해 보고 싶은 마음에서였다.

그러나 예기치 않게 그 원고가 인연이 되어, 이화여대에서 불문학
을 공부한 여인, 김상분金相芬을 일생의 배필로 만나게 되었다.

내가 그 사람을 보는 순간 '이제 우리의 운명은 결정되었다'고 믿을
정도였다. 나는 기억에 없지만, 그 자리에 같이 있던 내 친척 아주머
니의 말에 의하면, 내가 대화 도중에 '우리가'라는 말까지 이미 사용했
다고 한다. 이런 만남이 바로 우리가 혼사 때마다 쓰는 '인연'을 넘어서

는 '연분'緣分을 말하는 모양이다.

미국 대학에서 장학금과 생활비를 지급해 준다는 공식적 통보를 받고 나서부터, 나는 이 정도면 미국서 두 사람이 신혼살림을 꾸릴 수 있다고 생각했다. 무엇보다 그때 병환으로 사경을 헤매시던 어머니는 살아생전에 막내인 나를 결혼시켜 '필혼'畢婚을 보시는 것이 당신의 마지막 소원이라고 하셨다.

결혼을 서두르기로 했다. 미국에서 받을 장학금을 믿고 결혼을 서두르는 나는 어쩌면 '봉이 김선달'보다 한 수 위였는지도 몰랐다.

장인이 되실 분이 우리 큰형님과 거의 동년배라서 큰형님이 아버지를 대신하여 내 상견례 자리에 나오셨다.

"지금 두 분이 보고 계신 그대로가 이 아이가 가진 전부입니다."

형님은 그 자리에서 예비 사돈어른과 제수씨에게 솔직히 말했고, 나도 형님 말씀을 인정했다.

어디를 보고, 무엇을 믿고, 장래가 불투명한 나를 사윗감으로, 남편감으로 삼기로 작정했는지 알 수 없지만 연분이 되려고 했는지 흔쾌히 결혼 승낙을 받았다.

나는 늦어도 1965년 9월 초 이전에는 한국을 떠나야 했기 때문에 되도록 결혼을 서둘러야만 했다. 그런데 대부분의 예식장은 이미 예약이 되어 있어서 마땅한 곳을 찾기 어려웠다. 그러던 중 조선호텔에 있는 예식장 가서 물어보았더니, 6월 25일을 제외하고는 모두 예약이 끝난 상태라고 했다. 6월 25일은 공휴일(당시는 6월 25일이 공휴일로 지정되어 있었다)이지만, 전쟁이 일어난 흉일凶日에 일생의 경사인 결혼식을 치르고 싶어하는 사람이 없다는 것이었다.

그러면서 예식장 담당자는, 만약 그날 우리가 부부의 연을 맺으면 예식장을 하루 종일을 다 써도 된다고 큰 인심을 썼다. 나는 미신에 개의치 않고 식장을 예약했다.

이리하여 나는 6월 25일에 조선호텔 예식장에서 당당히 결혼식을 올렸다. 우리 결혼식 날은 마침 공휴일이어서 많은 사람들이 몰려와 축하해 주었다. 주례는 내 고교 선배이자 당시 연세대 대학원장이셨고 후에 연세대 총장을 역임하신 이우주 박사님이 자청하시어 맡아 주셨다. '주례사'라기보다는 "맨발로 뛰는 이 청년을 응원하자!"는 응원의 말씀 같았다.

그러나 함 선생님께서는 신부가 옆에 있는 결혼식장에서도 훈계 반 짜증 반 역정을 내셨다.

"자네가 아무리 재주가 좋다고 하더라도, 부인을 미국으로 데려가기 쉽지 않을 터인데 어쩌자고 지금 여기서 (서울에서) 결혼을 하는가?"

사실 그때는 결혼한 배우자라도 함께 미국에 입국하는 일은 쉽지 않을 때였다. 내심으로는 내가 함 선생님보다 더 걱정스러웠지만, 내색할 수는 없어 표정관리를 하려고 애썼다.

그러는 사이에 내가 당초 실행에 옮기려던 책 출판계획은 유야무야有耶無耶되었다. 그러나 내가 50년 전에 적어 둔 그 하찮은 횡설수설橫說竪說과 노변정담爐邊情談은 오래 묵혀 둔 덕에 지금은 흥미 있는 기록으로 둔갑할 수 있었다. 자화자찬自畵自讚을 한다면, 이 원고는 좋은 포도주wine에 비유될 수 있지 않을까?

미국,
그 또 다른 세계로의 초대

내가 학교에서 생활비를 받게 되면 두 사람이 그럭저럭 살림을 할 수 있다고 생각했다. 하지만, 집사람을 미국으로 초청한다는 것이 쉬운 일이 아니었다.

"왜 지금 한국에서 결혼을 하는가?"라며 함 선생님께서 결혼식장에서 역정에 가깝게 우려하신 것은 미국이란 사회를 잘 알고 계셨고, 또 그때의 내 형편을 너무나 잘 알고 계셨기 때문에 걱정스러워서 하신 말씀이었다.

나도 겉으로는 태연한 것처럼 호기豪氣를 부렸지만, 만일 내가 집사람을 곧 미국으로 데려갈 수가 없다면 신혼 초부터 생이별하는 것이니 걱정이 태산 같았다.

당시 유학생이 배우자를 초청하려면 일단 유학 간 후 현지에서 필요한 구비서류를 작성해서 보내주어야만 우리 정부로부터 여권도 받을 수 있고, 주한 미국 대사관에서 비자visa도 발급받을 수 있었기 때문에 부부 동반 출국은 불가능했다.

집사람을 미국으로 초청하기 위해 넘어야 할 현실적인 문제는 첫째로 경제적 문제였고, 둘째로는 번거롭고 까다로운 구비서류와 요건을 갖추는 문제였다.

우선 나는 경제적 문제를 해결해야 했다. 일단 미국 학교에 가면 먹고살 돈을 받기로 되어 있었지만, 그곳까지 가는 항공료를 마련하는 것이 가장 큰 문제였다. 당시 항공료는 미국 서부까지 편도요금이 750달러였고, 거기서 애틀랜타까지 4시간의 대륙횡단을 하려면 항공료가

2백여 달러가 더 필요했다. 여비만 거의 1천 달러인데, 당시(1965)의 요금을 요즈음 화폐가치로 환산한다면 약 2만 달러에 가까웠다.

하는 수 없이 서울에서 샌프란시스코San Francisco까지의 여비는 지인들에게 빌리고, 샌프란시스코에서 애틀랜타까지의 항공요금은 샌프란시스코에 있던 친구에게서 얻었다. 그때 우리의 연평균 국민소득GNI이 겨우 1백 달러 미만이었으니 여비만 해도 거액이었다.

그러고 나니 나는 수중에 돈이 없었다.

"그 돈으로 어떻게 유학을 갑니까?"

내가 출국할 때 세관원이 걱정스럽게 물을 정도였다. 그때는 외국 여행 시에 외국 돈으로 환전한 액수를 여권 말미에 기입해야 했으므로 세관원은 내 여권에 적힌 미화 액수가 16달러인 것을 보고 그렇게 말했던 것이다.

극도로 궁할 때는 어쩌면 '기적' 같은 일이 일어날 수 있다는 이른바 "궁하면 길한 것으로 통한다"는 '궁길통'窮吉通 이야기를 덧붙여 보겠다. 내가 애틀랜타 공항에 도착한 1965년 9월 15일 이른 새벽, 에모리대학까지 가는 방법은 택시를 타는 방법뿐이었는데 공항에서 학교까지의 요금은 무려 10달러라고 했다.

내 수중에 가진 돈이 16달러인데, 택시비로 10달러를 주고 나면, 단돈 6달러밖에 남지 않으니 이 돈으로 어떻게 학교에서 급여를 받을 때까지 지낼 수 있단 말인가?

막막한 마음으로 공항 대합실 벤치에 앉아 있는데, 젊은 미군장교가 손에 한국의 장죽長竹을 들고 나오다가 나를 보고 어디서 왔느냐고 물었다. 당시만 해도 미국에는 동양인 유학생이 드물었고, 특히 남부 도시에서는 동양인을 보기가 매우 드물었다.

나는 그 군인이 한국의 전통적 장죽을 들고 있었기에 한국을 다녀온 줄 알았지만, 그 군인은 내가 어느 나라 사람인지 몰랐는지 한국 사람이란 것을 알고 반가워했다.

그는 나에게 어디를 가느냐고 물었고 에모리대학에 간다고 했더니, 누가 마중 나오느냐고 물었다. 나는 마중 올 사람은 없고 택시를 타야 하는데, 요금이 비싸서 생각 중이라고 했다.

그랬더니 그는 마침 자기 고향집이 조지아주와 인접한 사우스캐롤라이나South Carolina주이고 자신의 부모님이 차를 가지고 마중 나왔는데 가는 길에 에모리대학 근처를 지나가니 나를 학교까지 데려다주겠다는 것이었다.

그 젊은 미군장교의 사람됨은 놀라울 정도였다. 그는 부모님과 함께 나를 에모리대학 외국학생 담당 책임자 사무실 앞에 내려주면서, 내가 텅 빈 학교에서 당황해할까 봐 시간이 되면 직원들이 출근할 것이라고 안심시켰다. 그때가 아침 6시였다.

그리고 내가 수중에 돈이 없다는 사실을 아는 듯이 물었다.

"아침밥이라도 먹을 수 있는 돈이 있습니까?"

"그렇습니다."

나는 더 이상 폐 끼치기 싫어서 단호히 대답했지만 그는 돈을 좀 보여 달라고 했다. 그러면서 자기가 한국에 살아 봐서 한국 문화를 좀 이해한다고 말했다. 즉, 주머니에 돈이 없으면서도 일부러 있다고 하는 한국 사람들의 문화를 알기에 확인하려고 그런다고 했다.

"그 정도면 외국인 지도교수의 사무실이 열릴 때까지 안심이 됩니다."

어쩔 수 없이 내 전 재산 16달러를 보여주었더니 그제서야 그는 안

1965년 9월 중순 에모리대학에 도착한 후 정원에서 찍은 첫 사진.
당시만 해도 대학원생이 정장을 하고 다녀야 했다. 출처: 김중순.

심하며 떠났다. 그 후에도 나는 어려울 때 친절을 베풀어 준 그가 진심으로 고마워서 크리스마스 때 카드 등으로 연락하며 지냈으나 어찌된 일인지 5~6년 후에는 연락이 두절되고 말았다. 지금도 그가 사우스캐롤라이나에 살고 있는지 궁금하다.

법률을 전공하다가 학부도 거치지 않고 사회학 대학원 과정을 공부하기로 하면서 마음고생이 심했다. 그에 못지않게 갓 결혼한 후 신부를 형님 댁에 맡기다시피 하고 혼자 타국으로 떠나온 마음이 편치 않았다. 그러나 집사람을 초청하기 위해서는 우선 학교에서 외국인 지도담당관이 비자발급에 필요한 서류 I-20 form를 주어야 했다.
또한 학생 배우자로서 여권과 비자를 받으려면 미국에 사는 사람이 우리 부부를 위해 재정보증을 해 주어야 했다. 그런데 이 보증서에는 보증인의 재산목록을 세밀하게 기입하도록 되어 있었고, 만일 우리 부부가 재정적 위험에 직면하게 되면 재정적 책임을 진다는 공증을 한 선서affidavit를 제출해야 했다. 또, 명목상이 아니고 실제로 구입한 항공권을 첨부한 초청장을 보내야 수속이 가능했다.

미국인 지도교수에게 집사람을 초청하는 서류를 부탁했을 때 한국 사람과 서양 사람을 다르게 인식하는 미국 사람들의 편견을 엿볼 수 있었다. 그때 그 교수는 벨기에Belgium에서 나와 함께 같은 조건의 장학금을 받고 에모리대학 대학원에 유학 온 학생에게는 아무런 질문도 없이 부인을 초청하기 위한 서류를 발행해 주면서, 나에게는 내가 받는 급여로는 부부가 살 수 없을 것이라는 등의 구실을 붙여 서류발급을 해주지 않으려고 했다.

한국에서 온 유학생이 배우자를 초청해 부부가 함께 미국에 거주하면 그곳에 주저앉을 것이라는 편견이 팽배했을 때였다. 그래서 이런저런 이유를 들어 유학생의 배우자 초청에 필요한 서식을 발급해 주지 않으려고 했다.

애걸 반 항의 반으로 결국 그 서식을 발급받았지만, 가장 시급한 문제는 집사람이 오기 위해 필수적인 항공권을 구입할 현금을 구하는 것이었다. 여러 궁리 끝에 하는 수 없이, 학교 근처에 있는 C & S Citizen and Southern Bank라는 은행 지점에 융자를 받으러 갔다.

일면식도 없는 융자 담당자에게 집사람을 초청해야 하는데 여비를 좀 빌려 달라고 했다. 서투른 영어로 농담도 했다.

"은행에 와서 은행 돈을 요구할 때 후에 갚겠다는 말을 잊어버리면 은행절도bank robbery로 몰리겠지만, 후에 꼭 갚겠다는 말을 하기만 하면 '고객'bank customer이 되지 않습니까? 나는 당신네 은행의 고객이 되고 싶으니 집사람을 초청하는 데 필요한 여비 1천 달러를 좀 빌려주실 수 있으신지요?"

그 융자 담당자는 어이가 없는지 몇 분 동안 말없이 가만히 있었다. 그 몇 분이 내게는 '영겁'eternity과도 같았다. 그러고 나서 마침내 그는 "OK"라고 했다. 나는 믿어지지 않아서 재차 물었다.

"내가 뭐라고 했는지 이해하고 'OK'라는 말을 한 것입니까?"

그는 대답 대신 자기 서랍을 열고, 수표책을 내어 천 달러라고 쓴 수표를 내게 건네주었다.

"어떻게 나를 믿고, 이런 거액을 담보도 없이 빌려줍니까?"

하도 어이가 없어서, 나는 그에게 물어보았다.

"당신이 이 돈을 떼먹을 것같이 생각되지 않아서 그렇습니다."

그는 담담하게 말했다. 에모리대학의 평판도 내 인상 못지않게 한 몫했을 것이라고 생각했다.

다음은 자신의 재산을 담보로 하여 나와 집사람이 미국에 체류하는 동안 재정보증을 해줄 재정보증인인 이른바 '물주'를 찾는 일이었다. 아무리 생각해 봐도 떠오르는 사람이라고는 애틀랜타에서 멀지 않은 인접 주인 테네시주의 스와니에 살고 있으며, 나를 에모리대학으로 추천해 준 랭커스터 부부밖에는 없었다.

염치 불구하고 랭커스터 부부에게 부탁해 보기 위해 그레이하운드 버스를 타고 스와니로 갔다.

송구한 마음에 어렵게 입을 뗀 나에게 랭커스터 교수는 두말없이 흔쾌히 보증인이 되어주겠다고 했으며, 은행으로 가서 잔고증명도 하고, 변호사 사무실로 가서 서류의 공증까지도 해주겠다고 했다.

특히 랭커스터 교수 사모님은 남편을 거들었다.

6개월 만에 재회한 집사람과 에모리대학 후원의 호숫가에서. 출처: 김중순.

"당신이 젊은 부부를 떨어져 살게 만든 장본인이니 하루속히 상봉하도록 도와주셔야죠."

우리말에 "물에 빠진 사람 건져 주었더니 보따리 달라"고 한다는 격이 된 것 같아 죄송스러웠지만 어쩔 수 없었다.

이리하여 나는 미국으로 온 지 3개월 만에 랭커스터 교수 부부의 주선과 지원으로 집사람을 초청하는 초청장을 한국에 정식으로 보내게 되어 재상봉을 기대할 수 있게 되었다.

그러나 예상치 못한 난관이 기다리고 있었다. 집사람이 갖추어야 할 모든 서류는 갖추었다고 생각하고 대사관에 비자신청을 하러 갔는데, 비자발급이 거절된 것이다. 그 이유는 내가 실제 결혼한 날짜가 1965년 6월 25일인데, 호적 결혼날짜는 1965년 10월 25일로 되어 있었기 때문이다.

"당신 남편은 1965년 9월에 이미 미국에 입국했으므로, 당신네들의 결혼은 '허위'입니다."

재회 후 첫인사 간 랭커스터 부총장 댁에서
저자 부부와 랭커스터 부부. 출처: 김중순.

미국 영사는 집사람에게 이렇게 비자발급 거절 이유를 밝혔다.

사실주의에 바탕을 둔 영미법과 형식주의를 따르는 대륙법계의 차이를 모르는 영사를 설득할 길이 없었다. 우리나라에서 결혼식을 한 당일에 즉시 혼인신고 하는 사람이 몇 명이나 되겠는가? 우리는 6월 25일에 결혼식을 올렸지만, 혼인신고는 내가 미국으로 출국한 후 10월 25일에 우리 아버님이 우리를 대신해서 해주셨다. 당황한 집사람의 도움 요청에 함 선생님께서는 미국인 지인들을 동원하여 나의 실제 결혼날짜가 1965년 6월 25일이라는 것을 증명해 주셨다.

드디어 우리 부부는 주위의 여러 고마운 분들의 도움으로 헤어진 지 6개월 만인 1966년 3월에 애틀랜타에서 재회했다. 그리고 첫인사를 하러 간 곳이 스와니의 랭커스터 부총장님 댁이었는데 이후에도 우리는 그 댁을 큰댁같이 생각하고 자주 찾아뵈었다. 우리 아이들도 부총장님을 할아버지처럼 친근하게 생각하며 지냈다.

말이 씨가 된다고 했던가? 대학원생 시절, 틈나는 대로 테네시주 스와니의 랭커스터 부총장님 산장을 방문할 때마다 우리도 나중에 테네시에 취직하여 살았으면 좋겠다고 한 것이 그대로 이루어졌다. 1971년, 내가 박사학위를 받기 1년 전에 테네시대학에 인류학과 조교수로 '입도선매'立稻先賣된 이후, 부교수, 교수, 석좌교수 등을 거치면서 줄곧 30년간 그 대학에서 교수를 했으니 당초에 살고 싶어 했던 테네시주에서 충분히, 그리고 오래 산 셈이다.

다문화 전령과 전통문화 수호자,
그 갈림길에서

내가 미국 유학을 갈 때만 해도 그곳에 그토록 오래 체류할 계획은 없었다. 애초의 계획은 미국에서 사회과학 방법론을 공부한 후, 연세대 정법대학과 사회과학연구소로 돌아와서 동료들과 함께 법률분야의 연구를 계속하는 것이었다.

그러나 내가 인류학 박사학위를 받은 후에는 연세대로 돌아갈 수 없었다. 연세대에서의 내 입지가 변했기 때문이다. 나를 아껴 주시던 함 선생님은 대통령의 정치담당 특별보좌관으로, 주미 한국대사로, 대통령의 외교담당 특별보좌관으로, 그리고 1982년에서 1983년 사이에는 전두환 대통령의 비서실장 등을 역임하시느라 연세대를 떠나 계셨다.

특히 함 선생님이 돌아가신 후에는 연구를 함께 했던 옛 동료와 선배들은 구심점과 응집력을 잃게 되어 공동 연구의 초심初心은 이룰 수 없게 되었다.

그러나 함 선생님께서는 연세대를 떠나신 이후에도 내가 귀국해서 당신의 뜻을 따라 일하길 바라셨다. 특히, 주미대사 시절에 끈기 있게 한국행을 권유하셨다.

1974년 여름, 내가 미국 원주민인 '촉토 부족'들의 유휴인력遊休人力을 산업에 활용하는 방안을 모색하기 위해 미국 연방정부의 위생·교육·복지부(당시 명칭은 The US Department of Health, Education, and Welfare)의 연구비를 지원받아 미시시피주의 중동부에 거주하는 촉토 인디언들의 사회경제 및 인구통계를 연구하는 프로젝트를 주관할 때였다.

주미 한국대사(1973~1977)로 부임하신 함 선생님께서 내가 프로젝트를 수행하기 위해 머물던 '촉토 인디언 부족 정부'Choctaw Indian Tribal Government로 전화를 하셨다.

"한국의 산업화와 노사관계 규정에 대한 인류학적 연구가 필요하니 귀국해서 이런 연구에 참여했으면 좋겠다."

그러면서 내 고향이기도 한 경북지역의 변화상에 대해서도 설명해 주셨다.

"안동에 다목적댐을 건설 중인데(1971년 4월에 착공, 1977년 5월에 준공하였다) 그 과정에서 낙동강 상류에 있는 많은 전통적 양반마을이 댐 건설로 수장水葬될 것이다. 양반마을 중에서도 예안면, 도산면, 그리고 와룡면 등의 수많은 자연부락이 수몰된다."

선생님의 말씀을 들으니 나도 안타까운 마음이 들었다. 특히, 도산은 경북 동북부인 안동군에 속하며, 한국 주자학의 태두인 이황(퇴계, 1501~1570)의 향리로 양반마을을 상징하는 곳이므로 사라지면 안 될 것 같았다.

이어서 선생님의 당부 말씀이 있었다.

"지금 네가 한가하게 미국 원주민 연구를 할 때가 아니다. 한국 전통마을의 문화유산이 사라지기 전에 그것을 기록해 두는 것이 너에게 더 시급한 일이다. 그리고 이제 너는 한국에 관해서 영문으로 세상사람들에게 전할 수 있는 능력을 갖추었으니, 한국에서 일어나는 일을 영어권 사람들에게 알릴 수 있도록 가능하면 영어로 책이나 논문을 써야 한다."

당신 혼자서 이 일을 하시기에는 역부족이라고 하셨다.

그러나 덧붙이자면 나는 함 선생님이 부탁하신 말씀을 실행에 옮기지 못했다. 그것은 두 가지 이유에서였는데, 첫째는, 1988년 하계 올림픽 경기를 주최하기 전 해인 1987년 8월에 서울올림픽 문화행사인 국제회의에 참석하기 전까지는 솔직히 안동 도산의 의인마을과 하회마을이 산업화와 안동댐 건설로 큰 영향을 받는다는 것을 실감하지 못했었다. 둘째로는, 미국 연방정부와 원주민 연구와 관련해 장기적 약속commitment을 한 것을 일방적으로 취소할 수 없었다.

죄송스러운 일이지만 나는 선생님의 당부를 들은 지 20여 년이 흐른 후에야 그 뜻을 따를 수 있었다. 1980년대 말에 하회마을의 풍산 류 씨가 주도하는 ㈜풍산을 연구하게 되었고, 1990년 초에 그에 관한 영문 저서를 출판한 것이다.

마지막 만찬,
그리고 갑작스러운 비보

한국의 억울하고 슬픈 사연을 영미권 사람들에게 알려야 한다는 선생님의 지론에 따라 1983년 여름 나는 한국 이산가족의 딱한 사정을 세계 사람들에게 알리는 영문 책을 쓰려고 한국에 조사차 왔었다.

그때 조사를 마치고 미국으로 돌아가기 전, 당시 대통령 비서실장이셨던 함 선생님이 나를 불러서 말씀하셨다.

"네가 그간 어렵게 공부하느라고 선배나 친구들에게 신세를 졌을 터이니, 이번 기회에 그 명단을 주면 내가 연락해서 그들에게 만찬을 대접하겠다."

나는 깜짝 놀랐다. 이런 일은 평소 선생님이라면 있을 수 없는 일이었기 때문이다.

50명의 명단을 전달했더니 선생님은 내가 한국을 떠나기 전날 밤 남산의 '희래등'(지금은 그 음식점의 흔적조차 찾을 수 없다)이라는 중국음식점으로 나와 내 친구, 그리고 선배와 동료 50명을 초대해 주셔서 즐거운 만찬을 함께 했다.

그것이 선생님과 나, 사제지간에 나눈 마지막 만찬이었다. 선생님은 나와의 이별을 마치 예감이나 하신 듯이 잊을 수 없는 추억을 만들어 주신 것이다.

내가 미국으로 돌아간 후 그해 10월 9일, 테네시의 자택 텃밭에서 배추를 뽑고 있는데, 동아일보사의 김병관 사장님의 부인이신 안경희 여사가 국제전화로 선생님의 서거를 전해 주었다.

황망하고, 앞이 캄캄했다. 대학시절 스승과 제자로 처음 만난 이후

객기 넘치던 나를 부모님처럼 품어 주시고 사랑해 주신 분. 스스로도 몰랐던 학자로서의 자질을 깨우쳐 주시고 교수의 길로 이끌어 주신 분. 인생의 고비마다 질책과 조언을 아끼지 않아 주신 분. 그리고 서울에서 베풀어 주신 성대한 만찬의 기억….

선생님과 함께한 20여 년의 세월이 파노라마처럼 지나갔다. 이제 엔딩을 알리는 검은 화면이 떠오르는 듯했다. 뜨거운 눈물이 흘렀다.

함 선생님의 유훈과
30년의 숙제

한국, 한국사람, 그리고 한국문화에 관한 것을 가능하면 영문으로 써서 영어권 사람들에게 널리 알려야 한다는 함 선생님의 유훈을 나는 여태껏 나름대로 지키려고 했고, 지금도 그 노력은 진행 중이다.

우선, 6·25 전쟁을 전후하여 뿔뿔이 흩어진 한국 이산가족의 딱한 사정을 세상이 알리는 영문 저서 *Faithful Endurance: An Ethnography of Korean Family Dispersal* 의 경우, 현지조사는 선생님의 생전에 마쳤지만, 출판은 선생님이 돌아가신 5년 후인 1988년에야 이루어졌다. 이 책을 읽은 상당수의 외국 사람들, 특히 미국 사람들은 자기네들이 한국 분단에 관여한 것 때문에 느끼는 부담감에서 이 책을 읽기 미안하다고 했다.

1980년대 후반부터는 선생님이 주미대사 시절 때부터 관심이 있으셨던 안동을 중심으로 한 유교문화 전통을 기록하는 프로젝트를 시작했다. 셋째누님의 시댁이 있던 의인마을(퇴계의 후손들이 거주했던 마을)은 이미 수몰되었고, 누님 댁에서 쓰던 가옥은 영남대로 옮겨져 '의인 정사'라고 이름 붙여졌으니 그 마을 현지조사는 불가능했다.

첫째누님 댁인 하회마을이 유일하게 현지조사를 할 수 있는 마을이었다. 나는 조사 가능성을 탐색하기 위해 1987년 올림픽에 관한 인류학적 국제회의에 참석한 길에 첫째누님 댁에 들러 누님과 자형에게 하회 마을에서 한국의 양반문화 잔재를 연구할 수 있을지에 관해 물어보았다.

그러나 답변은 실망스러웠다. 하회에 살던 대부분의 류 씨들, 특히 젊은 사람들은 외지로 나가고 없다는 것이었다. 많은 젊은이들은 류 씨 문중에서 운영하는 회사에 취직하면서 마을을 떠나 도시로 이주했기 때문에 마을에는 취학할 아동들이 없어서 초등학교까지 폐교되었다는 것이다.

한국은 갑작스러운 도시화와 산업화로 인해 농촌인구가 도시로 대거 이주하면서 하회 같은 전통적 마을은 붕괴되었기 때문에, 그런 마을에서 현지조사를 하는 것은 큰 의미가 없을 것 같았다. 마침내 나는 방향을 선회하여, 양반문화와 유교연구의 초점을 전통마을에서 유교주의 기업이나 산업현장으로 옮겼다.

그리고 이 연구를 통해 유교가 노사관계 규정이나 근로자들의 생활에 어떤 영향을 미치는지에 대해 기술記述한 영문 저서, *The Culture of Korean Industry*：*An Ethnography of Poongsan Corporation*(《한국의 산업문화: 주식회사 풍산에 관한 인류학적인 연구》)을 1992년에 출간했다.

이 책은 독자들의 반응이 좋아서 1995년에 문고판과 양장본hard-back까지도 중판을 발행했다. 한국산업 분야에 영문 저서가 귀했던 점 때문

다문화가정 e-배움 캠페인을 위해 직접 현장에 참여하는 저자. 출처: 고려사이버대.

에 그 책에 대한 수요가 컸던 것 같다.

　어떻든 선생님이 이런 방면의 연구를 하라고 권고하신 지 18년 만에 그 숙제를 마친 셈이 되었다.

　그러던 중, 2001년에 학교법인 고려중앙학원 고故 김병관 이사장의 초청으로 귀국해서 그 법인 산하의 고려사이버대 총장직을 맡게 되었다. 미국으로 떠난 지 꼭 36년 만에 다시 조국의 품으로 돌아오면서 선생님이 내리셨던 귀국 임무까지 완수하였다.

　귀국 후에는 선생님의 가르침대로 영문 저서나 논문들을 통해 한국과 한국문화를 서양에 소개하는 일에 주력했다. 또한, 연구방법론을 잘 몰라서 방법론을 배우겠다고 미국 유학을 간 것에 대한 한을 풀려고 방법론에 관한 책과 논문들도 영문으로 써 보았다.

또한 다문화사회인 미국에서 다양한 문화를 접하면서 깨달은 소통의 지혜를 토대로 사회봉사도 시작했다. 2007년 4월 20일부터 POSCO와 Goldman Sachs의 재정적 지원을 얻어 한국 사람과 결혼하여 한국으로 이주해온 약 160만 명의 결혼이주여성들에게 온라인을 통해 무료로 한국어를 가르치는 '다문화가정 e-배움 캠페인'을 전개했다.

한국 사람들이 외국 사람들에 대해 그들이 생각하는 것 같이 배타적 xenophobia이 아니라는 역사 인식을 돕고 한국 사람들에 대한 편견을 줄이기 위해 미국 출판사에서 영문 저서 *Voices of Foreign Brides: The Roots and Development of Multiculturalism in Korea*를 2011년에 출간했고, 2013년에 이를 번역하여 《한국에서 다문화주의의 역사적 뿌리와 발전: 외국 신부들의 목소리》라는 제목으로 국역본을 내기도 했다.

현재는 '다문화가정 e-배움 캠페인'의 연장선상에서, 온라인을 통해 한국어를 배우길 원하는 세계 70억 인구에게 한글을 무료로 가르치는 운동을 전개하고 있다. 2013년 12월 4일에 한글 세계화를 위한 발족식launching event for globalization of Hangul을 개최했고, 2014년 11월 25일에는 한국문화를 세계에 소개하는 사업도 시작했다.

즉, 구글Google이 유튜브You Tube와, 네이버NAVER가 TV Cast를 통해 우리 한글과 한국문화를 세계화하는 사업에 동참하고 있다.

또한, 한국사회가 국민들의 평균수명이 연장됨에 따라 점진적으로 고령화 사회에 진입하면서 발생한 새로운 시대적 요구에 부응하기 위한 노력도 하고 있다. 고령인구가 늘면서 증가한 질병과 요양으로 인해 가족과 전문 돌봄제공자professional caregivers의 역할이 중요해져서 이

들을 효과적으로 지원하는 일이 시급해졌다.

이에 따라, 미국의 선례를 살펴보면서 그들을 이해하고 그들의 정신건강을 배려하며 효과적인 돌봄서비스를 개발하는 방법을 연구해야겠다고 생각했다. 그리하여 미국의 돌봄서비스의 메카인 RCI Rosalynn Caregiving Institute에 눈을 돌리게 되었다.

RCI는 지미 카터 Jimmy Carter (재임: 1977~1981) 전 미국 대통령의 영부인 로잘린 카터 Rosalynn Carter 여사가 1987년에 자신의 모교인 조지아 사우스웨스턴 주립대 The Georgia Southwestern State University, GSW에 설립한 것으로, 가족 및 전문 돌봄제공자에 대한 지원, 보다 효율적인 장기요양 시스템 구축과 전문 돌봄제공자들의 정신건강과 안녕의 증진, 그리고 효과적 돌봄제공을 위한 기구이다.

나는 우리 사회에서 시급한 돌봄서비스의 체계화 문제를 해결하기위한 첫 단계로, GSW의 RCI가 그간 축적한 지식과 경험을 벤치마킹 bench-marking하는 것이 필요하다고 생각했다.

그리하여 고려사이버대와 RCI가 손을 잡고 국내 최초 돌봄 전문연구기관 RCI-Korea 설립을 추진했다. 이를 위해 2010년 3월 21일 카터 대통령 내외가 고려사이버대를 방문했고, 3월 22일에 RCI와 RCI-Korea 설립 협약식을 가졌다.

RCI-Korea는 지난 5년간 훌륭한 졸업생들을 배출하면서 국내에서 돌봄 연구기관과 교육기관으로서 그 위상을 인정받고 있다. 매년 수백 명의 수료자들이 RCI-Korea 명의로 양 기관에서 공동으로 수여하는 공동 수료증서를 획득하고 있고, 2015년 봄학기부터는 '보건행정학과'라는 명칭으로 돌봄전문학과를 개설했다.

함병춘 선생님께서 주미대사 시절 39대 미국 대통령으로 선임된
카터 대통령 내외와 함께한 모습(위쪽). 출처: 함재봉 아산정책연구원장.
2010년 3월 21부터 3일간 RCI-Korea 설립 협약식 참석을 위해 방한한
카터 대통령 내외와 저자 내외(아래쪽). 공교롭게도 33년의 간격을 두고,
스승과 제자는 카터 대통령 내외와 자리를 함께했다. 출처: 고려사이버대

내가 이처럼 사회적 약자를 위한 사업을 꾸준히 이어가는 것도 함 선생님께 미처 갚지 못한 빚 때문이다. 가진 것은 젊음뿐이던 시절, 부족한 나를 위해 아낌없이 모든 것을 쏟아 부어 주셨던 기억들…. 선생님은 남을 사랑하는 법을 말로써 가르치신 것이 아니라 온몸으로 보여주셨다.

꼭 반세기 전에 우리나라 방방곡곡을 다니면서 겪었던 일들을 정리 하면서, 새삼스럽게 느꼈던 것은 그때나 지금이나 같은 공간이지만, 그간에 일어난 변화로 인해 다른 세상같이 느껴진다는 것이다.

특히, 선생님께서 계셨던 시절과 떠나신 지금은 나에게 너무나 다 른 시간이다. 비명에 가시지만 않았다면, 아직도 왕성히 학문활동을 하시며 커다란 소나무처럼 내 곁을 지켜주셨을 것을.

유명을 달리하신 지 벌써 30년이 넘게 흘렀지만 늘 그립고 애통할 뿐이다. 그래서 선생님과 함께했던 시간의 기록인 이 책은 눈물 없이 는 맺을 수 없다.

삼가 고인의 명복을 빌며, 이 작은 기록을 함병춘 선생님께 바친다.

저자 소개

김중순金重洵, Choong Soon Kim은 경상북도 봉화군 해저리海底里 출신이다. 서울 중앙고를 거쳐 연세대와 동 대학원에서 법학을 전공했고(학사 및 석사), 박사과정을 이수하던 중 도미하여, 미국 에모리대학Emory University에서 사회학 석사학위를, 그리고 미국 조지아대학University of Georgia에서 인류학 박사학위를 받았다.

1971년부터 2001년 귀국하기 전까지 미국 테네시주 테네시대학에서 인류학 조교수, 부교수, 종신직 정교수, 그리고 석좌교수University Faculty Scholar 등을 역임했다. 36년 만에 귀국한 후 2001년부터 현재까지 고려사이버대 총장과 학교법인 고려중앙학원(고려대, 고려사이버대 및 중앙중·고등학교)의 이사직을 겸하고 있다.

테네시대학 교수로 재임하던 기간에는 두 차례에 걸쳐 풀브라이트 선임학자Fulbright Senior Scholar, 이탈리아 벨리지오 소재 록펠러 재단의 상주학자Rockefeller Foundation's Scholar-in-Residence, 일본 히로사키弘前대학 초빙교수, 연세대 초빙교수, 그리고 외교안보연구원 초빙교수 등을 역임했다.

그는 고 함병춘 교수가 주재한 한국 최초의 전국적인 법의식 조사에 참여했으며, 그 후 전국전매노동조합, 미국 남부 벌채노동자, 미국 원주민 촉토 인디언 부족, 미국 남부에 진출한 일본 기업 및 한국 기업 등에 관한 인류학적 현지조사를 했다.

영문 저서로는, *Way Back into Korea : A New Insight by a Native Anthropologist Come Home* (2014), *Voices of Foreign Brides : The Roots and Development of Multiculturalism in Korea* (2011), *Kimchi and IT : Tradition and Transformation in Korea* (2007), *One Anthropologist, Two Worlds : Three Decades of Reflexive Fieldwork in North America and Asia* (2002), *Anthropological Studies of Korea by Westerners* (2000), *A Korean Nationalist Entrepreneur : A Life History of Kim Sŏngsu, 1891~1955* (1998), *Japanese Industry in the American South* (1955), *The Culture of Korean Industry : An Ethnography of Poongsan Corporation* (1992 / 1996), *Faithful Endurance : An Ethnography of Korean Family Dispersal* (1988), *An Asian Anthropologist in the South : Field Experiences with Blacks, Indians, and Whites* (1977 / 1984 / 1991 / 1996) 등이 있다.

근래 그의 저서인 *Kimchi and IT*는 아랍어와 베트남어로 번역되었고, *A Korean Nationalist Entrepreneur*, *Voices of Foreign Brides*, *One Anthropologist, Two Worlds*, 그리고 *Way back into Korea* 등은 한국어로 번역되었고, *Japanese Industry in the American South*와 *Voices of Foreign Brides*는 전자책인 Kindle Book Edition으로 출판되었다. 국문 저서로는《문화를 알면 경영전략이 선다》(2001) 등이 있다. 그는 이런 저서를 통해 한국을 바르게 소개한 학문적 업적을 인정받아 1998년에 '인촌상'을 수상했다.

그의 주재하에 고려사이버대는 2007년 4월 이래 한국에 거주하는 결혼이주여성들에게 온라인을 통해 한글을 가르치는 사업을 진행하였으며, 2014년 12월부터는 이를 확대하여 한글을 배우길 원하는 전 세계 사람들에게 온라인을 통해 '바른 한국어'Quick Korean라는 제목으로 한글과 한국문화를 무료로 가르치는 한글 및 한국문화 세계화 운동을 전개하고 있다.